心理关羽
ISBN: 9787564573690
This is an authorized translation from the SIMPLIFIED CHINESE language edition entitled《心理关羽》published by 郑州大学出版社., through 陈禹安, arrangement with EntersKorea Co.,Ltd.

심리학이 관우에게 말하다 ②

현대 심리학으로 읽는 삼국지 인물 열전

심리학이 관우에게 말하다 ②

펴낸날 2023년 7월 25일 1판 1쇄

지은이 천위안
옮긴이 유연지
펴낸이 강유균
편집위원 이라야 남은영
기획·홍보 김아름 김혜림
교정·교열 이교숙 정아영 나지원
경영지원 이안순
디자인 바이텍스트
마케팅 신용천

펴낸곳 리드리드출판(주)
출판등록 1978년 5월 15일(제 13-19호)
주소 경기도 고양시 덕양구 청초로 66 덕은리버워크지산 B동 2007호~2009호
전화 (02)719-1424
팩스 (02)719-1404
이메일 gangibook@naver.com
홈페이지 www.readlead.kr

ISBN 978-89-7277-378-8 (04320)
978-89-7277-603-1 (세트)

* 파본은 구입하신 서점에서 교환해 드립니다.
* 책값은 뒤표지에 있습니다.

◈ 현대 심리학으로 읽는 삼국지 인물 열전 ◈

천위안 지음

유연지 옮김

심리학이 관우에게 말하다 2

— 의리를 무기로 천하를 제압하다 —

리드리드출판

◆ 차례 ◆

5부 관우, 신야에서 재기를 꿈꾸다

6부 관우, 형남을 정벌하다

7부 관우, 형주의 주인이 되다

8부 관우, 위세를 중화에 떨치다

9부 관우, 맥성에서 최후 맞다

5부

관우, 신야에서 재기를 꿈꾸다

넘어지면 일어서야 앞으로 나아갈 수 있다.
장애물을 만나면 넘어야 하고 장벽을 만나면 뚫고 지나야 한다.
그대로 주저앉거나 포기하면 절대 진일보할 수 없다.
실패나 좌절을 딛고 다시 일어선 자에게 다시없을 영광이 돌아간다.

타인의 관심이
나를 키운다

이제껏 진진이 서신을 전달하여 성공한 적은 단 한 번도 없었다. 지난번 관우의 항복을 권유하러 갔을 때도, 오나라와 연맹할 때도 모두 실패했다. 이번에도 원소가 가장 듣고 싶지 않은 소식을 들고 왔다.

손책이 비명횡사한 뒤, 조조는 그의 아우 손권孫權에게 토로장군討虜將軍(오랑캐를 토벌하는 장군)이라는 벼슬을 내렸고 둘은 동맹을 맺었다는 소식이었다. 원소는 크게 분노하여 즉각 50만 명의 군사를 소집해서 관도官渡로 진격했다. 이에 맞서기 위해 조조도 급히 군대를 소집하였으나 그 수는 고작 7만 명에 불과했다.

이때 전풍이 원소를 설득하기 위해 옥중에서 상서를 올렸다.

"지금은 가만히 앉아 때를 기다려야 할 때이옵니다. 경솔하게 군대를 일으키면 큰 화를 입게 될 것입니다."

하지만 원소는 '유격전'에 '반감'이 굳어진 후라 전풍의 간언은 씨알도 먹히지 않았다. 여기에 봉기逢紀가 신임을 독차지하기 위해 간언을 올려 다시 원소의 화를 부채질했다.

"주공께서 인仁과 의義로 사악한 무리를 토벌하기 위해 군대를 일으키시는데, 전풍 그자는 불길한 말만 늘어놓고 있습니다."

이에 화가 난 원소는 그 자리에서 전풍을 참수하라고 명령했다. 하지만 대신들의 간곡한 청으로 전풍은 겨우 목숨을 부지할 수 있었다.

원소의 대군이 양무陽武로 출격했다. 저수 역시 '한결같은 충성심'으로 다시 한번 '유격전'을 내세우는 원소를 설득했다. 이에 원소는 화를 내며 말했다.

"군대의 사기를 꺾어 놓은 죄로 감옥신세가 된 전풍을 보고도 내게 그따위 소리를 지껄이는 것이오!"

예상대로 저수 역시 그 자리에서 감옥 신세로 전락하고 말았다.

마지막까지 원소를 설득하는 방법을 깨우치지 못한 전풍과 저수는 결국 자신의 목숨도 잃고 원소의 패망도 막지 못했다. 이는 책사로서도 최악의 실패다. 이후 원소 수하의 허유許攸가 조조에게 투항하며 원소군의 군량미를 모두 불태워버렸다. 결국, 조조는 적은 규모로 수십만에 이르는 원소의 대군을 전멸시켰고 역사에서는 이를 '관도대전官渡之戰'이라 부른다.

조조는 원소를 궤멸시킨 뒤 유비를 치기 위한 준비를 시작했다. 이때 유비는 황급히 형주의 유표가 있는 곳으로 도망간 상태였다. 유표는 유비를 신야新野현으로 보내 그곳에 주둔하도록 했다.

오랜 시간 떠돌이 생활을 하던 유비에게 드디어 아주 잠깐의 안정기가 찾아왔다. 건안 12년 봄, 감씨 부인이 아두阿斗를 낳았다. 드디어 유비에게도 후계자가 생긴 것이다. 사실 그때까지도 유비에게는 대를 이을 후계자가 없는 상태였다.

신야에서 머무는 동안 유비는 자신의 현 상황에 그럭저럭 만족해했다. 수하에는 손건, 미축, 간옹, 관우, 장비, 조운 등 문무에 걸쳐 고르게 인재들이 넘쳐났다. 그러던 어느 날 그는 우연히 수경水鏡선생이라 불리는 사마휘司馬徽와 만나게 되었다.

사마휘는 유비 수하의 인재들을 두고 이렇게 평가했다.

"관우, 장비, 조운 모두 만인을 대적할 수 있는 호걸들이지만 이들을 잘 활용할 수 있는 자가 없어 안타까울 따름입니다. 손건, 미축, 간옹과 같은 자들은 아직 백면서생일 뿐 경륜을 발휘하여 세상을 구할 만한 재목이 아닙니다."

사마휘는 속세를 떠나 은둔자처럼 지내는 자였다. 소나무와 학처럼 호리호리한 체격이지만 당당한 풍채를 지녔으며 50에 가까운 나이에도 동안 혈색이 흘렀다. 앞서 외모와 겉모습이 발휘하는 영향력을 아직 기억하고 있다면 사마휘가 하는 말의 무게감을 대충 짐작할 수 있을 것이다. 유비는 사마휘의 말을 의미심장하게 받아들였다.

"그렇다면 어떤 인물들을 이 사람의 보좌로 삼아야겠소?"

그러자 사마휘가 말했다.

"지금 현덕공께는 한고조 때의 장량張良, 소하, 한신 그리고 한광무제 때의 등우鄧禹, 오한吳漢, 빙이馮異와 같이 대업을 도모할 수 있는 인재가 필요합니다."

그 말을 들은 유비는 한숨을 내쉬며 속으로 생각했다.

'누가 그것을 몰라서 하는 소린가?'

유비가 대답했다.

"이 사람 역시 이제껏 산골에 묻혀 사는 유현遺賢(벼슬길에 오르지 않고 초야에 묻혀 사는 현인)을 찾기 위해 갖은 노력을 다했지만, 아직 그런 인물은 없는 듯하오."

그러자 사마휘가 말했다.

"'보잘것없는 작은 마을에도 틀림없이 충직하고 성실한 사람은 있다'라는 공자님 말씀도 있지 않습니까? 어찌 사람이 없다고 생각하십니까?"

사마휘의 말을 듣고 난 뒤 유비는 정중하게 청했다.

"선생께서 이 사람에게 가르쳐주실 순 없는지요?"

"지금 천하의 인재가 모두 모여 있으니 그들을 찾아가십시오."

유비는 급히 그들의 성과 이름을 물었다. 그러자 사마휘는 이 말 한 마디만 남겼다.

"와룡臥龍과 봉추鳳雛, 이들 중 한 사람을 얻으면 천하를 얻으실 수 있습니다."

사마휘의 이 말은 아마도 역사상 가장 영향력 있는 '멘트'가 아닐까 싶다. 짧고 간결하지만 그 안에는 이미 전달하려는 핵심이 분명하게 담겨있었다. 단 한 번만 들어도 잠재고객의 구매욕을 자극할 만큼 강렬한 인상을 심어주었다.

유비가 좀 더 자세하게 이것저것을 물었지만 사마휘는 그 이상의 말은 하지 않았다. 유비가 뭐라고 말하든 그저 '좋습니다, 좋아요'라고만 대답할 뿐이었다. 무조건 '좋다'라고만 말하는 사람을 비유하는 '호호

선생好好先生'이라는 사자성어가 바로 여기서 나온 말이다.

사마휘의 이런 화법은 '제삼자의 칭찬'의 전형적인 예다. 제삼자의 칭찬의 힘에 대해서는 이미 충분히 이해했으리라 생각한다. 하지만 사마휘의 화법에는 '제삼자의 칭찬'에 반드시 경계해야 할 첫 번째 원칙이 담겨 있다. 그것은 바로 '정도'를 지키는 것이다.

말이 많으면 실수하게 마련이고 무엇이든지 지나치게 욕심부리면 안 된다. 만약 쉴 새 없이 이 사람 저 사람을 추천했다면 듣는 사람의 입장에선 오히려 제삼자에 대한 객관성이 떨어진다. 은연중에 말하는 당사자와 제삼자 사이에 모종의 이익관계가 있지 않을까 의심하게 되는 것이다. 이렇게 될 경우 제삼자의 칭찬 효과는 오히려 정반대의 결과를 초래하게 된다.

'궁금증을 유발한 뒤 그대로 남겨두는' 사마휘 식 '제삼자의 칭찬'은 유비를 궁금해 미치게끔 만드는 흡입력을 갖고 있다. 그뿐 아니라 추천의 설득력과 설득의 유지력까지 갖고 있다. 그렇지 않고서야 유비가 왜 그렇게 인내심을 가지고 삼고초려三顧草廬를 했겠는가? 사마휘의 말을 듣고 난 뒤 유비의 마음속 기대심리는 최고조에 달했다. 하지만 더 자세한 것을 알아내지 못해 내내 밤잠을 설쳤다. 그리고 다음 날 시무룩한 채로 신야로 돌아갔다.

어느 날, 유비는 저잣거리에서 우연히 갈건葛布(갈포로 만든 두건)에 베옷을 입고 허리춤에는 검정 끈을 둘러맨 채 검정 신을 신은 사람이 목청껏 노래를 부르며 길을 걷는 것을 보았다.

"천지가 뒤집히고 불길이 꺼지려 하는구나. 큰 집이 무너지려 하는데 지붕을 떠받칠 기둥이 부족하구나. 산속에 현인이 현명한 주인을 찾아가려 하나, 현명한 주인이 현인을 찾으면서도 나를 못 알아보시는구나."

그자는 노래를 마친 뒤 큰 소리로 웃었다.

다른 사람들은 그를 보며 정신 나간 사람이라 말했지만 유비는 마음속으로 혹시 이 자가 수경선생이 말한 와룡과 봉추 중 한 사람이 아닐까 생각했다. 유비가 그렇게 생각한 데는 두 가지 이유가 있다.

하나는 사마휘가 말한 '와룡, 봉추'라는 네 글자가 유비의 머릿속에 아주 선명하게 박혀있던 탓이다. 다른 하나는 그동안 유비 주변의 수많은 뛰어난 인재들이 스스로 먼저 그를 찾아왔기 때문이다. 유비의 이런 습관적 사고는 와룡과 봉추 또한 직접 자신을 찾아올 것이라는 착각에 빠지게 했다.

유비는 급히 말에서 내려 그를 현아縣衙(현의 관청)로 불러들인 뒤 성명을 물었다. 그는 자신을 단복單福이라 소개했다. 유비는 그의 이름을 듣고 다소 실망하긴 했지만, 분명 현인이 자신을 찾아올 테니 함부로 대해선 안 되겠단 생각에 예를 갖춰 극진하게 대접했다.

스스로 추천하는 것은 언제나 제삼자의 칭찬 효과만 못 하다. 하지만 단복의 이 전략은 '자기 추천' 방법의 새로운 패러다임을 만들어냈다. 바로 상대방의 '피동적인 반응'을 '능동적인 반응'으로 바꾸는 것이다. 단복이 미친 사람처럼 웃으며 한 이상한 행동들은 유비의 시선을 끌었다. 겉으로 봤을 땐 우연처럼 보일 수도 있지만 사실 이는 단복이 의도적으로 계획한 것이다. 단복의 전략이 성공할 수 있었던 이유는 바로 심리학의 기본규칙을 '역방향'으로 잘 응용했기 때문이다.

'타인이 지켜보고 있는 상황'이 어떤 개인의 외적 행동에 미치는 영향에 대해서는 이미 앞서 이야기한 바 있다. 일반적으로 자신의 이익과 직접 연관이 있는 이해관계자가 자리에 없을 땐 비교적 솔직하게 자신의 진심을 드러내게 되지만, 해당 주체 즉 이해관계자가 자리에 있을 땐 반드시 자신의 진심을 의도적으로 포장 또는 숨기거나 심지어 왜곡하게 된다.

여기서 단복은 인위적으로 '타인이 없는' 배경을 만들었다. '타인'은 저잣거리의 일반 백성이 아니라 바로 '유비'를 지칭한다. 일반 백성은 곧 그가 만들어낸 배경 그 자체다. 이 배경에선 오직 유비 한 사람만이 목표 관중일 뿐이다. 단복의 계획대로 역시나 유비 역시 자신의 존재를 모르고 있는 상황에서 단복이 그렇게 큰 소리로 미친 사람처럼 노래를 불렀다고 생각했으며, 단복의 말이 진짜일 거라 믿었다.

역시 유비는 운이 기막히게 좋은 사람이다. 단복이 먼저 그의 사람이 되기를 청한 것이다. 그렇다면 단복은 왜 유비를 선택했을까?

단복은 이전에 유표를 주군으로 모시고자 찾아갔으나 허울만 좋고 내실이 없는 모습을 보고 마음을 접고 돌아왔었다. 단복은 주군을 찾지 못해 고민하던 차에 사마휘를 찾아 자신의 고민을 털어놓았다. 사마휘는 그에게 현명한 주군이 곧 눈앞에 나타날 것이라 일러 주었다. 그리고 우연인지 필연인지 마침 그날 유비가 사마휘의 집에 하루 머무르게 되었다. 그날 유비는 사마휘의 말 때문에 부푼 기대감을 안고 밤잠을 설쳤고 단복은 이들 둘의 대화를 몰래 엿들었다.

단복 역시 걸출한 인재였다. 그런 인재가 마침 현명한 주군을 찾고 있어서 그와 관계가 돈독했던 사마휘가 넌지시 그에게 방도를 일러준 것이다. 그렇다면 사마휘는 어젯밤 유비가 그 사람이 누군지 물었을 때 왜 바로 단복을 소개해 주지 않았을까?

이것이야말로 사마휘 화법의 정수가 아닐까 싶다. 또한, 이 대목은 '제삼자의 칭찬'에서 경계해야 할 두 번째 원칙으로 우리가 배워야 할 부분이기도 하다. 제삼자의 칭찬이 왜 효과가 있을까? 그 이유는 사람들은 제삼자의 의견이 객관적이고 공정하며 어떤 이익과도 결부되어 있지 않다고 생각하기 때문이다. 하지만 만약 제삼자의 영향력이 빈번하게 개입될 경우 오히려 제삼자의 위신에 부정적인 영향을 미치게 된다. 또한 사람들은 아무리 제삼자의 생각이 객관적이고 공정하다 할지라도, 그의 안목과 전문성에 문제가 있어서 옥석을 분별하지 못한다고 생각할 가능성이 높다.

전날 밤 이미 와룡과 봉추를 극찬했는데 만약 다음날 또 단복을 소개한다면 이번엔 무슨 말로 그를 치켜세워 줄 것인가? 와룡과 봉추가 아닌 단복에 대해서만 언급했어야 유비의 관심을 끌 수 있었을 것이다. 하지만 그 경우 와룡과 봉추의 가치가 크게 하락하게 된다. 어떤 사물이든 그 수가 많아지면 가치는 줄어들게 마련이다. 그 이치를 모르는 사람은 없다. 만약 사마휘가 굳이 그렇게까지 행동했다면 필시 그의 명성도 타격을 입었을 것이고, 유비는 사마휘의 칭찬이 과장된 말이라 여기며 그의 말을 완전히 신뢰하지 않았을 것이다. 사마휘가 '좋습니다, 좋아요'라고만 말하며 '제삼자의 칭찬'을 남용하지 않았던 것은 결과적으로 본인의 명성을 더욱 견고하게 만든 셈이다.

사마휘가 직접 소개해 주지 않으니 단복으로선 스스로 방법을 강구할 수밖에 없었다. 따라서 일부러 크게 노래를 부르며 정신 나간 사람의 행세를 했고 결국 유비의 시선을 끄는 데 성공했다. 하지만 아무리 유비가 사마휘가 극찬하는 주군이라 할지라도 단복의 마음속엔 여전히 우려스러운 점이 있었다. 난세에서 현명한 주군을 찾기란 그리 쉬운 일이 아니기 때문이다. 선택은 일종의 약속과도 같아서 만약 잘못된 선택을 했을 경우 그것을 되돌리기 위해서는 엄청난 대가를 지불해야만 한다.

가장 좋은 예로 조운이 그러하다. 그가 선택한 공손찬은 큰 그릇이 못 되는 인물이었다. 하지만 조운은 자신의 '직업적 이미지'를 매우 중요하게 생각하는 무장이었기 때문에 공손찬이 패망할 때까지 그의 곁을 지켰다. 그 이후에도 한동안 강호를 떠돌다 결국 유비의 밑으로 들어가게 된다.

난세에는 무장보다 책사가 좀 더 귀했다. 책사로서 훌륭한 자질이 있던 단복은 제아무리 사마휘가 일러준 인물이라 하더라도 생면부지의 유비를 완전히 믿을 수만은 없었다.

◈ 심리학으로 들여다보기

'눈물, 웃음, 노래, 탄식'만큼 최소한의 노력으로 이목을 끌 수 있는 좋은 방법도 없다. 감정을 자극하기 때문인데 결정적인 순간에 따라 다른 요소로 쓰일 수 있다. 자신이 전달하려고 하는 의지를 반영해 효과적으로 표출해야 한다. 하지만 의도와는 다르게 상대의 마음을 헤칠 수 있으므로 고민해 보자.

뜻하지 않은 기회는 열등생에게 온다

단복은 유비의 속내를 알아보기로 결심했다. 그는 유비의 무엇을 알고 싶었던 것일까? 그리고 유비의 어떤 모습이 그가 찾는 이상적인 주군의 모습이었을까?

단복은 유비가 타고 있던 적로마的盧馬를 떠올렸다. 이전에 이 말에 대해 잘 아는 이가 유비에게 경고해준 적이 있었다. 이 말이 비록 천리마이나 언젠가 주인을 해치리라는 것이었다. 단복 역시 비슷한 의미로 유비에게 충고했다. 그러자 유비가 말했다.

"이미 알고 있네. 하지만 지난번 이 적로 덕분에 단계檀溪에서 목숨을 건졌으니, 그 예언은 더 이상 아무 의미가 없네."

"하지만 그것은 사군使君(옛날 최고 관리에 대한 존칭)을 구한 것이지 해친 것이 아니질 않습니까? 끝내 한 번은 주군을 해칠 것입니다. 허나 제게 그 화를 피할 좋은 방도가 있습니다."

유비는 그 말을 듣자마자 화색이 되어 물었다.

"그 방도에 대해 좀 더 자세히 듣고 싶구려."

"아주 간단하옵니다. 우선 주변 사람에게 그 말을 타게 하십시오. 그리고 그자가 화를 입은 뒤 다시 타시면 아무 일도 없을 것입니다."

그 말을 들은 유비는 표정이 싹 굳어서 단복을 내치려 했다. 단복이 영문을 몰라 그 이유를 묻자 유비가 답했다.

"바른길을 알려주기는커녕 첫날부터 남을 해치는 일에 가담케 하는구려. 그대 같은 자의 가르침은 필요 없소. 더는 볼일 없으니 다른 사람을 찾아보시오."

단복은 그 자리에서 큰 소리로 한참 웃은 뒤 연거푸 사과했다. 신체언어를 잘 사용할 줄 아는 사람에게 '웃음'은 아주 유용한 도구이다. 단복은 자신의 행동에 대해 이렇게 해명했다.

"소인, 사군께서 인의를 중요하게 생각하시는 분이라 익히 들어왔습니다. 하지만 확신이 서지 않아 감히 사군을 시험했습니다."

유비는 이제껏 '인의 군자'가 되기 위해 노력해 왔다. '충의'가 관우의 품성을 대변하는 것처럼, '인의'는 유비를 상징하는 꼬리표와 같다. 따라서 유비의 모든 말과 행동은 '인의'의 이미지와 부합해야 한다. 그는 자신을 따라다니는 이 '꼬리표의 구속'을 기꺼이 받아들여야 한다. 이 역시 '약속의 일치' 원칙의 보이지 않는 힘이기도 하다.

모든 사실을 알게 된 유비는 환하게 웃으며 단복과 손을 맞잡았다.

단복은 왜 유비가 진짜 '인의 군자'인지 시험한 뒤에서야 그를 주인으로 섬긴 것일까? 윗사람에 대한 평가는 최소 두 가지 측면에서 이루어진다. 그중 첫 번째는 품성이고 두 번째는 능력이다. 유비의 바른 성품이야 이미 자타가 인정하는 사실이지만 능력은 결과론적으로 봤을 때 형편없기 그지없었다. 수년간 '연전연패'한 사실이 이를 방증한다. 하지만 단복의 눈에 유비의 능력은 그다지 중요하지 않았다. 책사의 가장 큰 임무가 바로 주인의 능력을 보완해 주는 일이기 때문이다. 단복은 자신의 능력에 자신감이 있었다.

책사에게는 필요한 능력이 한 가지 더 있었다. 그것은 바로 주인을 설득하는 능력이다. 주인을 설득할 능력이 없는 상태에선 아무리 훌륭한 계책을 내놓아도 무용지물이 된다(원소 책사들의 비참한 말로를 참고하길 바란다). 단복은 자신의 설득 능력에도 강한 자신감이 있었다.

단복의 시험은 아주 간단한 것이었다. 유비가 성품 면에서 시험을 통과하기만 하면 그의 능력 따윈 전혀 중요하지 않았다. 그날로 단복은 유비의 사람이 되었다. 유비는 그에게 특별히 군사君師의 직위를 내렸으며, 그에게 모든 군정 대사를 일임했다.

한편, 조조는 원소를 무너뜨린 뒤 호시탐탐 형주를 노리고 있었다. 그는 조인曹仁에게 이전李典과 항장降將(투항한 장수) 여광呂曠과 여상呂翔을 이끌고 번성樊城으로 가 형양荊襄(형주와 남양 땅을 뜻함) 주변을 정찰하도록 명령했다. 유비가 신야에 주둔하자 조인은 여광과 여상을 앞장세워 신야를 공격했다. 이때는 단복이 유비의 밑으로 들어가 군정을 장악한 상태였다. 단복은 여광과 여상의 공격이 들어오자 즉각 군대를 둘로 나누어 전투를 지휘했다.

단복은 관우가 이끄는 군을 좌측 공격수로 배치하고 장비가 이끄는 군을 우측 공격수로 배치했다. 그리고 자신은 유비와 조운이 이끄는 중앙군에 합류했다. 그때 여광과 여상이 군대를 이끌고 쳐들어왔다. 하지만 진영을 잘 갖춘 유비 삼군의 협공으로 싸움은 눈 깜짝할 사이에 결판이 났다. 여상은 장비에게 목숨을 잃었고 여광은 조운의 손에 목숨을 잃었다. 참패를 당한 조조의 병사들은 허둥지둥 도망치기 시작했다. 완벽한 유비의 승리였다.

유비는 이루 말할 수 없이 기뻤다. 그는 전투에 참가한 삼군에게 포상을 내렸다. 이번 전투는 유비가 조조와의 대결에서 처음으로 거둔 의미 있는 승리였다. 단복 역시 이번 전투로 자신의 위신을 세울 수 있게 되었다. 사실 이번 승리로 유비의 군대가 단복의 지휘를 받아 전투 능력이 향상된 것이라고 평가할 수는 없다. 단지 '평균 회기Regression to the mean' 원리에 따른 결과일 뿐이다.

'평균 회기'는 일종의 통계학적 현상이다. 학생의 시험성적을 예로 들어보자. 시험 점수는 부분적으로 임의의 영향을 받아 변동 폭이 생긴다. 이 때문에 지난 시험성적이 높았던 학생들의 대다수는 다음 시험에서 성적이 떨어지게 된다. 즉, 두 번째 시험 점수는 더 높은 점수가 아닌 평균 수치로 회귀하게 된다. 반대로, 첫 번째 시험에서 최저 점수를 받은 학생은 성적이 향상될 가능성이 높다. 만약 성적이 낮은 학생이 선생님에게 도움을 청해 두 번째 시험에서 성적이 오른다면, 설령 선생님의 학습지도가 실질적으로 아무런 도움이 되지 않았어도 선생님과 학생 모두 성적 향상이 선생님의 '학습지도' 덕분이라 생각하게 된다.

이것은 자연을 움직이는 불변의 이치다. 밑바닥 수준에서는 어떤 시도를 하던 거의 효과가 있게 마련이다. 왜냐하면 사람의 특성상 평균 수준으로 올라가려 하지 그보다 더 낮은 수준으로 떨어지려 하진 않기 때문이다. 하지만 대부분이 이런 통계학적 원리에 무지하거나 대수롭지 않게 여긴다. 그로 인해 심리의 착각에 빠지거나 심지어 잘못된 판단을 내리곤 한다.

조조의 잦은 거병은 유비가 '시험'을 치르는 것과 같고 승패의 결과는 곧 유비의 시험성적과 같다. 이제껏 유비는 성적이 형편없는 학생이었기 때문에 시험에 불합격하는 것은 거의 불변의 이치였다. 따라서 조조의 군대는 유비를 상대할 때 자신감이 넘칠 뿐 아니라 승리는 이미 떼어 놓은 당상이라 생각했을 것이다. 하지만 불변하는 자연의 이치를 거스를 수는 없는 법이다. 때론 형편없는 학생도 날개를 펴고 날아오르게 마련이다.

유비의 이번 승리는 성적 부진 학생이 처음으로 좋은 성적을 받은 것과 같다. 이는 조조에겐 의외의 결과였지만 유비의 입장에선 전혀 의외의 결과가 아니었다. 유비는 단복이 나타난 이후 모든 것이 달라졌다고 생각했다. 단복은 유비에게 현명한 선생님 같은 존재로 단번에 성적 부진아의 낙오된 모습을 바꿔놓았다. 유비의 이런 생각 덕분에 조직 내에서 단복의 지위와 위신은 나날이 높아졌다.

하지만 조인은 자신의 결과를 인정하지 않았다. 이전은 이 사실을 곧장 조조에게 보고한 뒤 대군을 소집하여 정벌에 나서야 한다고 주장했다. 그런데 조인은 이전의 말을 무시했다.

"유비 그자가 무슨 능력이 있겠소? 신야를 치는 일 정도로 어찌 승상께 손을 내밀 수 있겠는가?"

조인은 군대를 재정비한 뒤 신야를 토벌하기 위해 나섰다. 그가 보기에 유비는 절대 좋은 성적을 받을 수 없는 학생이었다. 그래서 이번 패배는 여광과 여상이 적을 너무 만만하게 본 탓에 저지른 실수라 생각했다. 조인은 병사들을 이끌고 출격했는데 팔문금쇄진八門金鎖陣(조조가 손자병법서를 연구하여 만든 전술)으로 유비를 압박했다.

만약 단복이 정말 별 볼 일 없는 자였다면, 이번에 조인이 낸 시험문제로 그의 바닥이 드러났을 것이다. 지난번 '평균 회기 원리'에 의해 거뒀던 승리가 단복의 공이 아니었다 하더라도, 그 승리로 인해 단복은 많은 것을 얻었다. 관우, 장비, 조운 등의 장수들이 그를 깊이 신뢰하게 된 것이다. 이들의 신뢰는 그가 진짜 실력을 발휘할 수 있도록 더 많은 기회와 가능성을 가져다주었다. 그렇지 않고서야 어떤 검증도 거치지 않은 단복이 관우, 장비, 조운과 같이 속을 알 수 없는 자들의 마음을 움직일 수 있었겠는가?

단복의 탁월한 지휘와 맹장들의 신뢰, 그리고 목숨을 아까워하지 않는 병사들의 용맹함과 충성심은 순식간에 조인이 그렇게 자신만만해하던 팔문금쇄진을 무너뜨렸다. 그리고 그 여세를 몰아 조인이 점령하고 있던 번성까지 공격을 가했다.

번성의 현령 유필劉泌은 한나라 황실의 종친이라 유비의 입성을 기쁘게 맞이하며 성대한 연회를 베풀었다. 연회 자리에는 유필의 조카 구봉寇封이 함께 앉았는데, 유비는 그의 훤칠한 외모와 맑은 목소리를 듣고선 영락없는 인재상이라 생각했다. '외모의 흡인력' 원칙이 다시 한 번 발휘되는 순간이다. 유비는 그를 마음에 들어 양자로 삼고 싶어 했다. 이에 유필은 크게 기뻐하며 그 자리에서 구봉의 성을 유劉씨로 바꾸도록 했다. 그리고 유비에게 절을 올리게 한 뒤 부친으로 모시도록 했으며, 관우와 장비에게도 절을 시킨 뒤 숙부라 부르도록 했다.

하지만 관우는 굳은 표정으로 유비에게 간언했다.

"형님께서는 이미 친자가 있으신데, 어찌 또 양자를 들이시려 하십니까? 훗날 분명 분란이 생길 것입니다."

이 말의 의미는 이렇다.

'제가 양자를 거두었다 하여 형님께서도 이를 즉흥적으로 결정하셔서는 안 됩니다. 저는 부인이 없으므로 양자가 있어도 그만 없어도 그만이지만, 형님께는 이미 아두가 있질 않습니까? 게다가 아두는 아직 강보에 싸인 어린 아기입니다. 지금 이 청년을 양자로 들이신다면 훗날 후계자를 정하실 때 분란이 일어날 것입니다. 아무리 양자에게 계승권이 없다 해도 그때가 되면 유봉의 세력이 커져 있을 테고, 어쩌면 아두가 그 세력을 감당하지 못할 수도 있습니다.'

관우가 이처럼 염려하는 것 역시 일리가 있다. 그가 매일같이 읽는 《춘추》 속에는 계승권을 둘러싼 피비린내 나는 싸움들이 자주 나왔으니 염려되었을 것이다. 관우가 가감 없이 솔직하게 유비에게 충고하는 것처럼 보여도 이 역시 그의 진심에서 우러나온 말이다. 하지만 유비는 그의 우려를 전혀 심각하게 받아들이지 않았다. 유비가 말했다.

"걱정하지 말거라. 내가 아들처럼 대하면 본인도 나를 아버지처럼 섬길 텐데 무슨 분란이 생기겠느냐?"

냉정하게 말해서 관우의 말은 모두 맞는 말이다. 앞으로 문제가 생길 부분은 유비와 유봉 간의 관계가 아니라 아두와 유봉 간의 관계다. 하지만 어쨌든 유비가 형님이므로 관우 역시 그의 말에 따를 수밖에 없었다.

관우는 기분이 썩 유쾌하지 않았다. 유비의 처사로 자존심이 상한 것은 이번이 처음이었다. 그는 내심 고성에서 해후한 이후 유비의 마음속에서 자신의 위치가 예전 같지 않다는 느낌을 받았다. 물론 아직은 그런 생각이 지배적일 정도는 아니지만 불행히도 이미 비교의 씨앗이 마음속에 싹트고 있었다. 그런데 관우 외에도 심기가 불편한 자가 또 한 명 있었으니 바로 유봉이다. 유봉으로서는 어느 날 갑자기 유비와 같은 유명한 아버지를 얻게 되었으니 기쁘지 않을 이유가 없었다. 하지만 관우의 말이 그에게는 깊은 상처가 되었다. 당연히 그 앞에선 어떤 내색도 하지 않았지만 마음속에는 이미 미움이라는 씨앗이 조금씩 싹트고 있었다. 미워하는 마음과 감사하는 마음은 다르지만 시간이 지나면 반드시 되돌아온다는 점에서는 같다.

조조는 유비 같은 열등생이 하룻밤 사이에 자신과 어깨를 나란히 하게 되었다는 사실을 받아들일 수 없었다. 그래서 조조는 도대체 어떻게 된 일인지 알아보기로 했다.

◈ 심리학으로 들여다보기

우리가 다 안다고 생각했던 삶의 규칙들이 보이지 않는 곳에서 당신을 비웃고 있다는 사실을 잊지 마라. 인간은 평생 배우기를 멈추지 말아야 한다. 아는 만큼 보이고 아는 만큼 들린다고 했다. 자신이 생각했던 것보다 단순하지 않은 것이 삶이라는 사실을 잊지 말자.

사랑이
최대의 약점이 될 수 있다

조조는 단복에 대해 알아오라고 명령했다. 이때 정욱이 나서서 단복에 대해 낱낱이 고했다.

"단복은 영천潁川 사람으로 본명은 서서徐庶, 자는 원직元直이라 하옵니다. 서서는 원래 검술이 뛰어난 자였는데, 어떤 이의 복수를 도와주다 도망자 신세가 되었습니다. 그 뒤 단복이라 개명하였고 학문을 갈고닦아 뛰어난 인재가 되었습니다."

조조가 물었다.

"서서의 실력을 자네와 비교하자면 어떠한가?"

그러자 정욱은 아주 솔직하게 대답했다.

"소인보다 족히 10배는 훌륭합니다."

제삼자의 칭찬이 다시 한번 등장했다.

조조는 자신도 모르게 긴 한숨을 쉬며 탄식했다.

"도대체 유비 그자가 무엇이라고! 현자고 맹장이고 하나같이 유비에게 충성한단 말인가!"

그러자 정욱이 말했다.

"걱정하지 마십시오. 승상께서 서서를 원하신다면, 그자를 데려오는 일은 그리 어렵지 않습니다."

그 말을 들은 조조는 순간 눈이 번쩍했다. 하지만 유비가 기용했던 인재에게 가르침을 청할 생각을 하니 다시 침울해졌다. 관우 일만 해도 이미 질릴 대로 질린 상태였다. 그렇게 애써 공을 들였는데 결국엔 유비에게 돌아가 충성하고 있질 않은가?

정욱이 이어 말했다.

"서서는 모친을 끔찍이 생각하는 효자입니다. 사람을 시켜 그의 모친을 허도로 데려오면 반드시 한밤중에라도 달려올 것입니다."

특별히 자기애가 강한 경우를 제외하면 누구나 마음속에 이 세상에서 가장 사랑하는 사람이 한 명쯤은 존재하게 마련이다. 그 사람에게만큼은 기꺼이 모든 것을 다 퍼주게 되는데 심지어 자신의 생명도 마다치 않는다. 그 '사랑'은 결코 남녀 간의 사랑에만 국한되지 않는다. 가족 간의 사랑, 친구에 대한 우정 또한 마찬가지다. 관우에게 유비가 그런 존재라면 서서에게는 모친이 바로 그런 존재였다.

조조는 매우 흡족해하며 정욱의 말대로 사람을 시켜 서서의 모친을 데려오도록 했다. 서서의 모친은 허도에 도착한 뒤 조조를 호되게 꾸짖으며 유비를 격찬했다. 그리고 단호하게 서서를 불러달라는 조조의 청을 거절했다. 조조는 크게 분노하며 당장에라도 서서의 모친을 죽이려 했으나 이번에도 정욱이 나서서 이를 말렸다. 정욱은 서서 모친의 글씨체를 모사하여 허도로 돌아오라는 내용의 가짜편지를 서서에게 보냈다. 이런 사실을 알 리 없는 서서는 전혀 함정이라 생각지 못하고 모친을 생각하며 마음 아파했다. 편지를 다 읽고 눈물을 왈칵 쏟은 서서는 그 길로 유비를 찾아갔다.

서서는 유비에게 자신이 본명을 숨길 수밖에 없었던 이유를 털어놓으며, 현재 모친이 조조에게 붙잡혀 있노라 설명했다. 그리고는 잠시 보직에서 물러날 것을 청하며 다시 돌아오겠다고 말했다.

유비도 그 자리에서 눈물을 흘리기 시작했다.

'하늘도 참 무심하시지! 그 오랜 시간 어렵게 목숨을 부지해온 이 유비가 가엾어 서서를 보내 주신 게 아니었습니까? 이제 막 날개를 펴고 큰 뜻을 이루게 되나 싶었는데, 얼마나 지났다고 조조가 농간을 부려 이제 서서를 잃게 생겼습니다. 이것이 저에게 죽으라는 뜻이 아니고 무엇이옵니까?'

그러나 백번 그렇게 생각한들 말로 내뱉을 순 없는 노릇이었다. 유비가 얼마나 힘들게 자신의 '꼬리표'를 유지해 왔는지 기억하고 있다면 충분히 이해할 수 있다.

유비가 울면서 말했다.

"자식이 모친에 대한 도리를 다하겠다는데 어찌 막을 수 있겠소? 군사께서는 이 유비를 마음에 담아두지 마시고 어서 빨리 모친을 찾아뵈시오."

서서는 유비의 말에 가슴이 뭉클해지며 감동에 벅차올랐다. 그는 곧장 떠날 준비를 했다. 이때 유비가 서서를 붙들며 말했다.

“이 유비가 복이 없어 군사를 이렇게 떠나보내는구려. 이곳에서 하룻밤 묶고 날이 밝은 뒤 떠날 순 없겠소?”

서서는 이미 마음을 굳혔고 유비 역시 떠나는 것에 동의한 마당에 왜 굳이 하룻밤 뒤에 가라고 한 것일까? 서서가 떠나는 것은 유비에게 팔 한쪽이 잘려나가는 것이나 다름없다. 유비는 이미 잃는 것에 익숙해져 있었고 서서가 이곳에 머무른 시간도 길지 않아, 그가 떠난다 해도 심각한 타격을 받는 것은 아니었다. 문제는 서서가 떠난다는 것이 아니었다. 서서가 가겠다고 하는 곳이 바로 가장 두려운 존재인 조조가 있는 곳이라는 게 문제였다.

관우의 일만 봐도 조조의 물질 공세가 얼마나 대단하고도 무서운지 알 수 있다. 만약 서서가 조조의 사람이 된다면 호랑이 등에 날개를 달아준 격이 된다.

서서는 이미 유비의 모든 것을 꿰뚫고 있었다. 만약 서서가 그것을 역이용한다면 유비의 패망은 안 봐도 뻔한 일이 된다.

따라서 서서가 떠나기 전에 반드시 대책을 마련해야 했다. 유비는 자신의 오랜 심복인 손건, 간옹, 미축 등을 불러 모았다. 비록 이들의 지략 수준이 훌륭하다고는 말할 수 없지만 지금으로선 이들 말고는 의지할 사람이 없었다.

손건이 말했다.

“주공, 서서가 천하의 기재奇才라는 사실을 잊으시면 안 됩니다. 만약 조조가 서서를 중용하여 우리를 공격한다면 살아남을 길이 없습니다. 주공께선 어떻게든 서서가 가지 못하도록 붙잡으셔야 합니다. 조조는 서서가 오지 않으면 분명 그의 모친을 죽일 것입니다. 서서가 이를 알게 되면 모친의 원수를 갚기 위해서라도 주공의 편에 서서 죽을힘을 다해 조조에게 맞서지 않겠습니까?"

하지만 유비는 무표정인 채로 긍정도 부정도 하지 않았다. '약속의 일치' 원칙이 발휘되는 순간이다. 이미 서서가 떠나는 것을 허락했는데 이제 와서 그 말을 번복할 순 없었다. 손건 등은 계속해서 유비에게 간언을 올렸다.

그러자 유비가 길게 한숨을 내쉬며 말했다.

"그럴 수 없소. 서서에게 모친이 죽도록 내버려두라 말하고 그를 악용하는 것은 인에 어긋난 행동이오. 서서를 붙잡아두어 모자간의 사이를 갈라놓는 것 또한 의에 어긋나는 행동이오. 이 유비가 망하는 한이 있더라도 그런 짓은 절대 할 수 없소."

자리에 있던 이들은 유비의 포부와 기백에 크게 감복했다. 아무나 그런 생각을 할 수 있는 것은 아니기 때문이다. 하지만 아무리 머리를 맞대고 있어도 딱히 좋은 방법은 떠오르지 않았다. 유비는 모두 물러나게 한 다음 서서를 불러 밤새 술잔을 기울였다. 서서가 말했다.

"오늘 노모께서 옥에 갇히셨단 소식을 듣고 나니 차마 음식이 넘어가지가 않습니다."

그러자 유비가 말했다.

"군사께서 떠나신다고 하니 양팔을 모두 잃은 것만 같소. 나 역시 눈앞에 진귀한 음식들을 두고도 아무 감흥이 없구려."

두 사람은 서로를 마주 보며 울음을 터뜨렸다. 그렇게 날이 밝을 때까지 뜬 눈으로 앉아서 밤을 지새웠다.

다음 날, 유비와 서서는 아쉬움을 뒤로 한 채 작별인사를 나눴다. 유비는 밤새 생각해 두었던 말을 꺼냈다.

"내 운이 이것밖에 되질 않아 군사를 오랫동안 곁에 두지도, 가르침을 청할 수도 없게 되었소. 부디 모친을 만나 여한 없이 효를 다하고 새 주인을 잘 섬겨 큰 뜻을 이루시오."

유비야말로 가장 절묘하게 호혜성 원리를 쓸 줄 아는 사람이 아닐까 싶다. 그의 마지막 작별인사는 마음에도 없는 억지 말이지만 최후의 발악이기도 했다. 사실 서서가 당장 떠난다 해도 유비는 그를 구속할 만한 어떠한 힘도 없었다. 서서가 새 주인에게 충성하는 것 역시 예상 못 할 일도 아니다. 지금 이 상황에서 유비가 서서에게 해줄 수 있는 것은 아무것도 없었다.

또한, 헤어지는 마당에 미련을 보이는 것은 가능한 한 서로 피해야 할 일이기도 하다. 하지만 유비는 넓은 마음으로 상대의 행복을 빌어주었다. 자신을 온전히 제쳐놓고 오직 상대방의 입장에서 모든 것을 생각하는 깊은 배려심을 보여준 것이다. 목석이 아닌 이상 이런 말을 듣고 어찌 감동하지 않을 수 있겠는가?

유비는 마음에도 없는 말로 엄청난 은혜를 베푼 셈이다. 아마 모친의 목숨이 달린 일만 아니었다면 서서는 그 자리에서 모든 걸 포기하고 유비 곁에 남았을 것이다.

연인이 헤어지는 상황도 이와 비슷하다. 여전히 상대방을 사랑하기 때문에 가슴은 아프지만 그래도 떠나가는 이를 위해 행복을 빌어준다. 이는 겉으로는 행복을 빌어주는 것처럼 보여도 사실 상대를 붙잡는 말이다. 심리학적 측면에서 봤을 때, 실제로 이런 방식으로 상대를 붙잡아 성공한 사례가 분명 있으리라 생각한다. 그저 내가 잘 모르는 것뿐.

유비의 찢어지는 마음을 그 누가 이해할 수 있을까? 정치가도 감정이 있는 사람이다. 단지 일과 감정을 나눠서 생각할 뿐이다. 유비는 정을 중요하게 생각하고 덕으로 사람을 대하는 사람이다. 유비는 서서를 붙잡을 수 없다는 것을 잘 알고 있었다. 하지만 자신의 대업을 위해선 반드시 서서의 마음을 붙잡아야 했다.

유비의 말에 서서는 한없이 눈물을 흘리며 말했다.

"미천한 재주임에도 소신을 믿고 중용해 주셨는데, 오로지 모친 때문에 이렇게 소임을 다하지 못하고 떠나게 됩니다. 맹세컨대 그곳에 도착해서 조조가 제게 어떤 짓을 가한다 해도, 평생 그를 위해 계책을 쓰지는 않을 것입니다."

서서가 이렇듯 유비에게 맹세한 것은 호혜성 원리에 따른 행동이다. 서서는 그가 할 수 있는 최대한의 의지를 발휘하여 최악의 상황에서도 조금의 흔들림 없이 이 약속을 지켜냈다. 후에 생긴 '서서가 조조의 군영에 들어가 있다徐庶進曹營'라는 속담은 이 일화에서 비롯된 것으로 '말을 단 한마디도 하지 않는다'라는 뜻을 표현할 때 사용한다.

이 세상에는 물질로는 얻을 수 없는 것들이 있다. 유비도 알고 있는 이 이치를 조조가 모를 리가 있을까? 유비는 긴 한숨을 내쉬며 말했다.

"군사께서 떠나시고 나면 이 유비 역시 속세를 떠나 남은 생을 조용히 살까 하오."

그러자 서서가 황급히 대답했다.

"소인, 사군과 함께 대업을 이루고자 했으나, 노모가 위태로운 상황에 빠져 있기에 이렇게 떠날 수밖에 없게 된 것입니다. 설사 제가 이곳에 남아 있다 해도 마음이 어지러워 사군께 아무런 도움이 돼 드리지 못할 것입니다. 부디 저로 인해 낙담하시지 마시고, 앞날을 생각하십시오. 반드시 사군을 보좌할 훌륭한 인재를 찾아 대업을 이루셔야 합니다."

"군사와 같은 기재를 어디서 또 찾는단 말이오?"

그러자 서서는 몸을 돌려 관우, 장비, 조운 등을 격려하며 말했다.

"부디 공들께서 사군을 도와 후세에 길이 빛나는 대업을 이루어 주십시오. 절대로 이 몸처럼 중간에 뜻을 꺾는 일이 없어야 합니다."

그 순간 자리에 있던 모든 사람의 눈에는 뜨거운 눈물이 흘렀다. 그 누구도 차마 작별을 고하지 못했다.

만남이 있으면 헤어짐도 있는 법, 아무리 천 리를 배웅해도 결국엔 이별의 순간이 다가오게 마련이다. 그걸 알면서도 유비는 한 구간 또 한 구간을 따라가 배웅했다.

유비는 눈물을 주르륵 흘리며 서서의 손을 꽉 잡은 채 차마 놓지 못했다.

"군사께서 떠나면 이 유비는 이제 어찌한단 말이오?"

이제껏 유비가 흘린 눈물의 대부분은 진심 반 거짓 반이었다. 하지만 이번만큼은 정말 가슴에서 우러나오는 눈물이었다. 이 순간 사내의 눈물을 어찌 천금에 비교할 수 있겠는가. 서서 역시 애써 눈물을 참으며 모질게 마음을 먹은 채 뒤돌아 떠났다.

유비는 말을 세운 채 서서가 떠나는 모습을 지켜보며 대성통곡을 했다. 손건 등이 그를 말리며 말했다.

"주공, 너무 슬퍼하지 마십시오. 몸이 상하실까 염려되옵니다."

유비가 울먹거리며 말했다.

"이보게들. 원직이 정말 가버렸소."

지금 이 순간 유비의 애통함을 어찌 조조가 관우를 떠나보낼 때의 애석함과 비교할 수 있겠는가?

유비는 서서의 뒷모습이 숲의 나무들에 의해 가려져 보이지 않을 때까지 그 자리에 서 있었다. 유비가 말채찍으로 숲을 가리키며 말했다.

"마음 같아서는 이 숲을 모두 없애버리고 싶구나."

손건 등이 영문을 몰라 그 이유를 묻자 유비가 대답했다.

"정녕 모르시겠소? 이 숲 때문에 원직의 가는 뒷모습이 안 보이질 않소!"

유비는 하늘을 올려다보며 오랫동안 그 자리를 떠나질 못했다. 그때 갑자기 눈앞에 서서가 다시 나타났다. 순간 자신이 헛것을 본 게 아닌가 생각했지만, 다시 봐도 정말 서서가 말을 타고 자신이 있는 쪽으로 달려오고 있었다.

눈물만큼 기적을 쉽게 만들어내는 무기도 없다. 아주 잠깐이었지만 유비는 그러한 기적이 일어났다고 생각했다. 서서가 돌아온 것이다. 유비는 급히 말을 몰아 서서가 오는 쪽으로 달려갔다.

"원직, 돌아온 것이오?"

사실 서서는 돌아온 것이 아니었다. 그러나 유비의 '은혜 전략'은 분명 제 효과를 발휘했다.

유비의 은혜에 보답할 길이 없어 안타까워하던 차에 서서의 머릿속에 어떤 생각이 떠올랐던 것이다. 서서가 말했다.

"모친의 안위를 걱정하느라 마음이 심란하여 사군께 말씀드리려 했던 중요한 일을 깜박하였습니다."

"그 중요한 일이라는 것이 대체 무엇이기에 가던 길을 되돌아온 것이오?"

이렇게 해서 삼국시대를 뒤흔들 이름 석 자가 서서의 입을 통해 등장한다. 그자의 출현은 유비의 운명뿐 아니라 관우의 운명까지도 바꿔 놓았다.

◈ **심리학으로 들여다보기**

쉽게 얻은 것은 그 소중함이 금방 사라진다. 애지중지하는 것은 오랫동안 손에 쥐고 있기 어렵다. 그러므로 자신이 노력한 결과가 가져다준 값진 성과를 귀하게 여기자. 모든 걱정과 우려가 낳은 조마조마한 마음이나 전전긍긍하는 심리는 자신이 가진 것조차 앗아간다.

상대를 높일 때
자신이 더 높이 올라간다

베푼 만큼 그에 대한 보답은 따르게 마련이다. 서서가 돌아온 것은 결심을 바꾼 게 아니라 유비에게 한 사람을 천거하기 위해서였다. 그렇게라도 자신의 공백을 채워 유비에게 은혜를 갚고자 했다.

서서가 말한 인물은 일전에 사마휘가 말했던 와룡이었다. 사마휘는 와룡이라는 별칭만 알려 주었을 뿐 본명에 대해서는 알려주지 않아 유비가 아쉬워하던 차였다. 그런데 서서가 그 베일에 가려진 인물에 대해 말을 꺼낸 것이다.

성은 제갈諸葛, 이름은 량亮, 자는 공명孔明으로 평소에는 와룡선생으로 불리고 있으며, 현재 근처 남양南陽 융중隆中에서 농사를 지으며 은거 중이라 했다. 유비는 서서에게 그와의 만남을 주선해 달라고 청하였다. 그러자 서서가 말했다.

"그자는 저와 완전히 다른 사람입니다. 만나고자 하신다면 사군께서 직접 찾아가셔서 만남을 청하셔야 합니다. 부른다고 올 자가 아닙니다. 사군께서 그자를 얻으신다면 주 문왕文王이 강태공姜太公을 얻은 것이나 한 고조高祖가 장량張良을 얻은 것과 다름없습니다. 그자는 늘 자신을 관중管仲과 악의樂毅에 비교합니다. 소신이 볼 땐 관중과 악의보다 그자가 훨씬 뛰어난 인물입니다."

서서의 극찬에 유비는 그만 얼떨떨해졌다.

"그럼 군사와 비교하자면 어떠하오?"

"소신 따위를 그와 견주다니 당치도 않습니다. 이는 까마귀와 봉황 그리고 노마駑馬(열등한 말)와 기린麒麟(전설 속 짐승)을 두고 고민하는 것이나 다름없습니다. 단언컨대 공명은 이 세상에 다시없을 천하의 인재입니다."

그 말을 듣고 난 유비는 기쁨을 감추지 못했다. 또다시 서서와 이별하게 되었지만 조금 전처럼 가슴이 찢어질 듯 아프진 않았다. 이런 순간에 자기감정을 통제할 줄 아는 능력은 그 사람의 성공을 좌지우지할 만큼 중요하다.

오랫동안 비관적인 생각에 빠져 스스로 헤어나지 못하고 그 생각에 지배당하면, 결국엔 변화의 흐름을 파악하지 못해 좋은 기회를 놓치게 된다. 그 점에서 원소는 유비보다 훨씬 못난 인물이었다. 언젠가 원소에게도 조조를 무너뜨릴 좋은 기회가 있었다. 하지만 당시 그는 가장 아끼는 막내아들이 병에 시달리자 대사를 논하는 일조차 눈에 들어오지 않을 만큼 모든 의욕을 잃어버렸다. 결국, 원소는 그렇게 일생일대의 기회를 허무하게 날려버리고 말았다.

서서는 부리나케 말을 재촉하여 허도로 달려와 모친을 만났다. 하지만 기다리고 있는 것은 모친의 불벼락 같은 호통이었다. 서서는 바닥에 엎드려 차마 얼굴을 들지 못했다.

서서의 모친이 후원으로 돌아간 지 얼마 지나지 않아, 어떤 이가 달려와 모친께서 목을 매 자살했다는 소식을 전했다. 서서가 황급히 달려가 보았지만 이미 때늦은 후였다. 모친의 숨이 멎은 것을 확인한 서서는 바닥에 엎드려 통곡했다.

그 상처는 눈물로 달랠 수 없었다. 서서는 모친의 죽음으로 큰 절망감에 빠졌다. 자신이 무척 아끼는 사람을 잃었는데 그 사람을 대신할 존재가 없다면, 그의 남은 인생은 살아있는 송장에 지나지 않을 것이다. 어떻게 다른 사람이 그 존재를 대신할 수 있겠는가? 서서는 조조의 간계에 속은 것을 분통해하며, 유비에게 약속한 대로 죽을 때까지 어떤 계책도 쓰지 않기로 다짐했다. 후에 서서는 봉추鳳雛선생인 방통龐統의 도움으로 조조 진영에서 벗어나게 된다. 한 시대의 천재는 그렇게 소리 소문 없이 사라져 버렸다.

한편 유비는 선물을 가지고 융중의 제갈량을 만나러 가려고 했다. 그때 아관박대峨冠博帶(높은 갓과 넓은 띠. 사대부의 옷차림) 차림의 어떤 점잖은 선생이 유비를 찾아왔다고 했다. 그 순간 유비는 반사적으로 말이 튀어나왔다.

"분명 공명일 것이다!"

공명이 왔을 거라 생각하다니 그때 유비는 정말 제정신이 아니었던 듯하다. 유비는 기분이 한껏 들떠서 손님을 안으로 모시라 했다. 그런데 그 사람은 다름 아닌 수경선생 사마휘였다. 사마휘는 서서를 만나러 왔다고 했다. 지난번에 서서에게 유비를 찾아가라 했는데 그 근황이 궁금했던 것이다.

유비가 전후 사정을 들려주자 사마휘가 긴 한숨을 내쉬며 탄식했다.

"아까운 목숨 하나를 잃었군."

유비가 놀라며 그 이유를 묻자 사마휘가 말했다.

"이는 조조의 계략입니다. 제가 알기론 서서의 모친은 현명한 여인입니다. 조조에게 붙잡혀 있다 하여 아들에게 돌아오라는 편지를 쓸 사람이 아닙니다. 그 편지는 분명 가짜 편지일 것입니다. 만약 서서가 가지 않았다면 조조는 서서를 견제하기 위해서라도 그의 어머니의 목숨을 살려두었을 것입니다. 하지만 서서가 가버렸으니 그녀는 분노와 수치심에 자결을 선택했을 것입니다."

'아, 왜 그 생각을 하지 못했을까! 어쩌면 서서를 붙잡을 수도 있었는데!'

유비는 후회가 파도처럼 밀려왔다.

사마휘의 예측은 정확히 적중했으나 그의 추리는 틀렸다. 서서의 모친이 죽음을 선택한 이유는 아들의 잘못된 판단 때문이 아니었다. 서서의 모친은 자신이 살아 있으면 아들이 조조에게 좌지우지 당하며, 어쩔 수 없이 그에게 충성하게 될 거라 판단했다. 그녀에겐 그것이야말로 가장 수치스러운 일이었다. 그녀는 자신이 죽어야만 아들이 자유의 몸이 되어 자신의 지조를 지킬 수 있을 거라 생각했다. 자기 죽음과 아들의 남은 생을 맞바꾼 것이다.

이런 위대한 모성애는 언제 어디서나 존재해 왔다. 하지만 사마휘와 같이 학식이 깊은 자도 진정한 모성애의 위대함을 깨닫지 못한 것이다. 그런데 평범한 일반인은 오죽할까?

다행히도 서서가 자신을 대신할 사람으로 제갈량을 천거했고, 그의 말에 따르면 제갈량은 자신보다 백배는 더 나은 사람이었다. 하지만 유비는 서서의 말을 온전히 믿지 않았다. 자신의 죄책감을 만회하기 위해 본인을 대신할 사람을 잘 포장하는 것 역시 흔한 방법 중 하나기 때문이다. 그래서 때마침 사마휘가 찾아온 김에 좀 더 자세한 것들을 물었다. 사마휘는 사람들이 잘 모르는 제갈량에 관한 한 일화를 들려주었다.

제갈량, 최주평崔州平, 석광원石廣元, 맹공위孟公威, 서원직徐元直은 함께 동문수학同門修學한 사이다. 어느 날, 공명이 시문을 읊으며 네 명의 벗들에게 물었다.

"자네들 정도의 학식이라면 벼슬길에 나가 자사刺史(주, 군의 지방 장관)나 군수郡守는 충분히 될 수 있을 것일세."

그러자 나머지 네 명의 벗이 물었다.

"그럼 공명 자네는 장차 무엇이 되고 싶은가?"

공명은 말없이 웃기만 했다.

유비는 도무지 이야기의 갈피를 잡지 못해 어리둥절하기만 했다. 반면 옆에서 듣고 있던 관우는 어딘가 모르게 심기가 불편해졌다. 그는 속으로 생각했다.

'포부만 크고 능력이 따라주지 않는 자들이 널리고 널렸다. 공명이란 자가 그렇게 거만하다면 실제론 별 볼 일 없는 뜨내기일 것이 분명하다.'

사마휘는 계속해서 제갈량에 대한 이야기를 이어나갔다.

"공명은 융중에 살고 있는데 평소에 '양부음梁父吟'을 즐겨 읊는다고 합니다. 그는 매번 자신을 관중과 악의에 비교하지만, 그의 진짜 재능은 가늠조차 할 수 없습니다."

유비는 사마휘가 무슨 말을 하는지 잘 이해하지 못했지만, 매일같이 《춘추》를 읽어 학식이 쌓인 관우는 대략 무슨 뜻인지 알아들었다.

양부는 태산泰山 아래에 있는 작은 동산의 이름으로 '양부음'은 한나라 악부樂府의 한 종류다. '양부음'의 대략적인 내용은 다음과 같다.

제나라 성문을 걸어 나와 멀리 탕음리를 바라보네
동리에 무덤 셋이 있는데 서로 겹쳐 비슷하구나
이것이 누구 무덤이냐 물으니 전강과 고야의 것이라 하네
힘은 남산을 밀어낼 만하고 글은 땅을 뒤엎을 만했으나
하루아침에 이간질을 당하니 복숭아 두 개가 세 용사를 죽였네
누가 그런 꾀를 냈는가. 제나라 승상 안자일세

'양부음'은 춘추전국시대 때 제나라 재상 안자晏子가 복숭아 두 개로 세 명의 용사 공손접公孫接, 전개강田開疆, 고야자古冶子를 이간질해 죽였다는 내용이다. 안자가 그렇게 했던 이유는 출중한 무예 실력을 가지고 있던 세 사람이 안하무인이 되어 자신의 권력에 위협이 될까 두려웠기 때문이다. 두 개의 복숭아로 세 호걸을 죽인 이 이야기를 두고 역사에서는 안자의 탁월한 전략이었다고 평한다. 하지만 '세 용사'를 동정하는 각도에서 보면, '양부음'은 안자에 대한 완곡한 비평이기도 하다.

제갈량이 '양부음'을 읊으며 하고자 했던 말도 바로 여기에 있다. 제

갈량은 안자가 다양한 인재를 통솔할 만큼 관리능력이 출중하지 못했기 때문에 죽이는 것 말고는 다른 방법이 없었으리라 생각했다. 그런 선택으로 당장은 눈엣가시를 제거하고 안정을 찾았지만, 국가는 나라를 지킬 훌륭한 용사들을 잃게 되었다(거시적인 관점에서 보면 국가는 큰 자원을 잃게 된 셈이다). 제갈량은 이를 두고 '득보다 실'이 더 크다 생각하여 자신의 안타까운 마음을 시를 읊음으로써 표현한 것이다. 여기에는 자신이 안자였다면 그보다 더 현명한 선택을 했을 거라는 의미도 내포되어 있었다.

'양부음' 뒤에 숨겨진 의미가 워낙 완곡하게 표현되어 관우 역시 대략적으로만 파악했을 뿐이다. 관우는 '양부음'의 시구가 앞으로 자신과 그렇게 크게 엮일 것이라고는 상상조차 하지 못했다. 그저 제갈량의 허세에 불과하다는 생각뿐이었다. 감히 제 놈이 무엇이라고 당대 명재상인 안자를 평가한단 말인가? 게다가 자신을 관중과 악의에 비교한다는 것 역시 관우의 눈에는 '허세로 가득 찬 허깨비 같은 말'로 보였다. 관우의 제갈량에 대한 부정적인 인상은 더욱 가중되기만 했다. 관우는 더 이상 참지 못하고 말했다.

"관중과 악의 모두 춘추시대의 명인들입니다. 관중은 제나라의 환공桓公을 도와 천하를 안정시키고 제후들의 신뢰를 얻어 춘추시대 최고의 대업을 이루었습니다. 악의 또한 제나라의 70여 개의 도성을 점령하여 연나라의 부국 강성하게 만든 인물입니다. 그런데 대체 제갈량이란 자는 뭘 믿고 그처럼 당당하게 자신을 그런 위대한 인물들과 비교한단 말입니까?"

사마휘는 잠시 관우를 쳐다보며 미소를 지었다. 사마휘는 직접 관우의 말에 반박하진 않았다.

"제갈량이 언제 그들만큼 잘났다고 말한 적이 있소? 그럼 관중과 악의가 제갈량보다 나은 것이 무엇이오?"

사마휘의 말에 관우는 더욱 언짢아졌다. 하지만 사마휘는 그에 아랑곳하지 않고 계속 하던 말을 이어 나갔다.

"내가 볼 땐 오직 두 사람만이 그와 견줄 수 있다고 생각하오."

관우가 물었다.

"그 두 사람은 누굴 말씀하시는 겁니까?"

그러자 사마휘가 말했다.

"주나라의 8백 년 역사를 일으킨 강자아姜子牙와 한나라 4백 년 역사를 세운 장량張良 정도는 되어야 제갈량과 견줄 만합니다."

사실 관우도 이 말을 처음 듣는 건 아니었다. 앞서 서서가 제갈량을 천거할 때도 이와 비슷한 말을 한 적이 있었다. 하지만 당시 상황이 상황이었던 만큼 그 말에 특별히 반응하진 않았다. 그런데 이번에 또 사마휘의 입을 통해서 듣게 되니 그 말이 더욱 귀에 거슬렸다.

관우의 마음속에는 이미 '오만'이라는 종자가 천천히 싹을 틔우기 시작한 상태였다. 만약 의사 결정권자가 관우였다면 사마휘의 이 발언은 분명 역효과를 불러일으켰을 것이다. 하지만 아쉽게도 의사 결정권자는 관우가 아니라 유비였다. 유비는 이미 몇 번이나 제삼자를 통해서 제갈량의 호평을 들은 상태였다.

첫 번째 호평은 비범한 풍채를 지닌 사마휘가 '와룡臥龍과 봉추鳳雛 이들 중 한 사람을 얻으면 천하를 얻을 수 있다'라는 말이다. 이 한 마디는 유비에게 강렬한 기대감을 심어주었다. 유비가 지난 수십 년 동안 인생을 다 바쳐 온갖 고생을 해온 것도 모두 천하를 얻기 위해서였다. 그 꿈이 정말 현실로 이루어질 수도 있다는데 어찌 가슴이 뛰지 않을 수 있겠는가?

두 번째 호평은 서서가 떠나기 전에 했던 말이다. 서서는 조조와의 전투에서 유능한 책사의 중요성과 필요성을 행동으로 증명해 주었다. 서서는 유비와 헤어지기 전에 제갈량을 자신보다 백배 나은 사람이라고 소개했다. 서서가 조조와의 싸움을 승리로 이끌었으니 그보다 백배 낫다는 제갈량은 더 말할 것도 없는 것 아닌가?

마지막 호평은 바로 사마휘가 직접 찾아와 한 말이다. 이번엔 돌려 말하지 않고 직접 제갈량을 높게 평가했다. 당연히 이전에 그가 했던 호평에 더해져 더 큰 시너지 효과를 발휘했다.

강렬한 동기는 반드시 강력한 동력을 만들어낸다. 이제 유비에게 제갈량을 만나는 일은 가장 시급하고 가장 중요한 일이 되었다.

그런데 제갈량을 만나기까지 험난한 고비가 있을 거라곤 꿈에도 생각지 못했다.

반대로 관우는 마음이 착잡하기만 했다. 서서보다 더 나은 사람이 유비를 보좌하길 바랐지만, 다른 한편으로는 '천하에 보기 드문 천재'라 불리는 제갈량에게 본능적으로 반감이 일었다. 이와 같은 심리의 원인은 바로 '오만함'에서 비롯된 것이다. 오만한 사람은 스스로 구분지은 내 집단의 범위가 매우 작고, 그 안에는 오직 자신만 존재한다. 그 범위 바깥세상에는 당연히 더 나은 사람들이 있게 마련이지만, 오만한 사람은 이들을 외집단으로 여겨서 삐뚤어진 시각으로 상대를 평가한다.

그런데 이 문제에 대해서 아무도 관심을 보이지 않았다. 한 가지 궁금한 것은 사마휘와 서서가 사전에 전혀 입을 맞춘 적도 없는데, 어떻게 제갈량에 대한 평가가 이렇게 소름 끼칠 정도로 같을 수 있을까?

◈ 심리학으로 들여다보기

우리는 항상 타인에 대한 칭찬과 격려를 자신에 대한 폄하와 비난으로 생각하는 경향이 있다. 그렇지 않음을 분명히 인식해야 한다. 오히려 타인을 칭찬하거나 격려하면 자신의 인격의 폭이 넓어지며 격이 높아진다. 의심스럽다면 먼저 상대를 칭찬해 보자.

까다로운 사람 곁에는 사람이 오래 머물 수 없다

사마휘와 서서의 호평은 결코 터무니없이 나온 말이 아니다. 어떤 인물을 두고 두 사람의 생각이 완전히 일치하는 경우는 좀처럼 없다. 특히 주관이 있거나 제 딴엔 세상 이치 좀 안다고 생각하는 사람의 경우엔 더욱더 이런 상황을 용납하지 못한다.

제갈량은 자신의 이미지를 고정시키고 이를 반복하여 알림으로써 어느새 사람들도 정말 그렇다고 생각하게끔 만들었다. 그들의 호평 역시 이런 암시에 걸린 것이나 마찬가지다. 결과는 아주 성공적이었다. 시간이 흐르자 제갈량과 알고 지내던 사람들의 머릿속엔 정말 조건반사처럼 제갈량 하면 '공명'과 '와룡'이라는 수식어가 자동으로 떠올랐던 것이다.

사마휘와 서서뿐만 아니라 최주평, 맹공위, 석광원 등도 마찬가지였다. 옛말에 '많은 사람이 한목소리를 내면 쇠도 녹인다'라는 말이 있다. 당시 제갈량 못지않은 인재였던 벗들이 일제히 그를 호평하니 유명해지지 않으려야 않을 수 없었다. 제갈량은 '자기 PR'의 고수였던 것 같다.

어쨌든, 제갈량이라는 '초특급의 재덕才德을 겸비한 인사'는 이미 유비의 머릿속에 또렷하게 각인되었다. 유비는 한시라도 빨리 그를 만나고 싶어 애간장이 타들어 갔다. 그리하여 결국 유비, 관우, 장비 세 사람은 제갈량을 만나러 가기 위해 길을 떠났다.

유비 일행은 융중 와룡강臥龍崗에 있는 제갈량의 집 앞에 말을 세웠다. 유비가 문을 두드리자 안에서 어린 동자가 나와 그들을 맞이했다. 유비가 말했다.

"한나라 좌장군左將軍 의성정후宜城亭候 영예주목領豫州牧 황숙 유비가 특별히 선생을 뵈러 찾아왔다고 여쭈어라."

유비는 스스로 이만하면 아주 격식에 걸맞은 소개라 생각했다. 이 정도 존귀한 신분이 직접 걸음 하여 만나러 온 것만으로도 이미 넘치는 예우다. 직함은 자신의 지위와 권위감을 높여 줄 뿐 아니라 상대방에게 자신을 가장 빠르게 인식시킬 수 있는 효과적인 방법이다. 그래서 직함이 사회적 인간관계에서 미치는 영향력은 매우 크다.

하지만 유비가 거창하게 늘어놓은 이 직함들의 대부분은 이미 형식상으로만 존재하는 허울이었다. 실제론 그저 유표劉表밑의 신야현新野縣을 다스리는 현령에 불과했다. 그런데도 자신의 과거 직함을 단 한 글자도 빼지 않고 모두 나열한 것을 보면, 현재의 위치가 어떻든 마음만큼은 여전히 예전의 영광 속에 살고 있음을 알 수 있다.

그런데 어린 동자의 수준이 만만치 않았다. 유비는 동자의 한마디에 하마터면 뒤로 넘어질 뻔했다. 동자가 말했다.

"죄송합니다만, 존함이 너무 길어 다 외울 수가 없습니다."

현실에서도 대다수 사람이 명함 위에 거창한 직함들을 빽빽이 새겨 놓은 것을 볼 수 있다. 이러한 심리는 유비의 이 사례와 많이 닮았다. 다만 현실에서는 일화 속의 동자처럼 직접 무안을 주는 사람이 없을 뿐이다.

유비는 얼굴이 화끈거렸지만 곧바로 평정심을 되찾았다. 그렇다. 그렇게 많은 직함 중에 정작 쓸모 있는 게 하나도 없었던 것이다. 게다가 오늘은 현인을 찾으러 온 것이지 직함 자랑을 하러 온 것이 아니지 않은가? 결국, 유비는 복잡한 것은 다 생략하고 단 한마디로 정리하여 대답했다.

"신야의 유비가 찾아왔다고 말씀드려라."

단순한 사람과 대화하면 복잡해질 필요가 없다. 복잡해진다는 것은 소통의 기본 목적에서 벗어나는 것과 같기 때문이다.

유비가 곧바로 태도를 바꾸니 그때부터 동자와 대화가 술술 이어졌다. 동자가 말했다.

"죄송합니다. 오늘 아침 출타하셔서 집에 계시지 않습니다."

"어디로 가셨느냐?"

"가시는 곳을 정해두지 않으셔서 저도 잘 모릅니다."

"언제 돌아오시느냐?"

"글쎄요. 사흘에서 닷새가 걸릴 때도 있고 십여 일 걸릴 때도 있습니다."

유비는 몹시 실망했지만 차마 발길이 떨어지지 않았다. 한편 옆에 함께 있던 장비는 슬슬 짜증이 나기 시작했다. 사실 본인은 제갈량에 대해 아무 생각이 없는데 형제의 정을 생각해 할 수 없이 유비를 따라 나선 것이기 때문이다. 장비가 말했다.

"이렇게 된 거 돌아가서 기다리시지요?"

그러자 관우 또한 장비의 역성을 들며 말했다.

"장비 말이 맞습니다, 형님. 우선 돌아가시지요. 돌아가서 사람을 시켜 소식을 알아본 뒤 다시 찾아와도 늦지 않습니다."

유비는 아쉬운 마음을 뒤로한 채 관우, 장비와 함께 되돌아갔다.

시간이 흘러 눈 깜작할 새에 한겨울이 찾아왔다. 유비는 사람을 통해 제갈량이 돌아왔다는 소식을 접한 뒤 곧장 두 아우를 불러 길을 떠날 채비를 서둘렀다. 장비는 유비의 행동이 마음에 들지 않아 툴툴거리며 말했다.

"일개 촌놈 하나 모셔오자고 형님께서 직접 가셔야겠습니까? 사람을 시켜 오라고 하면 되질 않습니까?"

그러자 유비는 장비를 꾸짖으며 말했다.

"평소에 글공부를 게을리 하니 이리도 세상 이치에 어두운 것이 아니냐. 공명과 같은 대 현인을 어찌 오라 가라 할 수 있겠느냐?"

사실 관우도 장비의 말을 거들고 싶었다. 하지만 그래도 장비보다 글 좀 읽었다 하는 자신이 말대꾸하는 건 창피한 일이라 생각해서 입을 다물었다.

그렇게 세 사람은 다시 융중으로 길을 떠났다. 때는 한겨울이었다. 하늘엔 짙은 구름이 가득했고 살을 에는 칼바람이 매섭게 불었다. 설상가상으로 길을 떠난 지 얼마 되지 않아 눈까지 내리기 시작했다. 유비, 관우, 장비 세 사람은 눈보라를 무릎 쓰고 계속해서 길을 재촉했다. 장비가 또 푸념하기 시작했다.

"이런 엄동설한에는 전쟁도 하지 않는데 무엇 하러 그 먼 곳까지 그런 쓸모없는 자를 만나러 갑니까!"

그러자 유비는 한숨을 쉬며 말했다.

"장비야, 정녕 모르겠느냐? 이런 악조건의 날씨야말로 내 성의를 표현할 절호의 기회이지 않느냐. 정히 추워서 못 견디겠거든 먼저 돌아가거라."

그러자 장비가 겸연쩍은 듯이 유비를 보며 말했다.

"죽는 것도 두렵지 않은데 이런 추위가 대수겠습니까? 전 그저 형님께서 헛고생하실까 봐 걱정되어 하는 말입니다."

장비의 우려는 정말 현실이 되었다. 유비가 제갈량의 집에 도착했을 땐 분명 안에 제갈량이 있는 듯했다. 그런데 그는 제갈량이 아닌 제갈량의 동생 제갈균諸葛均이었다. 유비가 물었다.

"형님께선 또 어디로 가셨습니까?"

"이틀 전에 최주평과 함께 유람을 떠났습니다."

"어디로 유람을 떠나셨소?"

"어느 날은 조각배를 빌려 강가 호수를 떠돌기도 하고, 어느 날은 산중의 사찰을 찾아가기도 합니다. 또 어느 날에는 산 중의 벗들을 찾아가기도 하고, 어느 날에는 동굴에서 거문고를 켜거나 바둑을 두기도 합니다. 이렇다 보니 언제 오고 가는지, 어디를 가는지 도무지 알 수가 없습니다."

그의 말에 유비는 두 어깨의 힘이 축 빠져버렸다. 장비는 또 다시 화가 치밀어 올라 당장 돌아가자고 재촉했다. 관우 역시 말로 표현하진 않았지만 속에선 이미 천 불이 끓고 있었다. 유비는 할 수 없이 편지 한 통을 써서 남겨둔 채 돌아갔다.

신야로 돌아온 뒤 어느새 새해가 지나고 봄이 찾아왔다.

유비는 또 다시 제갈량을 만나러 가야겠다는 생각이 솟구쳤다. 하지만 이번에는 막무가내로 찾아가지 않았다. 그는 점쟁이를 통해 길일을 골라 사흘간 목욕재계를 한 뒤 새 옷을 갈아입고 다시 제갈량을 만나러 떠났다.

사람은 불확실한 미래 앞에서 영적인 힘의 도움을 받고 싶어 한다. 유비는 제갈량을 만나기 위해 이미 많은 기력을 소비한 상태였다. 하지만 자신이 한 말에 책임을 지기 위해서라도 이대로 그만둘 수는 없었다. 오히려 더 많은 힘과 노력을 들여서라도 기필코 만나야겠다는 생각이 더욱 강해졌다.

그런데 관우와 장비는 유비가 이 일로 미신까지 동원하자 더는 못하겠다는 심정이 되었다. 관우가 유비 앞을 가로막아서며 말했다.

"황숙의 위치에 계신 형님께서 몸소 두 번이나 찾아가신 것만 해도 이미 과분한 예우입니다. 필시 제갈량 그자의 명성은 과하게 부풀려진 것일 뿐 실제로 고명한 학식 따윈 없는 자일 것입니다. 그렇지 않고서야 이렇게 만남을 피할 리가 있겠습니까? 형님께서도 이제 헛된 일에 그만 힘쓰시지요."

사실 이제껏 유비가 이토록 온갖 열성을 바쳐 모셔오려 했던 사람은 없었다. 관우의 눈에는 유비의 행동이 도가 지나치다 못해 판단력까지 흐려진 것처럼 보였다. 관우와 장비는 이미 말릴 만큼 말린 상태였다. 유비가 형님만 아니었어도 진작에 욕을 퍼붓고도 남았을 것이다.

유비는 관우를 한 번 쳐다보더니 말했다.

"운장, 너는 《춘추》를 읽었으니 잘 알 것이 아니냐? 제나라 환공桓公도 동곽東郭의 한 농민을 만나기 위해 다섯 번이나 그를 찾아갔지 않느냐. 그런데 대성현을 만나러 가는데 이 정도가 무슨 대수겠느냐?"

관우는 순간 울컥했지만 겉으로 티를 내진 않았다. 관우는 속으로 '평소에 짚신이나 모자를 만드느라 책은 잘 보지도 않으셨으면서, 《춘추》에 대해 어찌 그리 잘 아시는 것처럼 말씀하시는지요'라고 생각하며 말했다.

"아, 형님께서 생각하셨던 것이 주문왕과 강태공의 만남 같은 것이었군요."

사실 관우의 이 말은 다분히 유비를 비꼬는 발언이었다. 그때 장비가 옆에서 씩씩거리며 말했다.

"형님께서 사람을 잘못 보셨습니다. 우리 삼 형제가 천하를 돌아다니며 수많은 사람을 봐왔거늘, 어찌 그런 시골 촌뜨기가 대성현이랍니까? 형님께선 이번에 가만히 계십시오. 그자가 오지 않는다면 제가 밧줄로 묶어서라도 끌고 오겠습니다."

그러자 유비가 호통을 치며 말했다.

"허튼소리 좀 그만하여라. 주문왕이 서백西伯이었던 시절 삼분으로 나뉘었던 천하를 둘이나 차지하고 있었음에도 위수渭水의 강태공을 직접 찾아간 일화도 못 들었느냐? 주문왕은 강태공이 자신을 본체만체해도 그의 뒤에서 해가 질 때까지 한 발자국도 움직이지 않았다고 한다. 강태공은 그제야 주문왕과 마주하였고, 그렇게 주나라의 8백 년 역사가 만들어졌느니라. 주문왕조차 그처럼 현자를 공경하였는데, 내 어찌 이를 본받지 않을 수 있겠느냐? 네 녀석이 이토록 무례하니, 이번엔 가지 않는 것이 좋겠구나. 나와 운장 둘이서 다녀오마."

장비는 유비의 화난 모습을 보고 마지못해 말했다.

"형님들이 가시는데 제가 어찌 빠질 수 있겠습니까?"

그러자 유비가 말했다.

"함께 갈 생각이라면 절대 실례를 해선 안 되느니라."

장비는 그렇게 하겠다고 답했다.

세 사람이 와룡강에 도착했을 때 우연히 또 제갈균을 만나게 되었다. 유비는 허둥지둥 예를 갖춰 안부와 함께 제갈량의 소식을 물었다. 그러자 제갈균이 말했다.

"마침 잘 오셨습니다. 형님께서 어제저녁에 막 돌아오셨습니다."

유비는 매우 기쁜 나머지 단숨에 제갈량의 문 앞까지 말을 타고 달려갔다. 그런데 동자가 문을 열고 유비를 맞이하더니 이렇게 고하는 것이 아닌가.

"선생께서 지금 낮잠을 주무시고 계십니다."

그러자 유비가 황급히 대답했다.

"여기서 잠시 기다릴 테니 선생을 깨우지 마라."

유비는 관우와 장비를 문밖에서 기다리게 하고 자신은 계단 아래에 서서 기다렸다. 기다림은 유비에게 설렘 그 자체였다. 유비는 주문왕을 떠올리며 기다리는 시간이 길어질수록 앞으로 펼쳐질 자신의 세상이 더 길어질 것이라 생각했다.

하지만 관우와 장비는 전혀 그렇게 생각하지 않았다. 두 사람은 한참을 기다리다 더는 참질 못하고 안으로 들어가 유비를 살펴보았다. 유비가 아직도 제자리에서 기다리는 것을 본 장비는 벌컥 화를 내며 말했다.

"이런 무례한 놈을 보았나. 일부러 자는 척하며 일어나지 않는 게 틀림없구나. 당장 문밖에 불을 지를 것이다. 어디 그래도 안 일어나고 버티나 보자!"

관우 역시 제갈량의 오만방자함에 화가 나긴 마찬가지였지만 일단 내색하지 않고 장비를 급히 말렸다.

그렇게 계속해서 기다리는데 제갈량이 갑자기 몸을 뒤척이며 일어나는 듯했다. 하지만 이내 벽 쪽으로 돌아 다시 잠이 들었다. 마침 동자가 그를 깨우려 했지만 유비는 이를 말리며 일어날 때까지 계속 기다렸다. 그렇게 얼마나 오래 더 서 있었을까? 50을 훌쩍 넘은 나이다 보니 온몸이 쑤시고 피곤이 몰려왔다. 이를 악물고 버티는데 이윽고 공명이 잠에서 깼다. 잠에서 깨어난 공명은 침상에 누운 채 시를 읊기 시작했다.

큰 꿈을 과연 누가 먼저 깨울 것인가
평생 일어날 일들은 나는 스스로 알고 있다네
초당에서 봄 낮잠을 늘어지게 잤는데
창밖의 해는 왜 이리 더디 지는지

이때 동자가 공명에게 유비 일행이 밖에서 기다리고 있음을 알렸다.

그러자 공명이 다급히 말했다.

"이런, 어찌 진작 말하지 않았느냐?"

공명은 곧장 옷을 갈아입고 나와 손님을 맞이했다.

유비는 그제야 드디어 공명의 진짜 모습을 보게 되었다. 팔척장신에 훤칠한 용모를 가진 사내가 윤건綸巾을 쓰고 학창의鶴氅衣를 입고 나타났다. 마치 신선을 보는 듯했다. 유비는 자신도 모르게 허리를 굽혀 인사를 했다(앞서 누차 검증된 외모의 흡입력 법칙이 또 다시 등장했다).

유비와 제갈량의 만남을 두고 역사에서는 '융중대隆中對'라고 부른다. 마침내 용과 호랑이가 격동의 시기에 만나 삼분천하三分天下를 이루게 된 것이다.

유비는 관우와 장비를 불러 인사를 하게 했다. 관우는 공명을 보자마자 더욱 불쾌해졌다. 대다수 사람이 제갈량과 유비, 관우, 장비가 만났을 당시 몇 살이었는지 잘 모른다. 이는 유비가 워낙 제갈량에 대한 환상이 커서 그의 장점만 부각되었기 때문이다.

관우는 줄곧 의심의 눈초리로 제갈량를 바라보았다. 당시 제갈량은 27살의 약관이었고 유비, 관우, 장비는 이미 50을 훌쩍 넘은 나이였다. 일찍 결혼하는 당시의 시대상황을 감안했을 때 만약 유비, 관우, 장비가 가정을 이루고 있었다면 제갈량만 한 나이의 아들이 있고도 남았다. 게다가 관우, 장비 모두 반평생 천하를 누비며 호걸로 살아왔는데 한순간에 머리에 피도 안 마른 어린애에게 허리를 굽히는 게 어디 그리 쉬운 일이었겠는가?

삼고초려는 당연히 제갈량이 자신의 가치를 높이기 위해 쓴 전략으로 이미 그의 머릿속에 계산된 계획이었다. 하지만 이런 계산된 행동은 관우의 심기를 더욱 불편하게 만들었다.

제갈량과 관우는 본성 자체에 '오만함'이 가득한 인물들이다. 단지 제갈량은 그 오만함을 안으로 감추고 관우는 밖으로 드러냈다는 차이가 있을 뿐이다. 오만한 사람은 상대방의 오만함을 감으로 알아챌 수 있다. 그렇기 때문에 오만한 자들끼리는 물과 기름처럼 서로 섞이지 못하고 뜻을 합치기가 어렵다.

삼고초려는 유비가 격동의 흐름 속에서 삼분천하의 기반을 만드는 계기가 되었다. 하지만 이날 이후 관우와 제갈량 사이에는 불협화음의 씨앗이 싹트기 시작했고 결과적으로는 촉한蜀漢의 우환이 되었다. 그건 그렇고, 지금 이 뒷이야기에 대해 아는 사람은 과연 몇이나 될까?

◈ 심리학으로 들여다보기

오만한 사람끼리는 본능적으로 서로 밀어내려는 속성이 있다. 상대를 인정하며 받아들이지 않기 때문이다. 내면에 우월감과 자신에 대한 자긍심을 무성하게 키워가므로 타인이 들어설 자리가 없다. 그러기에 객관적 시각으로 보지 못하고 폄하하며 기를 죽인다. 자신의 오만함이 그렇게 만든다.

누구나 눈에 보이는 효과를 믿는다

제갈량에게 '삼고초려'는 자신의 위신을 세우기 위해 필요한 전략이었다. 그동안 나름의 권위 있는 제삼자들의 호평으로 유명해지긴 했지만, 그 능력은 어디까지나 입으로만 전해진 것일 뿐 사실 아직까진 이렇다 할 만한 가시적 성과가 전혀 없는 상태였다. 그의 신분으로는 산전수전을 다 겪은 노장들에게 명령을 내리고 통솔하는 것이 결코 쉽지 않았다. 만약 그들이 제갈량의 지휘에 불복종하고 실수하기만을 기다린다면, 제아무리 큰 포부와 능력을 갖추고 있는 제갈량이라도 큰 뜻을 펼치기 힘들었을 것이다. 또한, 그의 지휘를 거부했던 자들은 '역시나 내 예상이 틀리지 않았어'라고 말하며 냉혹한 시선과 혹평을 여과 없이 드러낼 것이다.

따라서 제갈량은 반드시 유비에게 자신이 결코 만만한 상대가 아니라는 것을 인식시켜야만 했다. 무릇 힘들게 얻은 것일수록 더 귀하게 느껴지는 법이다. 유비가 많은 공을 들여 제갈량을 얻었으니 그를 믿고 중책을 맡기는 것은 당연한 일이었다. 제갈량은 유비의 권위와 신뢰를 밑바탕으로 자신의 위신을 빨리 세워야 했다. 그래야 유비가 이끄는 조직 내에서 자리를 잡고 큰 뜻을 펼칠 수 있다고 생각했다.

삼고초려는 유비가 자신의 미래를 걸고 모험할 만한 인물인지 알아보기 위한 일종의 제갈량의 시험이었다. 만약 유비가 체면상 겉으로만 책사를 존중하는 척하는 인물이었다면, 제갈량이 고의적으로 행한 무례함에 곧바로 발길을 돌렸을 것이다. 이런 주군이라면 자신이 뜻을 함께할 이유가 없질 않겠는가?

제갈량은 유비를 따라 신야로 나왔고 곧바로 군사에 봉해졌다. 그는 유비 수하에 군사가 수천 명밖에 되지 않는 것을 확인한 뒤, 자신이 직접 민군을 소집하여 군사훈련을 지휘했다.

유비는 제갈량을 얻은 이후 스승에 대한 예우를 갖추며 존경심을 표했다. 또한 제갈량을 온전히 자신의 사람으로 만들기 위해 또 한 번 자신의 '전매특허 기술'인 '동침과 동석식사'를 제안했다. 이 방법이 친밀한 관계를 만드는데 효과가 있다는 것은 이미 검증되었다. 물론 제갈량이라고 예외는 아니었다. 두 사람 역시 자연스럽게 정이 두터워지고 관계가 친밀해졌다.

관우는 갈수록 유비의 심중에서 자신의 위치가 작아지는 것을 느꼈다. 포로의 신분이었을 때도 조조는 자신을 최고로 떠받들어 주었다. 그런데 천신만고 끝에 유비 곁에 돌아와 보니 자신의 위치가 한없이 낮아져 있었다. 이 두 상황이 머릿속에서 교차하자 관우의 기분은 말로 다할 수 없을 만큼 씁쓸하고 우울했다. 하지만 누가 뭐래도 그가 유비와 쌓아온 수십 년간의 정만큼은 여전히 두터웠기에 아무리 이견이 있다 해도 막무가내로 유비에게 맞설 순 없었다.

여러 정황이 말해 주듯 대체 불가능할 것 같았던 관우의 자리를 이제는 제갈량이 대신하게 되었다. 이로 인해 외집단에 대한 관우의 편견은 자연스럽게 제갈량에 대한 분노로 이어졌다. 모든 감정의 화살은 제갈량을 향하게 되었다.

제갈량에 대한 관우의 편견은 이렇게 생겨났고, 그 편견은 오랫동안 사라지지 않았다. 제갈량과 같이 총명하고 예민한 자가 관우의 이런 미묘한 감정변화를 모를 리 없었다. 그러나 유비 진영의 최고의 책사와 무장 사이의 삐거덕거리는 관계는 한 조직의 입장에서도 매우 치명적인 일이 아닐 수 없었다. 만약 두 사람이 하나의 목표를 향해 서로 이해하고 타협한다면 두 사람의 대립관계 개선 또한 전혀 불가능한 일도 아니었다.

문제는 그게 아니었다. 두 사람 모두 거만하기가 둘째가라면 서러울 인물이었기 때문에 절대 먼저 고개를 숙이려 하지 않았다. 관우는 공명이 실수할 때를 기다렸고, 공명 또한 자신의 지략으로 충분히 둘 사이의 주도권을 잡을 수 있다고 자신했다(약간은 지나친 낙관처럼 보이기도 한다).

관우는 여러 차례 유비의 면전에서 자신의 의견을 피력했다.

"아직 풋내기에 불과한 자에게 무슨 학식이 있겠습니까? 형님께선 너무 지나치게 공명을 떠받들어 주고 계십니다. 아직 그가 제대로 보여준 것도 없질 않습니까?"

유비에게는 본받을 만한 장점이 하나 있었다. 남의 말에 귀를 잘 기울이고 허심탄회하게 간언을 받아들였다. 하지만 자신이 확고하게 의견을 가진 부분에 대해서는 아무리 누가 반대하고 그것을 폄하해도 자신의 생각을 절대 바꾸지 않았다. 유비가 말했다.

"내가 공명을 얻은 것은 물고기가 물을 만난 것과 같은 이치이니라. 그러니 너희도 이에 대해 더는 왈가왈부하지 말거라."

유비의 완고한 태도에 관우도 말끝을 흐리며 입을 다물었다. 그럴수록 제갈량에 대한 반감은 더욱 증폭되었다.

한편, 조조는 처음 서서를 얻었을 땐 유비가 더는 별 볼일 없는 존재라 여겼다. 하지만 제갈량이라는 예상치 못한 변수가 나타나자 조조의 온 신경이 유비 한 사람의 일거수일투족에 쏠리기 시작했다. 조조는 즉시 하후돈에게 10만 병력을 내주며 신야 정벌을 명령했다.

관우와 장비가 가장 먼저 이 소식을 듣게 되었다. 장비가 관우에게 의미심장한 눈빛으로 말했다.

"이건 기회입니다. 이번에야말로 제갈량 그놈의 가면을 벗겨야 합니다."

유비 또한 이 소식을 듣고 관우와 장비를 불러들여 상의했다. 장비가 말했다.

"형님, 우리에겐 '물'이 있는데 무슨 걱정을 하십니까?"

유비는 잠시 장비의 말뜻을 이해하지 못해 어리둥절해 하다 곧 자신이 이전에 했던 말이 떠올랐다. 그 '물'은 바로 제갈량을 가리키는 것이었다.

유비도 일찍이 관우와 장비가 제갈량을 못마땅하게 생각하는 것을 알고 있었다. 그래서 이 기회에 이들이 생각을 고쳐먹도록 만들어야겠다고 결심했다.

"모든 계책과 전략을 세우는 일은 제갈량에게 맡기겠지만 출전하여 적을 소탕하는 일만큼은 너희들의 힘이 필요하다."

유비는 제갈량을 불러 이 일을 상의했다.

"하후돈이 10만 병력을 이끌고 신야로 오고 있소. 군사께서 생각하고 있는 계책이 듣고 싶소."

하지만 제갈량의 대답은 그야말로 기가 차다 못해 할 말을 잃게 했다. 제갈량이 말했다.

"죄송합니다. 제겐 계책이 없습니다."

유비는 속으로 생각했다.

'지금 장난하시오? 내가 공을 얻기 위해 두 아우의 반대도 무릅쓰고 그 고생을 했는데 공이 이런 식으로 나온다면 내 꼴이 어떻게 되겠소!'

하지만 제갈량의 그다음 말은 곧 유비의 마음을 안심시켰다. 제갈량이 말했다.

"방금 제 말은 제게 계책을 강구해낼 능력이 없다는 뜻이 아닙니다. 단지 사군의 두 형제께서 제 말을 따르지 않을 것이 염려될 뿐입니다. 이 제갈량에게 군사 지휘를 맡기실 생각이시라면, 반드시 사군의 검劍과 인수印를 제게 주십시오. 그게 누구든 명을 어기는 자는 즉시 참수할 것입니다."

유비, 관우, 장비 모두 예상치 못한 제갈량의 말에 가슴이 얼음장같이 굳었다. 유비의 입장에선 이길 수만 있다면 무엇이든지 내줄 준비가 되어 있었다. 반면 관우와 장비는 간담이 서늘해졌다. 이참에 제갈량이 스스로 무너지기를 바랐는데, 그가 유비의 검과 인수를 지니게 된다면 군법에 따라 무조건 복종해야 하기 때문이다. 만약 제갈량이 이처럼 특단의 조치를 하지 않았다면 유비 진영에서 더 이상 설 자리는 없었을 것이다.

유비는 즉시 검과 인수를 제갈량에게 넘겨주었다. 이로써 제갈량은 생애 처음 군사 지휘봉을 잡게 되었다. 하후돈이 이끌고 오는 조조군은 10만 명이지만 유비의 병력은 수천 명에 불과했다. 수적 열세로 절대적으로 불리한 상황이었다. 이번 전투는 자신의 명운이 달린 문제였다. 제갈량은 오직 승리 이외의 다른 것은 생각조차 하지 않았다.

제갈량은 관우와 장비에게 각 1,500명의 병력을 나눠주며 각각 박망파博望坡의 오른쪽과 왼쪽에 매복해 있다가 남쪽에서 불길이 솟았을 때 적군을 덮칠 것을 명령했다. 또한, 관평과 유봉에게는 각각 5백 명의 병력을 나누어 주며 불을 붙이는 임무를 맡겼다. 그리고 조운에게는 적과 전면전으로 싸우다 후퇴하는 척하며 적을 포위망으로 유인하도록 명령했다.

각자의 임무가 정해지자 장비는 속으로 생각했다.

'아무리 형님이 떠받들어 준다 해도 그렇지, 적군이 쳐들어오는 마당에 우리보곤 나가 싸우라 하면서 제 놈은 왜 아무것도 하지 않는 게야!'

장비는 눈을 부라리며 제갈량에게 말했다.

"우리가 모두 적진에서 싸울 동안 군사께서는 무엇을 하실 계획이시오?"

그러자 제갈량이 입가에 살짝 미소를 띠며 말했다.

"저는 혼자 이 성을 지키고 있을 것입니다."

장비가 큰 소리로 웃으며 말했다.

"참으로 뻔뻔하시오. 우리 모두 목숨을 걸고 싸우러 나가는데 혼자서만 성안에서 숨어있겠다니, 대체 이런 법이 어디 있소?"

이런 법이 어디 있느냐고 묻는 순간 공명은 깨달았다. 자신의 위신이 아직 제대로 세워지지 않았기 때문에 이들과 이치를 따져봐야 소용없다고 생각했다. 결국, 그는 검과 인수를 꺼내 들며 단 한마디로 말끔히 상황을 정리했다.

"검과 인수가 여기 있소. 명령을 거부하는 자는 참수로 다스릴 것이오."

그 말의 의미는 아주 명확했다. 잔말 말고 자신의 명령에 따르라는 것이었다.

갓 부임한 상사의 경우 부하 직원과의 첫 기 싸움은 매우 중요하다. 이 기회는 단 한 번뿐이기 때문에 애당초 다음에 만회할 기회란 존재하지 않는다. 만약 제갈량이 처음부터 강경하게 나오지 않았다면 이후에도 강경한 태도를 취하지 못했을 것이다. 비록 아직은 강경한 태도를 취할 만큼 기반이 형성되어 있지 않았지만, 물리적 권위(검과 인수)와 유비의 절대적 신뢰가 있었기 때문에 그들과의 첫 심리전에서 주도권을 잡을 수 있었다. 또한, 이 기회로 지도자로서의 자신의 위치를 확고하게 굳히게 되었다.

이를 지켜보던 유비는 자칫 내분으로 번질까 봐 우려되어 황급히 사태를 수습에 나섰다.

"장막 안에서 전략을 세워 천 리 밖에서 승리를 한다는 말도 못 들어 봤느냐? 두 아우는 군령에 따르도록 하여라."

그 말에 장비는 비웃으며 가버렸다. 관우가 함께 나서며 장비에게 말했다.

"따지는 것은 나중에 해도 늦지 않으니, 일단 공명의 계책이 맞는지 안 맞는지부터 지켜보자꾸나."

관우와 장비 그리고 다른 장수들 모두 제갈량이 탐탁지 않기는 마찬가지였다. 이번 싸움은 제갈량이 지휘하지 않아도 유비 진영이 전멸당할 수 있는 위태로운 상황이었다. 고작 몇 천 명의 병력으로 10만 대군을 상대해야 하는 것이 가능하기나 한 일인가?

이제껏 유비는 열등생이었다. 비록 간간이 '평균 회귀 원리'에 의해 작은 반전이 있긴 했다. 하지만 그것도 어디까지나 상대적으로 쉬운 상대이거나 적군의 병력이 적을 때나 가능한 일이었다. 현재 유비와 조조의 병력 규모로 볼 때 유비가 승리할 가능성은 거의 없었다. 하지만 불행 중 다행인 사실은 조조와는 또 다른 자원 활용의 고수 제갈량이 유비의 곁에 있었다는 것이다.

조조의 장기가 적재적소의 인재 활용이라면 제갈량의 장기는 물적 자원을 적재적소에 활용하는 것이었다. 사람이 부족하면 자원을 활용하면 된다. 여기서 자원이란 바로 '불'을 뜻한다. 즉, '불'로 100만 대군과 싸우는 것이 이번 제갈량의 전략이었다. 때마침 계절이 가을이었기 때문에 화공전략을 쓰기 딱 좋은 날씨였다.

계획대로 하후돈은 조운이 이끄는 유인책에 걸려들었다. 관평과 유봉은 불을 지르기 시작했고, 관우와 장비가 양쪽에서 조조의 군대를 덮쳤다. 불길에 휩싸인 조조군은 순식간에 아비규환이 되었고 엄청난 사상자만 남긴 채 후퇴했다.

제갈량의 전략으로 대승을 거두자 유비는 사람을 제대로 알아봤다는 사실에 더할 나위 없이 기뻤다. 제갈량에게 이번 전투의 중요성은 말하지 않아도 알 것이다. 아무리 좋다고 소문이 난 약도 효과가 없으면 무용지물일 뿐이다. 이제껏 유비의 진영에서 이런 신공을 발휘했던 자는 없었다. 또한, 화공으로 이렇게 많은 적군을 상대했던 전력도 없었던 터라, 제갈량의 이번 전략은 단숨에 그의 위신과 권위의 기반을 세우기 충분했다.

하지만 이번 전투 이후 관우와 장비의 반응은 정 반대로 엇갈렸다. 직설적인 성격인 장비는 이번 전투 이후 제갈량의 말에 더는 토를 달지 않고 따랐지만 관우는 마음이 더욱 심란해졌다. 관우는 어느 정도 제갈량의 능력을 인정하면서도 마음속으론 여전히 그에 대한 반감을 가지고 있었다. 단지 더 이상 입 밖으로 그의 능력을 운운하지 않았을 뿐이다.

◈ 심리학으로 들여다보기

권위를 세울 기회는 단 한 번뿐이다. 언제 어디서든 권위를 내세우려 하지 말자. 누구도 인정하지 않고 알아주지 않는다. 자기 입으로 내세울 수 없는 게 권위이다. 특히 권위로 상대의 마음을 사로잡을 생각은 아예 하지 말아야 한다.

책임을 맡길 때는
책임질 자를 지정하라

하후돈의 패배 소식을 접한 조조는 충격에 휩싸였다. 이전에 조인이 서서의 전략으로 패배했을 땐 양측의 병력 차가 크지 않았기 때문에 그럴 수 있다 생각했지만, 이번 하후돈의 패전 소식은 도무지 믿기 힘들었다.

구체적인 사정을 알아본 결과, 유비에게 제갈량이라는 새로운 군사가 생겼는데 그의 뛰어난 용병술에 하후돈이 속절없이 당했다고 했다. 조조는 유비의 세력이 더 커지기 전에 당장 싹을 없애야겠다고 생각했다. 그리하여 이번엔 자신이 직접 50만 대군을 이끌고 신야로 향했다.

그 사이에 유표가 병사病死하여 그의 어린 아들 유종劉琮이 뒤를 이었고, 장자 유기劉琦는 화를 피하기 위해 강하江夏에 몸을 숨기고 있었다. 조조 대군의 몰려오자 유종은 즉시 형양의 9군을 고스란히 조조에게 바쳤다.

아무리 신통한 재주를 가진 제갈량이라 할지라도, 이런 상황에서 신야라는 작은 땅덩어리를 지킬 방법은 없었다. 그렇다고 이제 막 세운 자신의 위신이 한순간에 추락하도록 놔둘 그가 아니었다. 제갈량은 신야성을 불태운 뒤 적들이 따라오지 못하도록 백하白河의 물길을 끊는 계책을 세웠다. '물'과 '불'을 적절히 활용하여 다시 한번 불리한 전세를 승리로 이끌었으며, 이들을 쫓던 조인은 참패를 면치 못했다.

그 덕에 유비 일행은 아주 잠시나마 숨 돌릴 시간을 갖게 되었다. 유비는 '인의군자'로서의 모습을 지키기 위해 신야의 백성들을 데리고 번성으로 향했다. 하지만 번성 역시 위태로운 상황에 빠지게 되자 유비는 번성의 백성까지 함께 데리고 강하로 도망쳤다. 피난길에 오른 백성 중에는 아녀자와 어린아이들 많았기 때문에 발걸음이 더딜 수밖에 없었다. 결국, 피난행렬은 순식간에 조조군에게 추격을 당했고, 수많은 백성이 조조군의 말발굽 아래 짓밟혀 죽어 나갔다. 도처가 피로 물들고 고통에 울부짖는 소리가 사방에서 들려왔다.

이번 피난길에 유비의 가솔을 보호하는 임무는 조운이 맡게 되었다. 이 임무만큼 힘들고 고된 일도 없었다. 이전에 장비가 이 임무를 맡았을 땐 유비의 가솔들이 여포의 포로가 되었고, 관우가 맡았을 때도 역시 조조의 포로가 되었다. 하지만 이번에는 유비의 후계자인 아두까지 떠 앉게 되었으니 그 책임은 더욱더 무거워졌다. 아무리 책임감이 강한 조운이라 해도 이 임무만큼은 결코 장담하기 어려웠다.

조조의 정예기병들이 빠르게 추격하자 유비군은 장판파長板坡에서 모두 흩어지게 되었다.

조운은 적진 속에서 필사적으로 싸웠지만 유비는 물론 유비의 가솔들까지 온데간데없이 사라져버렸다. 조운은 생각했다.

'주공의 가솔들의 목숨은 내 손에 달려있다. 군대는커녕 주군의 가솔들조차 제대로 지키지 못한 자가 무슨 면목으로 주공을 뵙는단 말인가? 목숨을 내놓는 한이 있어도 그동안 주공이 베푼 은혜는 반드시 갚아야만 한다!'

이런 비참한 상황에서 저런 생각을 할 수 있다는 자체가 정말 대단하지 않은가?

조운은 도망치는 걸 포기하고 말 머리를 돌려 적진으로 뛰어들었다. 적진을 뚫으며 달려가던 중 어떤 이가 옆으로 쓰러져 있는 모습을 발견했다. 가까이서 보니 쓰러져 있는 사람은 다름 아닌 간옹이었다. 조운은 다급히 물었다.

"마님께서 어디로 가셨는지 아시오?"

"자네와 내가 조조 군에게 쫓겼을 때, 두 마님께서 마차를 버린 채 아두 공자님을 안고 도망치셨소. 나 역시 적군의 칼에 찔려 이곳에 쓰러진 이후부터는 두 분의 행방을 모르오."

조운은 간옹이 도망칠 수 있도록 조조군을 죽인 뒤 말 한 필을 빼앗았다.

"난 이곳에 남아 두 마님을 찾을 것이오. 만약 찾지 못하면 나 또한 이곳에서 죽을 것이니 그렇게 알고 계시오."

조운은 이 말만 남기고 다시 장판파를 향해 달렸다. 그때 어디선가 수차례 자기를 부르는 소리가 들려왔다. 소리를 친 자는 유비가 이끌던 군대의 병사였다. 조운은 곧장 그에게 두 부인의 행방을 물었다. 그러자 병사가 말했다.

"두 부인의 행색이 말이 아니셨습니다. 조금 전 맨발인 채로 몇몇 백성 무리와 함께 남쪽으로 도망치셨습니다."

그의 한 마디는 정말이지 어둠 속의 한 줄기 빛과도 같았다. 조운은 그 병사를 돌볼 틈도 없이 말을 이끌고 곧장 남쪽으로 향했다.

얼마 안 가 피난 행렬로 보이는 무리를 발견했지만 남녀가 뒤섞여 서로를 부축하며 걸어가고 있는 탓에 두 부인을 쉽게 찾을 수 없었다. 조운은 크게 소리쳤다.

"감씨 마님을 보신 분 없소?"

그때 행렬에 섞여 있었던 감씨는 조운의 목소리를 듣고서 급히 소리쳤다. 그녀는 목 놓아 울음을 터뜨렸다. 조운은 말에서 내려 연신 고개를 숙이며 사죄했다. 비록 감씨는 찾았지만 미씨와 아두의 행방은 여전히 오리무중이었다. 이때 마침 조조의 군사들이 미축을 압송하여 끌고 가고 있었다. 조운은 창을 들고 말에 올라 적장의 목을 단숨에 베어버린 뒤 말 두 필을 빼앗았다. 그리고 감씨와 미축을 말에 태워 장판교까지 데려다 주었다. 그곳에서는 장비가 적군을 막고 있었다. 조운은 장비에게 짧게 사정을 이야기했다. 장비가 말했다.

"자룡, 미씨 형수님과 조카 아두의 목숨이 그대 손에 달렸소!"

조운이 큰소리로 외쳤다.

"조자룡이 나가신다!"

말머리를 돌려 다시 장판파로 뛰어 들어간 조운은 적진 속을 누비며 만나는 백성마다 미씨의 행방을 물었다. 그는 닥치는 대로 적군을 베어버리며 적진 속을 헤집고 다녔다.

그때 갑자기 어떤 이가 손가락으로 앞쪽을 가리키며 말했다.

"아이를 안고 있는 여인이 오른쪽 다리에 상처를 입었는지 걸음을 절뚝거리다 저기 담장 쪽에 기대앉아 있는 걸 봤습니다."

조운은 부푼 마음으로 다급히 미씨를 찾기 시작했다. 그는 멀리서 불에 타다 만 담장 근처에 앉아있는 사람을 발견했다. 그 사람은 다름 아닌 미씨였다. 그녀는 세 살배기 아두를 안은 채 앉아서 울고 있었다. 조운은 황급히 말에서 뛰어내려 그녀 앞에 엎드렸다. 미씨는 조운을 보자마자 울음을 터뜨리며 말했다.

"장군을 이렇게 만났으니 이제 이 아이도 살았습니다. 반평생 고생만 하신 황숙께 혈육이라곤 이 아이 하나뿐입니다. 조장군, 부디 이 아이를 꼭 제 아비의 품에 데려다주십시오. 그럼 전 죽어도 여한이 없습니다."

"모두 저의 불찰입니다. 어서 말에 오르십시오. 제가 걸어서 말을 끌겠습니다. 죽는 한이 있더라도 부인의 안위만큼은 제가 지켜드릴 것입니다."

"그러지 마십시오. 장군께서 이 말을 버리신다면 이 아이의 목숨도 끝입니다. 이미 상처가 깊은 데다 이대로 죽는다 해도 억울할 것 없습니다. 장군께서는 오직 이 아이만 잘 지켜주십시오."

하지만 조운이 어찌 그 말을 그대로 따를 수 있겠는가? 그는 서둘러 미씨를 말에 태우려 했다. 그러자 미씨는 말에 타는 것을 거부하며 아두를 바닥에 내려놓은 뒤 우물 안으로 몸을 던졌다.

유비와 함께하는 그 순간부터 단 한 번도 평안한 삶을 누려본 적이 없는 그녀였다. 살면서 단 한 번도 남편에게 소중한 존재로 대접받지 못했음에도 생사가 달린 선택의 기로에서조차 남편의 후계자를 살리기 위해 미련 없이 자신의 목숨을 포기했다. 그렇게 그녀는 마지막 순간까지 유비를 위해 희생한 것이다. 이 위대한 여인의 선택은 능히 존경받을 만하다.

망연자실할 여유도 없이 조운은 조조군이 시체를 훼손하지 못하도록 토담으로 우물을 막았다. 그런 뒤 가슴 앞쪽의 갑옷 끈을 풀어 호심경護心鏡(전투 시 가슴을 보호하기 위해 가슴에 대는 구리조각)을 빼고 그 속에 아두를 품었다. 품에 아두를 단단히 동여맨 조운은 곧장 말에 오른 뒤 또다시 필사적으로 적진의 포위망을 뚫기 시작했다. 그의 거침없는 칼날에 쓰러진 적군만 50명이 훨씬 넘었다. 그렇게 아두는 안전하게 유비의 품으로 돌아오게 되었다.

불가능할 것 같았던 임무를 완벽히 해낸 조운은 이 일로 명성이 크게 높아졌다. 후에 유비는 조운의 대담함과 용감함을 가리켜 '자룡의 온몸은 쓸개로 이루어져 있다一身是膽'라고 말했다. 그렇다면 조운이 이렇게까지 할 수 있었던 이유는 무엇일까? 아무 망설임 없이 홀로 적진에 뛰어들 수 있었던 그 용기와 힘은 대체 어떤 심리 메커니즘으로 만들어진 걸까?

이는 책임의 명확성과 책임에 대한 동기부여와 관련 있다. 사실 우리가 평소에 '저게 바로 진정한 책임감이지. 정말 용기 있는 선택이다'라고 느낄 정도의 사람은 극히 드물다. 하지만 그 문제가 꼭 남의 문제만은 아니라는 걸 잘 모르고 지낸다.

사회 구성원의 단체 생활 속에는 '사회적 태만'이라는 현상이 존재한다. 공동의 목표를 향해 노력하는 과정에서 개개인의 노력이 개별로 평가받지 못할 경우 소위 '묻어가기' 또는 '무임승차'와 같은 현상이 나타난다. 이것은 남들이 다 차려놓은 밥상에 자신의 수저도 함께 얹히고 싶어 하는 심리다.

라탄 윌리엄스Ratan Williams와 허진스Hudgens의 실험 연구 결과, 여섯 명의 사람이 함께 소리를 지르거나 박수를 쳤을 때 나는 소리의 크기가 한 사람이 혼자 내는 소리의 크기의 3배에도 미치지 못했다. 이것이 바로 사회적 태만이다. 즉, '어떤 한 가지 일을 모든 사람이 함께 책임을 진다는 것은 곧 그 누구에게도 책임이 없다'는 논리다.

조운이 이번 임무를 맡았을 때 그의 책임은 시종일관 명확했다. 조운의 책임은 유비의 두 부인과 아두의 안위를 지키는 것이며, 그 책임을 대신 떠맡아 줄 사람도 없었다. 이는 매우 중요한 전제다. 책임의 분업은 일반적인 상황에서는 가능하지만 장판파와 같이 특수한 상황에서는 불가능한 이야기다.

조운은 결코 죽음을 두려워하지 않았다. 절체절명의 위기 상황 속에서 살길을 찾는 것보다 죽기를 각오하는 것이 조운에게는 더 쉬웠을 것이다. 조조군의 서슬 퍼런 기세 속에서 조운이 임무를 제대로 완수하지 못했다 해도 그건 무능한 것이 아니다. 사실 처음에는 그 역시 유비의 두 부인과 아두를 구할 수 있을 거란 희망을 거의 갖지 않았다. 하지만 전장 뛰어들었을 땐 이미 마음의 준비가 끝난 상태였다. 그는 적진에서 죽더라도 유비의 은혜에 보답하겠다는 일념 하나로 뛰어들었다. 따라서 설령 조운이 죽었다 해도 아무도 그를 비난하지 않았을 것이다. 이미 뿔뿔이 흩어져 행방을 알 수 없는 이들의 목숨을 구한다는 것 자체가 얼마나 어려운 일인가?

대체 무엇이 조운의 의지를 깨웠기에 그가 죽음도 불사하면서까지 필사적으로 두 부인과 아두를 구해내려 한 것일까? 그가 가는 길마다 받았던 명확한 메시지가 바로 그 이유다.

맨 처음 적진에서 만났던 병사부터 장판교에서 수비를 맡고 있었던 장비까지 이들이 보낸 메시지는 단 하나, 바로 유비의 두 부인과 아두를 구해달라는 것이었다. 또한, 미씨는 우물에 몸을 던지기 전 꼭 아두를 살려서 유비의 품에 데려다 달라는 아주 구체적인 메시지를 남겼다. 이들이 보낸 메시지 속에 담긴 의미를 절대 우습게 봐선 안 된다. 사람은 더 이상 물러설 곳 없는 벼랑 끝에 서 있을 때 비로소 초인적인 책임감과 투지를 발휘하기 때문이다.

유명 심리학 교수 로버트 치알디니Robert Cialdini는 심각한 교통사고를 당한 적이 있었다. 당시 그는 후두 부분에 피를 흘린 채 비틀거리며 일어섰다. 옆에 있던 기사는 의식을 잃고 핸들 위에 쓰러져 있었다. 수많은 차가 옆으로 천천히 지나갔다. 운전자들 모두 하나같이 입을 다물지 못한 채 이들을 쳐다봤지만, 어느 누구하나 차를 멈추고 이들을 도와주는 사람은 없었다. 치알디니는 곧바로 명확한 메시지를 보냈다. 그는 우선 한 차량 운전자들에게 소리쳤다.

"경찰 좀 불러주세요!"

그리고 또 다른 차량의 운전자에게 말했다.

"저희 좀 도와주세요!"

사실 법적으로는 반드시 도와줘야 한다는 의무가 없음에도 이들 운전자 모두 명확한 메시지를 받자 망설임 없이 곧장 행동으로 옮겼다. 그 덕에 조속히 사고가 수습되었다(이 역시 당신이 긴급한 상황에 부딪혔을 때 살아남을 수 있는 최고의 방법이란 걸 잊지 마라).

책임의 주체와 책임 내용이 불분명할 경우에는 아무도 그 책임에 최선을 다하려 하지 않는다. 긴급한 상황에서는 책임의 주체를 명확하게 지정하고 책임 내용을 반복해서 전달해야만, 내면에 잠재되어 있던 힘이 불가능에도 맞설 수 있는 용기와 의지를 깨우게 된다.

조운이 이들을 성공적으로 구출할 수 있었던 것은 당연히 운도 어느 정도 따랐기 때문에 가능했다. 조조는 조운의 재능을 아깝게 여겨 그를 항복시킨 뒤 자신의 사람으로 만들고 싶어 했다. 그리하여 군사들에게 그의 생포를 명령하면서 단 하나의 화살도 그에게 날리지 못하게 했다. 만약 조조가 그렇게 명령하지 않았더라면 제아무리 조운이라도 장판파에서 죽음을 면치 못했을 것이다. 하지만 어찌 됐건 조운이 보여준 용기와 의지는 가히 일반사람들은 생각할 수 없는 수준인 것만은 확실하다. 만약 책임에 대한 강력한 메시지가 없었더라면 결코 해낼 수 없었을 것이다.

◈ 심리학으로 들여다보기

'책임'에 '명확한 메시지'가 없으면 일은 결코 진전되지 않는다. 자기 책임하에 있는 일이나 목표에 집중하기 때문이다. 누구도 자기 책임이 아닌 일에 최선을 다한다는 것은 불가능하다. 공동의 책임보다 우선순위는 각자가 맡은 책임이다. 이를 완벽하게 해내야 자신의 신뢰도가 높아진다는 사실을 아는 것이다.

6부

관우, 형남을 정벌하다

철저하게 준비하고 기다리는 자에게 기회가 온다.
두 손 놓고 있다가 잡지 못했다고 원망하지 마라.
남들의 성과에 투덜대지 마라. 그들은 목표를 조준하고
무엇이 필요한지 무엇을 해야 하는지 알고 행한 사람이다. 관우처럼.

경험은 축적되는 재산이다

유비군을 완전히 박살 낸 조조는 형양의 9군까지 점령한 뒤, 그 여세를 몰아 남쪽의 오나라까지 집어삼켜 천하 통일을 이루려는 야심에 불타고 있었다. 재위한 지 얼마 안 된 오나라의 손권孫權은 전쟁경험이 전무한 탓에 이 사태를 어찌하면 좋을지 몰랐다. 조정의 문무대신들은 화친파와 교전파로 엇갈려 논쟁이 끊이질 않았고, 손권은 아무 의견도 내놓지 못했다.

제갈량은 이 기회를 틈타 오나라로 건너가 뛰어난 화술로 손권의 마음을 움직였다. 그는 손권에게 유비와 손을 잡고 조조에게 맞설 것을 제안했다. 또한 주유를 도와 조조에게 맞설 계책을 내놓았다.

제갈량의 뛰어난 지략은 주유의 질투심을 유발했다. 질투란 타인의 타고난 조건 또는 후천적인 성과를 자신과 비교한 뒤 생기는 일종의 모순된 심리다. 그렇다면 질투는 대체 어떻게 생기는 것일까?

질투의 진원지는 바로 '자기위주편향'이다. '자기위주편향'의 대표적인 현상은 바로 '모든 사람이 자신의 능력을 평균 이상으로 생각'하는 것이다. 이는 집단의 각도에서 봤을 때 이야기이다. 만약 그 대상이 어떤 특정 개인일 경우 '모든 사람'은 곧 '자신'을 뜻하게 된다.

개인 간에도 우열의 차이가 존재한다. 기량을 확실하게 발휘하는 개인의 경우, '자신의 능력이 평균 이상'이란 생각이 점점 '자신이 이 세상에서 최고'라는 생각으로 바뀌게 된다. 이런 달콤한 상상 속에 빠져 있을 때 기분도 역시 최고가 된다.

하지만 어느 날 갑자기 상황이 급변하여 다른 사람이 자신의 능력을 뛰어넘거나 더 이상 자신이 이 세상 최고가 아니라는 사실을 깨닫게 될 때 엄청난 충격을 받게 된다. 그 충격은 우리 내면의 모순된 심리를 만들어낸다. 가장 먼저 나타나는 반응은 불신不信 즉 '현실부정'이다. 사람들은 현실부정을 통해 내면의 모순된 심리를 완화하려 한다. 하지만 '현실부정'의 효력은 매우 일시적이다. 다른 우수한 누군가가 계속해서 좋은 결과물을 도출할 경우 '어쩔 수 없이 현실을 인정'해야 하기 때문이다.

'어쩔 수 없는 현실을 인정'하는 과정은 매우 큰 고통을 수반한다. 이때 만약 모순된 심리가 해소되지 않으면 심리의 균형이 깨지게 되고, 그 결과 '기본적 귀인오류'가 나타나게 된다.

다른 사람의 우월한 모습은 선천적으로 타고났거나 운이 좋아서 등 인위적인 힘의 개입이 불가능한 외부요인에 의한 것으로 생각한다. 반면에 자신의 성공은 오직 본인의 노력과 의지가 만들어낸 결과물이라 생각함으로써 마음의 안정감을 찾으려 한다.

하지만 이런 방법으로 문제를 해결되지 않을 경우 심리 메커니즘에 양극화 현상이 나타나게 된다. 그중 하나가 상대방을 신격화하는 현상이다. 이 경우 상대방을 '인간'이라는 범주에서 아예 제외시켜 자신과 구분을 짓는다. 인간의 능력이 어떻게 신의 능력에 비할 수 있겠는가? 이런 식으로 생각하며 상대방이 자신보다 우월하다는 현실을 자연스럽게 받아들이게 된다.

또 다른 하나는 바로 질투다. 질투는 온갖 수단으로 상대방의 우월성을 폄하하고 부정함으로써 심리적 안정감을 찾으려는 현상이다. 심지어 질투가 극에 이를 경우 상대방의 물리적 존재 자체를 없애는 방법으로 만족감을 얻기도 한다. 이 경우 상대를 '살아 있는 사람'에서 배제함으로써 자신과 구분을 짓는다. 죽은 사람과 살아있는 사람을 비교하는 건 불가능한 일이기 때문이다.

존경과 질투는 한 나무에서 자라난 다른 두 가지와 같다. 천재적인 지략을 가진 제갈량을 두고 노숙魯肅은 존경심을 가졌지만 주유周瑜는 질투심을 드러냈다. 존경은 개인 간의 능력 차이가 엄청나게 클 때 생기지만 질투는 그 차이가 크지 않을 때 생긴다.

훤칠한 용모를 가진 주유는 어릴 때부터 명석하고 무예와 지략이 남달랐으며, 음악에도 조예가 깊은 보기 드문 인재였다. 그런 인재가 자신보다 젊고 훈훈한 외모를 가진 데다 지략까지 훨씬 뛰어난 제갈량을 만났으니, 그의 마음속은 노숙과는 정반대인 질투심으로 가득 차기 시작했다.

질투는 독을 품은 씨앗과 같아 그 열매의 독은 처음 씨앗이 가진 독의 몇 백 배 아니 인간의 상상을 뛰어넘기도 한다. 뛰어난 재능과 지략을 가진 인재가 다른 이에게 질투를 느끼는 것은 지극히 정상적인 반응이다. 하지만 질투심을 현명하게 다스리지 못하면 결국 그 질투심으로 자신을 잡아먹히게 된다. 이쯤 되면 현재 공명의 신변이 위태로운 상황에 직면해 있음을 짐작할 수 있다.

한편, 유비는 공명이 오나라 손권의 세력을 보고 그가 변심할까 안절부절못했다. 유비는 미축에게 선물을 가지고 오나라로 건너가 공명의 소식을 알아오도록 명령했다.

미축은 동맹군의 노고를 격려한다는 명분으로 주유를 만났다. 미축은 주유와 인사치레를 끝낸 뒤 공명과의 만남을 청했는데, 주유는 군무수행 중이라 바쁘다는 이유로 그의 청을 완곡하게 거절했다. 미축은 찜찜한 마음에 재차 공명과의 만남을 청하자 오히려 주유에게 제갈량을 없앨 절호의 기회를 만들어 주었다.

주유는 미축에게 원래대로라면 자신이 직접 찾아가 유비에게 감사인사를 전하는 것이 예의이나, 현재 대격전을 눈앞에 두고 있는 급박한 상황이라 잠시도 자리를 비울 수 없으니 유비를 직접 이곳으로 데려오면 공명도 함께 있는 자리에서 자신이 대접하겠다고 말했다.

호혜성 원리에 따라 유비가 사자를 보내 격려를 했으면, 주유가 직접 유비를 찾아가 감사를 표하는 것이 인지상정이다. 게다가 유비의 위치가 손권의 위치나 마찬가지니 응당 주유가 직접 찾아가는 것이 당연한 예의다. 허나 주유는 '전시'라는 특수한 상황을 교묘하게 이용하여 자신의 상황을 정당화시켰다.

이런 방법을 '핑계 찾기'라 부른다. 이 역시 호혜성 원리를 무효화시키는 또 하나의 방법이다. 앞서 유연은 관우를 상대할 때 '불쌍한 척하기' 방법을 사용했었다. '불쌍한 척하기'는 합당한 핑계를 찾지 못했을 때 자신을 힘없는 존재로 가장하여 호혜성 원리를 무효화시키는 방법이다.

현재 '전시 상황'이라는 좋은 핑계거리(또는 이유)는 상황이 긴박하여 자리를 비울 수 없는 주유의 상황을 잘 대변해 주고 있다. 또한 손권과 유비가 손을 잡은 이상 공동의 목표는 이제 조조를 치는 일이 되었으니, 주유가 이를 핑계로 어떤 요구를 해도 정당성이 부여되는 셈이다. 미축은 그의 답에 응한 뒤 유비에게 이를 보고했다.

노숙은 주유의 행동이 이해되지 않았다. 노숙이 물었다.

" 왜 유비를 부르셨습니까?"

주유의 계획은 유비를 죽여 공명이 충성할 곳을 잃게 하려는 생각이었다. 하지만 이런 검은 속내를 들키지 않고 일을 성사시키기 위해선 반드시 정당한 명분이 필요했다. 주유가 대답했다.

"유비는 마음속에 야심을 품고 있는 자요. 빨리 제거하지 않으면 필시 오나라의 큰 후환이 될 것이오. 이게 전부 다 오나라를 위해서요."

당시는 유비와 손권이 전략적 협력을 펼쳐야 할 중요한 시점이었다. 유비는 동맹국의 수뇌부로, 주유는 동맹국의 사령관으로서 반드시 뜻을 하나로 모아 조조에게 맞서야 했다. 그런데 왜 주유는 전체적인 큰 그림을 보지 못한 채 상황에도 맞지 않는 말을 뱉은 것일까?

표면적으로 봤을 때 이번 협력은 손권과 유비라는 거대한 두 집단 간의 연합이지만, 실질적으로는 한 개인과 한 집단의 연합이다. 그 개인과 집단은 바로 제갈량과 오나라다. 유비는 애초에 병력이 수천 명밖에 되지 않은 데다 그나마도 최근 조조에게 궤멸당해 강하로 쫓겨 온 상태였다. 설사 유기의 병력을 보탠다 하더라도 그 수가 몇 만 명에 불과하여 선불리 출병을 결정할 수도 없는 상태였다. 즉, 유비는 근본적으로 손권과 협력을 논의할 만한 자격이 되지 않았다. 그나마 유비가 내세울 수 있는 것이라곤 지금 오나라에 가있는 제갈량 단 한 사람뿐이었다. 주유가 바보가 아닌 이상 이 정도 상황도 분별하지 못할 리 없었다. 따라서 주유는 유비를 죽여 없앤다 해도 '손유孫劉연합'에는 전혀 지장이 없을 뿐만 아니라 설사 있더라도 그다지 크지 않을 것으로 생각했다.

제갈량의 입장에선 오히려 상황이 난처하게 돼 버렸다. 주유의 입장에서 지략이 뛰어난 제갈량을 죽이는 것은 쉽지 않은 일인 반면 유비를 끌어들여 해치는 일은 식은 죽 먹기였다. 만약 유비가 살해라도 당한다면 제갈량은 그야말로 낙동강 오리알 신세나 다름없었다. 아무리 훌륭한 책사도 믿고 따를 수 있는 주군이 있어야 본인도 존재하기 때문이다. 그러므로 겉으로는 주유가 유비를 제거하려는 것처럼 보일지 몰라도, 진짜 그가 겨냥하고 있는 상대는 바로 제갈량이었다.

성정이 충직하면서도 마음이 약했던 노숙은 주유의 계획을 만류했지만 그의 결심을 막을 순 없었다. 주유는 사전에 50여 명의 군사들을 매복시켰다. 그리고 그가 잔을 던져 신호를 보내면 곧장 유비를 제거하라고 명령했다.

유비는 미축에게 보고를 받은 뒤 당장 배를 준비시켜 오나라로 출발했다. 유비는 천신만고 끝에 제갈량이라는 보배를 얻었는데, 그가 자신을 버리고 손권이라는 더 큰 세력에게 충성을 맹세하게 될까 두려웠다. 또 한편으로는 손권이 공명의 뛰어난 재능을 보고 자신의 보배를 빼앗아 갈까 두려웠다. 게다가 제갈량의 형인 제갈근諸葛瑾이 손권의 신하이니 손권이 형제간의 정을 이용할 가능성도 배제할 수 없었다. 이런저런 생각에 매일 불안한 하루를 보내던 유비는 한시라도 빨리 제갈량을 만나 자신의 곁으로 데려오고 싶은 마음이 굴뚝같았다.

관우가 유비를 말리며 말했다.

"형님, 섣불리 움직이면 안 됩니다. 주유는 지략이 뛰어난 자입니다. 공명이 아무 전갈도 보내지 않는 걸 보면 주유에게 다른 의도가 있는 게 분명합니다!"

경험이란 정말 유용한 재산이다. 앞서 다섯 관문을 지나올 때 관우는 하마터면 변희의 속임수에 목숨을 잃을 뻔했다. 따라서 그는 반사적으로 '다른 의도가 있을 것'이라 생각했다. 하지만 유비는 주유가 그럴 리 없다며 고집을 꺾지 않았다.

경험은 또한 자신감을 심어준다. 관우가 말했다.

"정 가시고자 한다면 제가 모시고 가겠습니다."

관우는 이미 한 차례 경험을 통해 '위험한 접대'의 대처법을 터득했다. 그 핵심은 바로 '접대의 주체자'를 옴짝달싹 못 하게 만드는 것이다. 접대의 주체자만 도망치지 못하게 만들면 신변의 안전은 지켜낼 수 있다.

장비도 따라나서겠다고 하자 유비가 말했다.

"너와 자룡은 이곳을 지키고 있거라. 운장과 함께 가도록 하겠다."

그리하여 관우가 유비를 밀착 수행했으며, 그의 뒤에 20여 명의 병사들이 따라나섰다.

주유는 유비가 자신의 음모에 걸려들었단 생각에 웃음이 절로 나왔다. 주유는 연회 자리에서 술기운이 무르익을 때쯤 자리에 일어나 잔을 던진 뒤 자신은 도망칠 생각을 하고 있었다. 그런데 이게 어찌 된 일인가! 웬 홍당무같이 생긴 대장부가 살벌한 눈빛으로 유비의 뒤에 떡 버티고 서 있는 게 아닌가?

주유는 잠시 멍해졌다가 곧바로 정신을 차린 뒤 유비에게 물었다.

"이 분은 누구십니까?"

그러자 유비가 허허 웃으며 말했다.

"내 둘째 아우인 관운장이오."

주유는 눈이 휘둥그레지며 놀랐다.

"설마 안량과 문추를 단칼에 베었다던 그 관우를 말씀하시는 겁니까?"

"제대로 알아보셨소."

주유는 순간 등줄기에서 식은땀이 흘렀다. 속으로 몰래 쾌재를 부르고 있었는데 모든 계획이 수포로 돌아가고 만 것이다. 관우의 명성은 이미 알만 한 사람은 다 알 정도로 퍼진 상태였지만, 직접 눈으로 그를 만나본 사람은 아주 극소수였다. 또한, 주유가 전혀 예상치 못한 변수가 있었으니 그것은 바로 의형제인 유비에 대한 관우의 두터운 충성심이었다. 유비를 보좌하는 대장군으로서 연회에 참석하는 것이니, 관우 역시 당연히 귀빈석에 동석할 것으로 생각했다. 그런데 술을 입에 대기는커녕 일개 보초병처럼 유비를 지키고 있을 줄 누가 상상이나 했겠는가?

하지만 주유는 상황판단이 빠른 인물이었다. 오늘 연회 자리에서 정말 그가 보낸 신호에 유비가 죽기라도 한다면, 정작 자신은 관우의 손에 죽을지도 모를 일이었다. 이렇게 양쪽 모두가 망하는 결과는 오나라와 손권의 근본적인 이익에도 어긋나는 것이었다. 고민 끝에 주유는 계획을 바꾸기로 했다. 명성이 뿜어내는 힘은 때와 장소와 상관없이 정말 대단한 것 같다.

주유가 술잔을 들어 올리자 연회 분위기는 다시 화기애애해졌다. 유비는 제갈량과의 만남을 청했지만, 주유는 제갈량이 다른 일로 바쁘다는 핑계를 대며 조조와의 전투가 끝날 때까지 기다려 달라고 말했다. 유비는 답답함과 불안감에 속이 터질 것만 같았다. 하지만 더 지체할 경우 상황이 어떻게 변할지 몰라 관우는 유비에게 눈짓으로 그만 돌아갈 것을 권했다.

유비가 선착장에 도착했을 때, 놀랍게도 그곳에서 제갈량이 유비 일행을 기다리고 있었다. 유비가 기쁜 마음에 다급히 돌아올 날짜를 묻자 제갈량이 말했다.

"11월 20일 갑자일에 반드시 돌아가겠습니다. 사군께서는 조운을 시켜 남쪽 강기슭에 작은 배 하나를 보내주십시오. 제 말을 절대 잊으시면 안 됩니다."

유비는 제갈량의 상태를 확인한 뒤 그제야 안심하고 돌아갔다.

이후 제갈량과 주유의 연합작전으로 적벽이 불타오르며 조조의 100만 대군은 불속에서 처참하게 전멸당했다. 주유는 공명의 전략이 성공하자 질투심이 더욱 거세게 불타올랐다.

주유는 제갈량의 재능이 후환이 될 것을 우려해 그를 죽이려 했지만, 제갈량은 이미 탈출계획 세워 유비에게 약속한 날짜에 유유히 원래 있던 곳으로 되돌아갔다. 그뿐 아니라 오나라가 조조군과 전투를 벌이는 사이 오나라의 병력을 빼돌려 유비의 힘을 키우는 데 보탰다.

◈ **심리학으로 들여다보기**

질투가 생기지 않게 애쓰는 것보다 질투를 현명하게 다스리는 것이 더 중요하다. 시기와 질투는 부정적인 감정이지만 자신을 발전시키는 원동력이 되기도 한다. 무조건 선善을 앞세워 이를 다스리기보다 더 나은 방향으로 이끄는 지혜가 필요하다.

명마에게도
채찍질은 필요하다

유비는 군사와 말, 배까지 모든 준비를 끝냈다. 전부 합쳐도 몇 천 명밖에 되지 않는 병력이었지만 일제히 제갈량의 명이 떨어지기만을 기다렸다. 제갈량은 조운에게 3천 병력을 내준 뒤 오림烏林의 오솔길 중 나무와 갈대가 무성한 곳에 매복해 있을 것을 명령했다. 또한 사경四更(새벽 1시~3시)이 지날 무렵 필시 조조가 그 길로 도망칠 테니 군사가 반쯤 지나갔을 때 불을 지르라고 지시했다.

장비에게는 3천 병력을 내주며 이릉夷陵으로 가는 길을 막고 호로곡葫蘆谷에 매복해 있다가 조조가 그곳을 지나갈 때 불을 지르라고 지시했다. 또한 미축, 미방, 유봉 세 사람에게는 각기 배를 타고 강을 돌아다니며 패잔병의 배와 무기를 빼앗아 오라고 명령했다. 그리고 유기에게는 강하를 지키고 있되 절대 출격해서는 안 되며 도망쳐오는 병사를 포로로 잡아들이라고 지시했다. 임무 분배를 끝낸 뒤 제갈량은 한바탕 크게 웃으며 유비에게 말했다.

"주공께서는 번성樊城에 군사를 배치하신 뒤 높은 곳에 앉아 재밌는 구경이나 하시지요."

이때 옆에 서 있던 관우는 제갈량이 자신의 존재를 잊은 것 마냥 거들떠보지도 않자 화가 머리끝까지 치솟았다. 관우는 이제껏 유비 진영에서 최고의 장수이고 항상 모든 전투의 선봉을 맡아왔다. 공명의 이런 태도는 그의 자존심을 겨냥한 도전장이나 다름없었다.

관우는 갈수록 거만해졌다. 평소 같으면 아무리 화가 나도 막무가내로 언성을 높이는 일이 없었다. 하지만 이번 전투가 어디 보통 전투인가? 게다가 장비, 조운 심지어 미축, 유봉까지 모두 공을 세우는데 홀로 두 손 놓고 그 광경을 지켜보기만 하는 것은 결코 용납할 수 없는 일이었다. 참다못한 관우가 언성을 높이며 말했다.

"이제껏 형님을 따라 그 많은 세월 천하를 떠돌아다니는 동안 단 한 번도 무사로써 누군가에게 뒤진 적이 없었소. 그런데 이런 중대한 전투에 나만 배제하는 이유가 무엇이오?"

사실 관우도 제갈량이 자신을 탐탁지 않게 생각하고 있는 것을 알고 있었다. 사실 그의 질문 속에는 제갈량이 공적인 일에 사적인 감정을 개입시켰을 것이라는 의심이 담겨 있었다.

하지만 제갈량은 의외로 미소를 지으며 예의 있게 말했다.

"장군, 너무 기분 나쁘게 생각지 마십시오. 원래는 장군께 가장 중요한 길목을 맡아 달라 부탁드리고 싶었으나, 아무리 생각해도 마음에 걸리는 것이 있어 부탁드리지 않기로 결정했습니다."

"마음에 걸린다는 것이 대체 무엇이오? 말씀해 보시오."

"일전에 장군께서 조조에게 은혜를 입었으니 언젠간 그 은혜를 갚고자 하시겠지요. 오늘 조조가 싸움에서 지면 분명 화용도華容道로 달아날 것입니다. 만약 장군께 그곳을 맡긴다면, 장군께선 분명 조조의 처지를 모르는 체하지 못할 것입니다. 조조를 놓아줄 게 분명한데 장군을 어찌 그곳에 보낼 수 있겠습니까?"

어쩜 이렇게 미운 소리만 골라서 할까. 관우가 세상에서 제일 듣기 싫은 말이 바로 과거 자신이 조조의 진영에서 있었던 일이다. 하지만 제갈량이 말을 꺼낸 이상 관우 역시 자기변호를 해야만 했다. 그렇지 않으면 분명 이후에 이런저런 말들이 나올 게 뻔했다. 관우는 곧바로 제갈량의 말에 응수했다.

"그건 군사께서 쓸데없는 걱정을 하고 있는 것이오. 조조가 내게 후한 대접을 해 준 것은 사실이나, 안량과 문추를 죽여 백마현白馬縣 포위를 풀어주는 것으로 이미 충분히 보답했소. 이제 조조와 나 사이에는 그 어떤 빚도 남아있지 않다는 뜻이오. 오늘 조조와 마주친다 한들 놓아줄 이유가 전혀 없단 말이오!"

그러자 제갈량이 말했다.

"만약 놓아주면 어찌하시겠습니까?"

관우는 화가 치밀어 부들부들 떨며 말했다.

"군법에 따라 이놈의 목을 내놓겠소!"

그러자 제갈량이 여유 만만한 목소리로 말했다.

"구두 약속은 의미 없으니 군령장軍令狀(군법 준수각서)을 쓰십시오."

관우는 두말하지 않고 그 자리에서 곧장 군령장을 썼다.

생각할수록 화가 치밀어 올랐다. '눈에는 눈 이에는 이'라는 말처럼 관우도 똑같이 지지 않고 맞받아쳤다.

"만약 조조가 화용도 쪽으로 도망치지 않으면 그땐 어떻게 하겠소?"

그러자 제갈량이 웃으며 말했다.

"그럼 저 역시 이 자리에서 군령장을 쓰겠습니다. 만약 제 예측이 틀려 조조가 화용도로 도망가지 않으면 제 목은 장군께 맡기겠습니다."

관우는 곧장 관평과 주창 그리고 5백여 명의 군사를 데리고 화용도로 출발했다.

제갈량은 왜 처음부터 관우를 출격시키지 않은 것일까? 제갈량이 처음 유비 진영에 합류했을 때 관우를 필두로 한 대다수 장군은 그를 신뢰하지 않았다. 따라서 그들의 신뢰와 인정을 받기 위해선 반드시 자신의 능력을 증명해 보여야만 했다. 제갈량이 박망파와 신야에서 보여준 화공전술은 장비를 포함한 대다수 장군의 신뢰를 얻는 데 성공했다. 하지만 유난히 신중한 성격이었던 관우는 제갈량의 '허세 가득한 모습'을 못마땅하게 여겼다. 그 때문에 시종일관 제갈량을 곱지 않은 시선으로 바라보며, 그에 대한 깊은 불신을 가지고 있었다. 따라서 현재 제갈량에게 가장 중요한 일은 이런 관우의 마음을 돌려놓아 자신을 따르게 만들어야 했다.

사실 제갈량의 술책은 완벽 그 자체였다. 전반적인 형세와 지리적 위치 그리고 조조의 심리까지 종합적으로 분석하여 도출한 것이었다. 제갈량은 조조가 틀림없이 화용도를 지나갈 것이라고 확신했다.

제갈량은 생각했다. 만약 관우가 정말 화용도에서 조조를 생포해 오면 자신의 예상대로 더욱 거만해지겠지만, 더는 자신을 인정하지 않을 수 없게 된다. 하지만 만약 관우가 지난날 조조에게 받은 은혜에 얽매여 놔주게 되면 그땐 군령장 하나로 모든 상황이 정리된다. 역시나 나를 인정하고 따를 수밖에 없게 된다. 전자의 가정이 비교적 신사적인 정복이라면 후자의 가정은 강압적인 정복이다. 어떤 방식의 정복이든 승자는 결국 제갈량인 셈이다.

어쩌면 누군가는 '군령장이 무슨 애들 장난인가'라고 생각할 수도 있다. 군령장을 쓰고도 그대로 시행하지 않는다면 최악의 선례를 남겨 이후 엄격한 군령과 규율을 세울 수 없게 되기 때문이다. 관우가 조조를 생포해 온다면 다행이지만, 만약 조조를 놔준다면 그땐 정말 관우를 죽여야 할까 죽이지 말아야 할까?

이는 유비에게도 아주 중요한 문제였다. 제갈량과 관우 두 사람의 냉랭한 관계는 평소 가장 큰 골칫거리였다. 그런데 이들 중 누구 한 사람이라도 군령장 때문에 목숨을 잃는다면 유비에겐 엄청난 타격이 아닐 수 없었다.

유비는 누구보다 관우를 잘 알았다. 유비 역시 관우가 조조를 놓아줄 가능성이 높다고 생각했다. 유비는 긴장이 역력한 표정으로 제갈량에게 물었다. 그런데 제갈량의 반응은 아주 의외였다.

"밤하늘을 관측해보니 조조는 아직 죽을 운이 아닙니다. 그래서 일부러 관장군께 화용도를 맡긴 것입니다. 이번 기회에 관장군께서 조조에 대한 마음의 빚을 깨끗이 정리할 수 있도록 기회를 드린 것입니다."

유비는 그제야 안도의 한숨을 내쉬었다. 제갈량이 자신에게 이렇게까지 말했으니 차후 관우의 목을 벨 일은 없을 것이고, 나머지 다른 장수들에게는 인정으로 호소할 생각이었다.

사실 제갈량이 유비에게 한 말의 대부분은 헛소리일 가능성이 높다. 물론 제갈량이 진짜 신적인 능력이 있을 수도 있지만, 당시 그가 진짜 천문을 봤었는지 또한 천문이 조조의 운명을 암시했는지는 아무도 장담할 수 없기 때문이다.

제갈량이 관우의 손을 빌어 조조를 놔준 이유는 고도의 술수였다. 제갈량의 전략상 아직은 조조가 죽어선 안 되었다. 이것은 아주 중요한 전제다. 조조의 생사는 반드시 유비 진영의 이익에 부합하는 방향에 따라 결정할 일이지, 결코 관우의 사적인 감정 따위에 낭비해선 안 된다는 게 제갈량의 생각이었다. 만약 조조의 죽음이 유비 진영에 이익이 된다면 관우가 아니라 누구라도 화용도로 보내 반드시 죽였을 것이다. 하지만 지금의 형세로 봤을 때 아직 조조가 살아있는 게 유비에게 더 유리했다.

조조가 대패하면 손권의 세력이 더욱 막강해지게 되고, 만약 조조가 죽으면 그가 점령하고 있던 북방지역이 사분오열로 나뉘어 혼란에 빠지게 된다. 이 틈을 타 손권이 세력을 확장해 나간다면 한순간에 북방지역을 평정하는 것은 물론 천하통일도 가능하게 된다. 그렇게 되면 유비는 빈껍데기 신세로 전락할 게 자명했다.

제갈량이 장비와 조운에게 나눠준 병력을 합치면 대략 6천여 명 정도 되는데, 이 정도 병력이면 어지러운 형세를 틈타 당장 눈앞의 형양 9군荊襄九郡(형주 일대의 남양군, 남군, 강하군, 영릉군, 계양군, 무릉군, 장사군, 양양군, 남향군을 말함) 정도는 빼앗을 수 있었다. 하지만 막강한 세력과 오랜 전투경험을 가진 오나라와 대적하기엔 한참 역부족이었다. 손권 앞에서 유비는 그저 바람 앞에 놓인 등불일 뿐이었다.

하지만 조조를 살려두면 북방지역은 여전히 조조의 통제를 받게 될 것이고, 당장 전투에서 패했다 해도 조조는 여전히 손권과 힘을 겨룰 수 있는 충분한 힘을 갖고 있었다. 결과적으로 손권과 조조가 서로 견제하고 싸우는 것만이 향후 유비의 세력 확장에 절대적으로 유리한 길이었다. 이것이 제갈량이 일부러 관우를 화용도로 보내 조조를 살려준 진짜 숨은 의도이다. 평생 다른 사람을 자신의 전략적 자원으로 이용한 조조도 정작 자신의 목숨을 제갈량이 쥐락펴락했을 거라곤 상상도 못 했을 것이다.

제갈량이 천문을 빗대어 말한 것도 사실 관우를 살리기 위한 밑밥이었다. 어차피 조조를 죽일 생각도 없었으면서 그는 왜 처음부터 관우에게 솔직하게 터놓지 않았을까? 만약 제갈량이 관우에게 인정을 베풀 기회를 줄 테니 화용도로 가거든 이래저래 한 뒤 조조를 놔주라고 말했다면, 관우의 입장에선 제갈량에게 큰 신세를 지게 된다. 은혜를 입으면 반드시 보답해야 한다고 생각하는 관우의 성격상 어쩌면 이를 계기로 두 사람의 관계가 좀 더 가까워 질 수도 있지 않았을까? 하지만 제갈량은 왜 군령장까지 써가면서 한 치도 양보하지 않았던 것일까? 어째서 다른 사람의 목숨과 자신의 위신을 걸고 도박을 하고 싶었던 것일까?

제갈량이 그렇게 행동할 수 있었던 것은 모두 그의 과도한 자신감 때문이다. 앞서 그가 융중에서 읊었던 '양부음'의 가사를 기억하는가?

제갈량은 안자가 두 복숭아로 세 용사를 죽인 것을 매우 한심하게 생각했다. 사람을 죽여 위신을 세우는 것은 가장 간단한 방법이자 가장 난폭한 방법이다. 제각기 성정도 다르고 가치관도 다른 용사들을 모두 제거했으니, 자신의 말에 토를 달거나 불복종하는 이들도 자연스럽게 사라지는 게 당연하다. 하지만 국가가 위기 상황에서 용사를 필요로 할 땐 정작 나가 싸울 이들이 없게 되니, 결국엔 제 손으로 나라를 망치는 꼴이 된다. 반면, 제갈량은 용사의 목숨을 희생하지 않고서 용사의 마음을 얻고 또 그 용사를 자기 뜻대로 움직일 자신이 있었다. 이것이 바로 '격장법激將法(상대를 자극하여 분발하도록 만드는 전략)'이다.

유비에게 이 둘은 그의 전부나 다름없는 존재였다. 비록 관우가 오만불손하고 자신을 잘 따르지 않았지만 제갈량 역시 그를 죽일 생각은 없었다. 유비 때문에라도 관우를 죽일 수가 없었다. 제갈량 같은 천재가 그 정도 생각도 못 했을 리 없다. 그러므로 제갈량은 반드시 '사형'이라는 무기로 '구명救命'의 목적을 달성해야만 했다.

관우가 그토록 고약했던 성질을 부리는 것도 이렇게 믿는 구석이 있어서가 아니었을까? 만약 '격장법'과 같은 방법으로 극단적인 상황까지 몰고 가지 않았더라면, 과연 그가 순순히 제갈량을 인정하고 따랐을까?

◈ 심리학으로 들여다보기

과한 자극은 오히려 독이 될 수 있다. 사람의 성향에 따라 자극에 나타나는 반응도 다르다. 자극에 적극적으로 맞서는 사람이 있는가 하면 일찌감치 포기하고 낙담하는 사람도 있다. 적재적소에서 자극을 주고 목표에 대한 성취와 동기를 유발해야 한다.

실패에 굴복하지 않아야 위대해진다

제갈량은 왜 관우가 군령장을 무시하고 조조를 놔 줄 것으로 생각했을까?

그 이유는 인성에 대한 제갈량의 탁월한 분석능력에서 찾을 수 있다. 제갈량은 심리학자로서도 전혀 손색이 없는 인물이었던 것 같다. 물론 그 역시 심리학 법칙으로부터 자유로울 순 없었다.

2005년 어떤 국가가 미국 당국의 강력한 반발에도 불구하고 압도적인 익명 찬성 투표 수로 한 개인의 자국 국적 취득 안을 통과시켰다. 그 사람은 전 세계 체스 챔피언이자 미국인 수배범 바비 피셔Bobby Fischer다. 피셔는 공개적으로 '9·11 테러사건'을 옹호하여 미국 당국으로부터 수배를 받았다. 그렇다면 미국의 강력한 비난을 감수하면서까지 피셔를 비호한 국가는 대체 어느 나라일까? 대다수의 경우 이란, 시리아 또는 북한이라고 생각하겠지만, 이들 세 나라 모두 이 사건과는 전혀 관련이 없다.

그 나라는 다름 아닌 이제껏 미국과 오랫동안 동맹국으로서 친밀한 우호 관계를 유지해 온 '아이슬란드'였다. 아이슬란드는 왜 그런 선택을 한 것일까?

사건의 전말은 30년 전 국제 체스경기 때로 거슬러 올라간다. 1972년, 피셔는 세계 체스대회에 참가하여 구소련 출신의 세계 체스 대가 보리스 스피스키Boris Spassky와 대결을 펼쳤다. 당시 미국과 구소련 간의 냉전이 초절정에 달했던 시기였기에 경기는 양국 간의 대결로도 큰 주목을 받았었다.

이 경기는 아이슬랜드에서 열렸는데 피셔는 경기 개막식에 나타나지 않았다. 게다가 티비 중계를 금지해달라, 광고비의 30%를 자신의 몫으로 달라는 둥 말도 안 되는 요구를 제시했다. 사람들은 과연 이 대회가 제대로 진행될 수 있을까 우려했다. 결국 피셔는 경기 우승 상금의 2배를 약속받은 뒤 미국 전 국무장관 헨리 키신저Henry Alfred Kissinger의 설득 끝에 아이슬란드로 건너가 대회에 참가했다.

대회 자체의 중요성도 있었지만, 워낙 우여곡절 끝에 열린 터라 세계 각국의 언론들은 이 대회를 대대적으로 보도했다. 그 덕에 존재조차 잘 알려지지 않았던 작은 섬나라가 세계에 이름을 알리게 되었다.

아이슬란드 국민들은 그 공을 모두 피셔에게 돌렸다. 심지어 그를 '세계 지도에서 아이슬란드가 존재할 수 있게 만들어 준 사람'으로 생각했다. 아이슬란드 사람들은 피셔에 대한 고마운 마음을 오랫동안 잊지 않았고, 30년이 흐른 뒤 피셔가 곤경에 처하자 망설임 없이 그에게 도움의 손길을 내밀었다. 아이슬란드 외교부의 한 직원이 말했다.

"우리는 30년 전 피셔가 아이슬란드에 기여했던 공헌을 지금도 가슴 깊이 기억하고 있습니다."

영국의 BBC방송은 아이슬란드가 미국의 비난을 감수하면서까지 피셔를 받아들인 이유는 아이슬란드 국민이 이번 결정으로 피셔에 대한 은혜에 보답하기를 간절히 바라고 있기 때문이라고 분석했다.

아이슬란드가 이처럼 피셔에게 은혜를 갚고자 한 이유는 한 개체가 근본적으로 가지고 있는 핸디캡과 큰 관련이 있다. 아이슬란드는 인구가 겨우 30만 정도 되는 소국이었다. 지리적으로 곳곳에 화산과 빙하가 널려 있으며 세계 최악의 지형과 기후 조건을 가진 나라다. 하지만 아이슬란드 사람들은 '우리가 누리고 있는 모든 것은 자연의 은혜 덕분이다'라고 생각할 만큼 긍정적인 사고방식을 갖고 있었다. 피셔 사건이 없었더라면 이렇게 보잘것없는 작은 국가의 이름이 세계적으로 알려질 일도 없었다. 30년이란 세월이 흘렀음에도 피셔가 이처럼 무조건적인 지원을 받을 수 있었던 이유는 당시 사건 자체만으로도 아이슬란드로선 큰 은혜를 입었기 때문이다. 여기에 유난히 남달랐던 아이슬란드인의 '감사하는 마음'이 더해졌다. 이 사례를 통해 우리는 호혜성 원리의 영향력이 얼마나 대단한지 짐작할 수 있다.

은혜의 유효기간만큼 재미있는 소재거리도 없다. 조조가 관우에게 베푼 은혜의 신선도는 아직 최상의 상태지만, 관우가 이미 안량과 문추를 베어 은혜에 보답했으니 과연 화용도에서 어떤 일이 벌어질지는 좀 더 지켜봐야 할 것 같다.

조조는 불 속에서 군사 대부분을 잃고 일부 책사와 무장들만 데리고 허겁지겁 도망쳤다. 한 닷새쯤 도망쳤을까? 붉은 화염이 눈에서 점점 멀어지자 조조는 심리적으로 조금 안정감을 되찾았다. 조조가 물었다.

"여기가 어디냐?"

함께 따라온 형주의 항장이 답했다.

"오림의 서쪽이자 의도宜都의 북쪽입니다."

조조는 주변의 수풀이 우거지고 산세가 험준한 것을 확인한 뒤 자신도 모르게 큰 소리로 웃음을 터뜨렸다. 함께 있던 장수들은 그의 행동이 도통 이해가 되지 않았다. 80만 대군이 불 속으로 사라진 이 마당에 웃음이 나오다니. 너무 충격받은 나머지 실성이라도 한 것일까?

만약 이렇게 생각한 사람이 있다면 그 사람의 IQ가 얼마인진 몰라도 EQ만큼은 분명 조조보다 낮을 것이다. 조조의 자원 활용 법칙의 세 번째 법칙을 기억하는가? 지금 이 대목에서 조조의 행동이 바로 '부정을 긍정으로 바꾸는 힘'이다.

전쟁의 참패를 겪고 난 뒤 상황은 죽은 자보다 살아남은 자에게 더욱 가혹하다. 자신감이 크게 추락하는 것은 물론이고, 심적으로 실패자라는 낙인이 쉽게 사라지지 않기 때문이다. 만약 이 상태에서 빨리 벗어나지 않으면 남은 병사들의 사기까지 떨어질 뿐 아니라 전투력마저 크게 저하된다.

행동은 생각을 변화시킨다. 군대를 통솔하는 지휘자로서 조조 또한 이 상황이 절망스럽긴 마찬가지였을 것이다. 하지만 조조는 병사들 앞에서 낙담도 절망도 할 수 없었다. 지금 그가 해야 할 일은 바로 이 역경 속에서 새로운 희망을 찾고 긍정의 바이러스를 남은 생존자들에게 퍼뜨리는 것이었다.

최소한의 노력으로 이목을 끄는 방법 중 '눈물, 웃음, 노래, 탄식'만큼 좋은 방법은 없다. 하지만 이런 상황에서 '눈물, 노래, 탄식'은 어울리지 않는다. 더 많이 더 크게 웃는 것만이 비참함과 절망감을 떨쳐낼 수 있고 긍정적인 리더십을 발휘할 수 있다. 조조가 소리 내어 크게 웃은 이유도 바로 여기에 있었다.

대부분의 경우 조조의 이런 행동을 삼국 역사상 가장 우스꽝스러운 일화로 생각하지만, 차분히 생각해보면 그의 행동이 결코 우습게 볼 일만은 아니다. 똑같은 상황에서 조조처럼 행동할 수 있는 사람이 이 세상에 과연 몇 명이나 될까?

조조가 웃자 장수들은 그 연유를 물었다. 조조가 웃으며 말했다.

"다른 이를 비웃는 게 아니라 주유와 제갈량의 꾀가 바닥이 난 것 같아 나도 모르게 웃음이 튀어나온 걸세. 만약 나라면 이곳에 군사를 매복시켜놨다가 쥐새끼 한 마리 도망가지 못하게 만들었을 걸세. 하하하!"

겉으로는 상대편을 향해 비웃었지만 실제로는 낙관적인 방향으로 마음을 다스리기 위해 현재 자신이 처한 상황과 앞으로 발생할 수 있는 최악의 상황을 비교한 것이다. 가장 비참한 상황에서 적군의 전략을 비웃을 수 있는 여유는 역시 조조이기에 가능했던 게 아니었을까?

조조의 지각능력이 적군의 책략을 거의 통찰한 듯 보이지만, 안타깝게도 조조가 맞서야 하는 상대는 불세출의 지략가 제갈량이었다.

웃음소리가 미처 가시기도 전에 양옆에서 북소리가 울리며 불빛이 하늘 위로 솟아올랐다. 놀란 조조는 하마터면 말에서 떨어질 뻔했다. 중간 어디쯤에서 갑자기 군사 무리가 튀어나오더니 어떤 이가 큰소리로 외쳤다.

"상산常山 조자룡이 이곳에서 조승상이 오기만을 기다리고 있었소!"

서황과 장합이 필사적으로 조운을 막는 사이 조조는 병사들을 데리고 연기와 불길을 뚫고 달아났다. 조운은 적당히 싸움을 끝낸 뒤 더 이상 뒤쫓지 않은 채 깃발과 말들만 빼앗아 돌아왔다.

조조는 구사일생으로 겨우 탈출에 성공했다. 희끄무레한 하늘에는 먹구름이 잔뜩 끼어 있었다. 얼마 지나지 않아 하늘에서 장대비가 쏟아졌고, 조조와 병사들은 물에 빠진 생쥐처럼 온몸이 흠뻑 젖었다. 그렇게 한 서너 시간쯤 지나자 비가 그치고 바람이 잦아들기 시작했다. 조조가 어디쯤 도착했는지 묻자 부하는 이릉의 호로곡 입구라고 답했다. 조조는 잠시 쉬었다 가기로 했다. 그는 병사들에게 밥을 지을 만한 것을 찾아오게 한 뒤 말고기를 구워 먹으며 허기를 달랬다.

조조가 나무 밑에 앉아 포만감을 느끼며 또 다시 크게 웃기 시작했다. 장수들은 이해가 되지 않아 그 연유를 물었다.

"승상, 좀 전까지 주유와 제갈량을 비웃다 조운에게 들켜 수많은 병력을 낭비하지 않으셨습니까? 그런데 어찌해서 또 그렇게 웃으십니까?"

이런 곤장 50대를 맞아야 정신 차릴 사람 같으니라고. 조조의 웃음소리 때문에 들켰다는 게 말이나 되는가? 조운은 이미 매복해 있었으니 어차피 조조의 웃음소리가 아니었어도 나타났을 것이다. 조조가 웃으며 말했다.

"제갈량과 주유가 똑똑하긴 하지만 지략 면에선 아직도 많이 부족한 것 같아 웃음이 나온 걸세. 만약 나였다면 여기 호로곡에 군사를 매복해두었을 걸세. 그럼 이곳에 있는 자들 모두 독 안에 든 쥐나 다름없지 않겠는가? 하하하."

조조의 웃음소리가 그치자마자 사방에서 연기가 자욱하게 피어오르더니 장비가 거침없이 창을 휘두르며 말을 타고 나타났다. 장비가 큰소리로 외쳤다.

"연인燕人 장익덕 이곳에서 네놈들을 기다렸느니라. 도적놈 조조는 빨리 말에서 내려와 항복해라!"

간담이 서늘해진 조조는 재빨리 말에 올라 허겁지겁 도망쳤다. 대다수 책사와 장수도 차마 말에 오를 여유도 없이 죽기 살기로 도망쳤다. 오직 허저許褚 한 사람만이 안장도 채우지 못한 말로 장비를 상대했다. 장료와 서황 역시 말을 타고 내달리며 적군을 상대했다.

조조는 또 한 번 겨우 탈출에 성공했다. 장비가 이끄는 군사들의 추격도 점점 멀어졌다. 뒤돌아보니 온통 부상당한 병사들로 가득했고 다들 지칠 대로 지쳐있는 상태였다. 조조는 생각했다.

'사기가 이렇게 저하되어 있다니. 적당한 때에 다시 한번 웃어야겠구나.'

그렇게 한참을 도망치던 중 앞쪽에 두 갈래 길이 나타났다. 이곳 지리를 잘 아는 군사가 조조에게 말했다.

"두 갈래 길 모두 남군南郡으로 향하는 길입니다. 그중 큰길은 비교적 평탄한 길이지만 50리를 돌아가야 하고, 반면 화용도를 지나치는 작은 길은 50리가 더 가깝습니다."

조조의 명에 따라 산 위로 올라가 주변을 살펴본 병사들은 작은 길에는 산기슭 쪽에 연기가 피어오르는 것을 보았으나 큰길 쪽에는 아무 움직임을 보지 못했다고 말했다.

조조는 화용도로 가기로 결정했다. 하지만 행군경험이 많은 장수들은 이런 조조의 결정을 말렸다.

"연기가 피어오르는 곳에는 반드시 복병이 있게 마련입니다. 그런데 승상께서는 왜 굳이 그 길로 가시려 하십니까?"

"그대들은 병법에서 '허를 실로 보이게 하고, 실을 허로 보이게 한다'라는 말도 못 들어봤소? 일부러 외진 산속에 불을 피운 뒤 우리를 의심하게 하여 다른 곳으로 유인하려는 제갈량의 수작이오. 정작 복병은 큰길 쪽에 있을 것이오. 내 이미 그의 계책을 간파했으니 화용도로 가겠소."

참담한 패배를 겪고도 냉정함을 잃지 않고 상황을 논리정연하게 분석하는 조조의 모습을 보며 모두 감탄을 아끼지 않았다.

"저희들은 감히 생각할 수도 없는 묘책이옵니다."

사실 말은 그렇게 했지만 다들 속으로는 이렇게 생각했다.

'승상 제발 아무 데서나 웃지나 마십시오.'

정말 알다가도 모를 속내다. 사실 이 싸움은 제갈량과 조조 간의 대결이다. 하지만 조조가 두 발짝 앞서나가면 제갈량은 세 발짝 앞서나가니, 그야말로 뛰는 조조 위에 나는 제갈량이었다.

조조는 군사들을 이끌고 화용도로 갔다. 병사들은 녹초가 되어 쓰러지기 일보 직전 상태였다. 설상가상으로 때마침 엄동설한이라 그 고통을 말로 다 형용할 수 없을 정도였다. 그렇게 또 한참을 가던 중 조조는 또 한 번 크게 웃기 시작했다. 사람들은 이제 그의 그런 모습이 꼴도 보기 싫었지만 이전에도 그랬듯 그가 웃는 이유를 물었다. 조조가 웃으며 말했다.

"제갈량과 주유의 무능함이 하도 우스워 웃음이 터져 나왔네. 이곳에 군사를 매복해 두었으면 우리를 속수무책으로 만들 수 있었을 텐데 말이네."

웃음소리가 멈추기도 전에 우레같은 함성 소리와 함께 5백여 명의 군사들이 일제히 튀어나왔다. 맨 앞쪽에는 적토마를 탄 관우가 청룡언월도를 들고 나타나 길을 막아섰다. 눈앞의 펼쳐진 광경에 조조 군사들은 어찌할 바를 모르며 부들부들 떨기만 했다.

조조군이 이처럼 반응한 이유는 두 가지다. 우선 조조군은 관우의 이름만 들어도 간담이 서늘해졌다. 또 다른 이유는 이미 너무 많은 싸움에 지쳐있던 터라 더는 싸울 기력도 서 있을 힘도 없었기 때문이다. 오직 조조 한 사람만 힘이 넘치게 소리쳤다.

"이렇게 된 이상 더 물러날 곳도 없느니라. 죽기 살기로 싸워야 한다!"

조조는 왜 이렇게 말했을까? 자신이 관우를 지극정성으로 대한 것은 누구나 다 아는 사실이다. 관우 역시 직접 그의 앞에서 목숨을 걸고 은혜에 보답하겠다고 약속했었다. 조조는 왜 호혜성 원리를 이용하여 관우를 압박하지 않은 것일까?

그것은 조조의 자존심 때문이다. 관우의 앞에서 조조는 항상 우월한 사람이었다. 이런 우월한 심리는 조조로 하여금 관대하고 도량이 큰 사람의 모습으로 행동하게 했다. 하지만 상황이 바뀌어 자신이 열세의 위치로 전락했으니 평정심이 박살났다고 해도 과언이 아니다. 나보다 나은 사람 또는 아예 모르는 사람에게는 구걸도 할 수 있지만, 자신보다 아래라 생각했던 이에게는 곧 죽어도 아쉬운 소리 못하는 게 어디 조조 한 사람뿐이겠는가? 이는 우리 모두의 고질병이자 불치병이다.

하지만 싸울 의지와 체력은 이미 바닥 난 지 오래였다. 이대로 싸우는 것은 무리라 판단한 정욱은 다급히 조조를 설득했다. 지금 이 순간만큼은 조조의 체면보다 모두의 목숨이 더 중요했기 때문이다. 정욱이 말했다.

"운장은 윗사람에게는 오만방자하나 아랫사람에는 정도를 지키는 자이며, 강자는 업신여겨도 약자는 짓밟지 않는 자입니다. 승상께서 지난날 그에게 베푼 은혜가 있으니, 친히 그를 잘 설득하면 이 고비를 충분히 넘길 수 있을 것입니다."

정욱의 말의 의미는 아주 명확했다.

'승상께서 아직도 체면을 버리지 못하고 버티시는데, 지금 우리의 목숨 줄이 바로 승상의 그 체면 하나에 달려있소이다. 승상께서도 이제 더는 선택의 여지가 없습니다.'

역시 조조가 인물은 인물이었다. 순식간에 마음의 결정을 내린 조조는 관우가 있는 쪽으로 다가가 먼저 허리를 굽히며 예를 갖췄다.

◈ 심리학으로 들여다보기

만약 울고 웃을 타이밍을 제때 잡지 못했다면, 그것을 역으로 이용해라. 상대가 당황할 때 문제 상황을 잘 파악해야 한다. 그곳에서 자기 행동에 대한 이유를 찾으면 된다. 무조건 자신을 낮추거나 비하하는 표현은 거두자. 누구든지 하는 실수일 뿐이다.

은혜는 수익률을
알 수 없는 투자이다

조조가 관우에게 말했다.

"장군께선 그간 안녕하셨는가?"

관우 역시 몸을 숙여 예를 갖췄다.

"이 몸 군사의 명을 받들어 이곳에서 승상을 기다리고 있었습니다."

그의 차분한 말투 뒤에는 살의가 숨겨져 있었다. 조조가 말했다.

"이 조조, 이미 적벽에서 많은 군사를 잃고 더 도망칠 곳도 없네. 하지만 그대가 지난날에 내게 했던 말들을 기억해 주길 바라오."

이 말은 이전에 자신이 관우에게 베풀었던 은혜와 관우 본인이 자신에게 했던 맹세를 잊지 말라는 뜻이었다.

하지만 관우로부터 되돌아온 대답에 조조는 말문을 잃었다. 관우가 말했다.

"지난날 승상에게 큰 은혜를 입은 것은 사실이나, 백마의 포위를 풀어 은혜를 모두 갚았다고 생각합니다. 오늘은 군사의 명을 받고 이곳에 온 것입니다. 어찌 사사로운 정에 이끌려 군령을 어길 수 있겠습니까?"

드디어 군령장의 효과가 나타나기 시작했다.

관우의 대답에 조조는 머릿속이 복잡해지기 시작했다.

'이놈의 홍당무가 이제 와서 안면몰수할 줄이야!'

조조는 관우가 이전에 자신에게 써준 고별 서신을 지니고 다니지 않은 것을 크게 후회했다. 그 서신에는 '갚지 못한 은혜는 이후 죽음으로라도 보답하겠습니다'라는 글자가 토씨 하나 틀리지 않고 쓰여 있었다. 파릉교에 직접 배웅을 나갔을 때, 그 잘난 입으로 '승상이 베푼 은혜에 비하면, 자신이 한 보답은 새 발의 피다. 다시 만나게 되면 반드시 나머지 은혜를 갚겠다'라고 했던 말도 똑똑히 기억하고 있다. 놈이 했던 그 말은 분명히 백마전투 이후에 했던 말인데, 이제 와서 '백마전투' 때 세운 공으로 얼렁뚱땅 대충 넘어가시겠다?

조조는 이전에 자신이 베풀었던 은혜를 똑똑히 기억하고 있었다. 하지만 관우는 그에게서 받은 은혜를 한낱 과거에 있었던 일쯤으로 생각했다. 왜 이런 현상이 나타난 것일까? 그때나 지금이나 조조가 베푼 은혜는 변함이 없는데 관우의 태도는 왜 이렇게 달라진 것일까? 더 이상 호혜성 원리의 효력이 통하지 않는 것일까?

은혜에는 분명히 유효기간이 존재한다. 그 유효기간은 개인 별 차이 또는 상황에 따른 제약과 관계가 있다. 일반적으로 시간이 흐를수록 도움을 준 사람은 상대방이 어려운 상황에서 벗어날 수 있었던 건 다

'자신의 덕'이라 생각하는 반면, 도움을 받은 사람은 이와 정반대의 반응을 나타낸다.

프란시스 플린Francis Flin은 미국의 한 항공회사 고객 상담부에서 일하는 직원을 대상으로 조사를 한 적이 있다. 해당 부서는 교대근무제를 실시했는데, 이 제도는 직원 간의 협업과 도움이 필요했다. 연구원들은 해당 부서 직원을 두 조로 나눈 뒤 한 조는 본인이 동료에게 도움을 줬던 경험에 대해 평가하고, 다른 한 조는 그들 자신이 도움을 받았던 경험에 대해 평가했다. 조별 직원들 모두 자신이 도움을 주었을 때 혹은 자신이 도움을 받았을 때의 시간과 그 도움의 가치에 대해 평가했다. 그 결과, 가장 최근 동료에게 도움을 받은 직원의 경우 큰 도움이 되었다며 꼭 보답하고 싶다고 대답했다. 하지만 도움을 받았던 때로부터 시간이 오래 지날수록 '고마운 마음'의 정도가 많이 줄어들었다. 반면, 도움을 준 직원의 경우 시간이 지날수록 상대방에 베풀었던 인심을 더욱 또렷하게 기억했다.

지금 관우와 조조가 딱 이 같은 상황이다. 하지만 조조가 모르고 있는 사실이 하나 있었다. 그것은 관우 역시 벼랑 끝에 몰려있다는 사실이다. 관우가 아무리 의리를 중요하게 생각해도 제갈량에게 큰 소리치고 나온 이상 그가 장담한 대로 조조를 보내 줄 순 없었다.

만약 조조가 자신의 속내 그대로 관우에게 말했다면, 설득의 중심경로 함정에 빠져 지금의 위기를 모면하기 힘들었을 것이다. 관우는 얼마든지 '핑계' 찾아 조조의 말에 반박할 수 있기 때문이다. '은혜를 갚기 싫어서가 아니다. 이건 군사의 명령이자 군령장의 원칙에 따르는 것뿐이다'라고 말하면 그만이기 때문이다.

역시 조조는 달랐다. 조조는 관우가 '백마전투'에서 세운 공 때문에 그에게 은혜를 베푼 것이 아니었다. 하지만 지금은 꼬치꼬치 따질 때가 아니라 최대한 자세를 굽힌 채 인간적 도리에 기대어 호소해야 할 때라 생각했다. 그는 관우의 논리를 좀 더 유용하게 써먹기로 했다.

'계속 백마전투 때의 일로 밀고 나가시겠다고? 정 그렇다면, 네놈과 나 사이에 남아있는 이야기나 마저 해보자꾸나. 지난날 네놈이 오관을 지키던 내 수하의 장군을 여섯씩이나 죽였지만 나는 아무 원망도 하지 않았느니라. 내가 장료를 보내주지 않았더라면, 네놈이 아무리 천하무적이라 한들 수하에 고작 20명 남짓한 병사들만 가지고 하후돈의 삼엄한 경계를 뚫을 수 있었을 것 같으냐?'

하지만 생각은 어디까지나 생각일 뿐 실제론 이보다 훨씬 더 완곡한 말투로 말을 꺼냈다. 조조가 말했다.

"운장, 예전에 오관五關을 지키던 여섯 장수를 기억하시는가?"

질문 한 번 기가 막히게 절묘하지 않은가? 아무리 직설적으로 말해도 그 파급력이 이 정도까진 되지 않을 것이다. 사실 그때 그 일이 계속 마음의 짐으로 남아있었던 탓에 관우는 자신도 모르게 가슴이 철렁 내려앉았다. 만약 그때 조조가 자신에게 비난을 퍼부었다면 아무 죄책감도 남지 않았을 것이다. 그런데 조조는 아무 책임도 묻지 않았다.

조조는 관우의 심경에 미묘한 변화가 생겼음을 직감한 뒤 곧바로 말을 이어 나갔다.

"대장부에게 신의를 지키는 일만큼 중요한 일이 어디 있겠는가? 그대도 《춘추》를 읽었으니 유공지사庾公之斯가 자탁유자子濯孺子를 뒤쫓던 일을 잘 알 것 아닌가?"

춘추시대 때 정나라 왕의 명을 받아 자탁유자가 위나라를 공격했으나 전쟁에서 패해 도망자 신세가 되었다. 위나라에서는 유공지사가 그를 추격했다.

어느 날 자탁유자가 말했다.

"병이 깊어 활을 잡을 수가 없구나. 아무래도 죽을 날이 얼마 남지 않았나 보다."

그는 자신의 마부에게 물었다.

"나를 쫓는 이가 누구더냐?"

"유공지사이옵니다."

"목숨은 부지할 수 있겠구나."

마부가 의아해하며 물었다.

"유공지사는 위나라의 명사수이옵니다. 어찌 그렇게 안도하고 계십니까?"

"유공지사는 윤공지타尹公之他에게 활을 배웠는데, 그 윤공지타가 바로 내 제자이니라. 윤공지타는 마음이 바른 자이니 그의 제자도 분명 마음이 바를 것이다."

그때 유공지사가 이들을 추격하여 앞질렀다. 유공지사가 말했다.

"선생께선 왜 활을 들지 않으십니까?"

"지금은 병이 깊어 활을 들 수가 없소."

"제 활 솜씨는 윤공지타께 배운 것이고, 윤공지타는 장군께 활쏘기를 배웠습니다. 결국, 장군의 활 솜씨를 전수받은 것이나 다름없는데 제가 어찌 그 기술로 장군을 해칠 수 있겠습니까? 허나 오늘 이 일은 주군이 명하신 일이니 제멋대로 이를 어길 순 없습니다."

그는 이렇게 말한 뒤 화살을 마차에 강하게 내리쳐 화살촉을 뽑아버렸다. 그리고 4발의 화살을 쏜 뒤 돌아갔다.

관우를 상대할 때 그가 춘추를 잘 안다는 점은 아주 유용하게 쓰였다. 조조는 이 일화를 인용하여 단번에 관우의 정곡을 찔렀다. 이 역시 격장법의 일환으로 아주 절묘하면서도 함축적인 자극법이다. 그는 《춘추》의 '도'를 따르지 않는 자가 신의를 지키는 대장군이라 말할 수 있냐'는 식으로 관우를 자극한 것이다.

관우만큼 인정과 신의를 중요하게 생각하는 사람도 보기 드물다. 조조의 그 한 마디에 결국 마음이 흔들린 관우는 짧은 한숨과 함께 말머리를 돌린 뒤 군사들에게 길을 내줄 것을 명령했다. 조조 한 사람만 풀어주겠단 의미였는데 관우가 말머리를 돌리는 동시에 조조의 수하들까지 한꺼번에 우르르 도망쳤다. 사람이 가장 초인적인 힘을 발휘하는 때는 바로 목숨을 걸고 도망치는 순간이 아닐까 싶다.

관우는 이들의 도주를 막으려 했으나 뒤쪽에서 장료가 말을 몰고 달아나는 모습이 눈에 띄었다. 그래도 한때 정을 나눈 벗이 아니었던가? 또 다시 밀려오는 측은지심에 관우는 긴 탄식을 내뱉은 뒤 고개를 돌려 두 손으로 얼굴을 감쌌다. 그렇게 나머지 사람들까지 모두 놓아주고 말았다.

관우의 인생에서 '충의'를 빼놓고 생각한다는 것은 있을 수 없는 일이다. 다른 사람과 차이점이 있다면 관우는 '불충불의'한 일을 저지르고도 '충성과 대의'를 지킨 장군이 되었다는 것이다. 이전에 관우가 토산에서 포위되어 조조에게 투항했던 것은 유비에게 불충불의한 처신이었다. 하지만 이후 조조의 지극정성에도 흔들림 없이 자신의 신념을 지켜내고, 재물과 관직을 비롯해 그 어떤 것도 취하지 않음으로써 '역시 관우'라는 말이 아깝지 않을 충절을 보여주었다.

후에 그가 떠날 때 인수印綬를 걸어둔 채 조조에게 작별을 고한 것은 조조의 은혜를 저버리는 행동으로 보일 순 있지만, 이는 유비에 대한 변함없는 충성심을 표현한 것으로 '불의로써 충절을 지킨 것'이라 말할 수 있다. 여기서 '불의'는 수단이며 '충절'은 목적인 셈이다.

반대로 그가 오늘 조조를 놓아준 것은 유비에겐 불충을 저지른 행동이지만 조조에게는 의리를 지킨 것이기 때문에 '불충을 행하여 의리를 실천한 것'이라 말할 수 있다. 여기서 '불충'은 수단이며 '의리'는 목적인 셈이다.

대부분의 경우 더 많은 개인의 이익을 취하기 위해 '충의'를 포기하고 '불충불의'를 선택한다. 가장 대표적인 예가 바로 여포다. 하지만 관우의 '불충'과 '불의'는 자신에게 그 어떤 이득도 되지 않을 뿐 아니라, 이미 손에 쥐고 있는 부귀영화를 포기해야 하는 것은 물론 심지어 자신의 목숨까지 걸어야 하는 아주 힘든 선택이다. 세상에 이렇게 '충의'를 지키는 것보다 더 어려운 '불충불의'가 또 어디에 있을까? 따라서 사람들은 그가 '불충'과 '불의'를 저지르게 된 이유보다 그가 지켜낸 '충절'과 '의리'를 더 기억하게 되었고, 그 결과 오늘날 관우가 '충의'의 화신이 된 것이다.

조조는 제갈량의 예상대로 목숨을 건졌지만 모든 것에는 대가가 따르는 법이다. 관우는 무거운 마음으로 회군 명령을 내렸다.

같은 시각, 명을 받고 출전했던 장수들이 의기양양한 모습으로 돌아와 차례로 자신들의 공로를 아뢰었다. 오직 관우만 빈손으로 돌아와 고개를 숙인 채 제갈량과 마주했다. 관우의 차례가 돌아오자 제갈량이 직접 앞으로 나와 그를 치하했다.

"참으로 어려운 일을 해 주셨습니다. 천하의 큰 골칫거리를 없애주셨으니 이 제갈량이 직접 장군을 마중을 나왔습니다."

하지만 관우는 입을 다문 채 아무 대답도 하지 않았다. 제갈량이 말했다.

"설마 이 제갈량이 미리 나와 기다리고 있었다는 말을 의심하시는 것입니까?"

제갈량은 고개를 돌려 수하들에게 호통을 쳤다.

"네놈들은 어찌 내게 일찍 고하지 않았느냐!"

그러자 관우가 어렵사리 입을 떼며 말했다.

"죽여주시오!"

"설마 조조가 화용도로 지나가지 않았습니까?"

"조조가 정말 화용도로 왔었소. 하지만 이 사람의 무능함 때문에 조조를 놓쳤소."

태도의 문제를 능력의 문제라 바꿔 말하니 참으로 절묘한 대답이 아닐 수 없다.

하지만 그런 대답이 제갈량에게 통할 리 없었다. 제갈량이 계속해서 추궁했다.

"그럼 어떤 장수를 잡아오셨습니까?"

"아무도 잡지 못했소."

"그럼 병사는 몇이나 잡아오셨습니까?"

"아무도 잡지 못했소."

능력이 아무리 부족하다 해도 얻은 것이 단 하나도 없다는 것은 능력 문제가 아니라 태도 문제다. 제갈량은 큰 소리를 내며 웃었다.

"결국, 장군께선 지난 인정에 이끌려 조조를 살려주셨군요."

관우는 아무 말도 하지 못했다. 제갈량이 말했다.

"군법에는 사사로운 인정을 둘 수 없는 법이오. 장군께서 군령장을 쓰셨으니 이 일은 군법에 따라 처리하도록 하겠습니다. 여봐라! 관장군의 목을 베어라!"

◈ 심리학으로 들여다보기

은혜를 베푸는 것은 일종의 투자나 마찬가지다. 투자를 잘할 줄 아는 사람은 은혜를 베풀 때도 술을 빚는 것처럼 그 맛이 숙성될 때까지 충분한 시간을 기다린다. 그리고 더욱더 값진 보답을 얻는다. 어리석은 자는 조급함으로 보답을 원한다. 정말 바보 같은 짓이다.

마술사는
등 뒤에 있는 사람을 두려워한다

조조와의 싸움에서 인생 일대 최대의 승전고를 울린 유비는 승리의 기쁨도 잠시, 관우의 참수 소식을 듣고 눈앞이 새하얘졌다.

사람마다 죽음의 위기 앞에서 나타내는 행동은 제각기 다르다. 유비, 관우, 장비를 예로 들어보면 세 사람 모두 확연히 차이가 있다. 만약 이런 상황에서 유비라면, 살아남기 위해 눈물 콧물을 흘리며 사정하거나 뛰어난 언변 술수로 위기를 넘기려는 온갖 수단과 방법을 다 동원했을 것이다. 만약 장비라면 호탕하게 한 번 크게 웃고 말했을 것이다.

"군사께서 이기셨소. 이놈의 목을 가져가시오!"

그리곤 아무 미련 없이 죽음을 받아들일 것이다.

하지만 관우는 달랐다. 누구보다 목숨을 소중하게 생각하기에 장비처럼 두말없이 죽음을 자청하지 않았다. 그렇다 해서 유비처럼 구차하게 자기변명을 하지도 않았다. 뻣뻣하고 오만한 그가 할 수 있는 것이라곤 오직 침묵이었다. 그런데 침묵이 그의 목숨을 지켜주진 않는다.

유비는 제갈량이 정말 관우를 참수하려 하자 더는 가만히 있을 수 없단 생각에 그를 막아섰다.

"군사께서 이전에 내게 하늘이 어쩌고저쩌고하면서 조조가 아직은 죽을 운명이 아니라고 말하지 않으셨소? 군사께서도 관우를 단죄할 자격이 없소. 분명 내게는 관우가 충의를 다할 수 있도록 기회를 준 것이라고 말씀하시지 않으셨소?"

유비는 급한 마음에 제갈량과 사적으로 나눈 대화를 폭로해 버렸다. 사실 그 얘기는 이 자리에서 꺼내선 안 되는 말이었다. 왜냐하면 관우를 승복시키려는 제갈량의 본래 의도와는 전혀 맞지 않았기 때문이다.

이 모든 게 하늘의 뜻이자 운명이라면 관우는 그저 하늘에 뜻에 따라 그렇게 된 것이다. 그런데 어찌 관우에게 죄를 물을 수 있겠는가? 제갈량이 그 말에 동의한다면 이는 곧 제 발등을 제가 찍는 격이다. 제갈량이 요지부동으로 관우의 참수를 밀고 나가는 것은 모두 군법의 기강을 세우고 특히 자기 명령의 위엄성을 보여주기 위해서였다.

순간 유비는 자신이 말실수했다는 걸 깨달았다. 유비만큼 상황판단이 빠르고 임기응변에 능한 사람이 또 어디 있겠는가? 그는 '설득의 주변경로'로 노선을 바꿔 제갈량을 설득했다. 유비가 말했다.

"군사, 우리 세 사람 의형제를 맺을 때 생사를 함께하기로 맹세했었소. 운장이 군법을 어긴 것도 명백한 사실이고 군령장까지 있으니 이번 일은 참수로 다스리는 것이 백 번 마땅하오. 하지만 형제간의 지난 맹세를 어길 수 없으니 바라건대 운장이 공을 세워 속죄할 수 있도록 군사께서 한 번만 기회를 주시오."

유비의 말은 얼핏 들어도 이치에 전혀 맞지 않는 소리다. 형제의 정은 사적인 것이고 제멋대로 조조를 풀어준 것은 공적인 일이다. 조직 관리 차원에서 사적인 일로 공적인 일을 그르치는 것은 결코 있어선 안 될 일이다. 누구나 제멋대로 행동하게 되면 조직의 위신이 바닥으로 떨어지고, 그 조직은 더 이상 조직으로 존재할 수 없기 때문이다.

여기서 우리가 잊고 있는 것이 하나 있다. 중국인의 삶에는 '인정, 이치, 법'이 함께 존재해 왔다. 그중에서도 '인정'의 존재감이 가장 컸다. 유비의 간청도 바로 '인정'에 기반을 두었다. 만약 제갈량이 관우를 참수한다면 유비는 형제와의 맹세를 지키기 위해 관우를 따라 죽어야 한다. 그럼 대장이 죽고 없는데 나머지 사람들끼리 무엇을 도모하겠는가? 그 조직은 공중 분해되고 말 것이다. 이것이 첫 번째 증거다.

두 번째는 관우의 구명을 간청할 때다. 유비는 제갈량이 말했던 '하늘의 뜻'을 끝까지 우기는 대신 곧바로 '죄를 시인'하는 쪽으로 입장을 바꿨다. 제갈량의 관리방식의 존엄성을 공개적으로 인정한 것이다. 이것은 굉장히 중요한 문제다. 만약 유비가 강제적으로 압력을 행사하여 제갈량이 관우를 풀어주었다면, 제갈량의 체면은 물론이고 그의 위신까지 바닥으로 추락했을 것이다. 그렇게 되면 제갈량은 분명 유비의 곁을 떠났을 것이다. 설령 안면몰수하고 남아있다 하더라도 더 이상 그의 명령과 지휘가 제대로 먹혀들어 가지 않는다.

세 번째는 유비가 대안을 제시함으로써 단순히 관우의 구명만 간청하지 않았다는 것이다. 죄상은 기록해 두되 형의 집행을 미뤄 관우가 공적을 세워 속죄할 수 있도록 기회를 만들어 주었다. 물론 '그 기간' 동안 관우는 반드시 제갈량의 지휘와 결정에 따라야 할 것이다.

유비의 설득방법은 인정과 이치에는 맞지만 합법적이진 않았다. 하지만 제갈량이 원하는 걸 충족시켜 주었다는 점이 중요하다. 여기에 더해 유비 주변인들의 애원 또한 무시할 수 없는 부분이었다. 그들이 애원하고 매달릴수록 제갈량은 관우를 죽이지 않고도 '군법의 지엄함'을 깨닫게 하는 목적을 달성할 수 있었다. 어쨌든 제갈량의 목적은 달성되었고 관우는 목숨을 부지할 수 있게 되었다.

제갈량은 자신의 계획에 매우 흡족해했다. 또한, 장수를 죽이지 않고도 모두 자기 뜻을 따르게 하였으니 스스로 안자보다 한 수 위란 생각이 들었다. 그가 너무 과한 자신감을 느끼고 있는 것만은 분명했다.

어렵게 큰 위기를 넘겼으니, 이제는 제갈량의 말에 수긍하고 따르는 것이 정상적인 반응이다. 하지만 관우는 제갈량의 말했다던 '하늘의 뜻'을 듣고 치가 떨리는 분노를 느꼈다. '참수를 면하게 해준 것에 대한 고마움'이 생기려는 찰나 큰 충격을 받은 것이다. 관우는 이 모든 것이 제갈량의 계획이라고 생각했다. 자신이 목숨을 걸고 군령장을 쓴 것, 화용도에서 조조를 놓아준 것, 그로 인한 죄책감에 시달리는 것 모두 제갈량이 말한 '하늘의 뜻'으로 인해 우스운 꼴이 되어버렸다. 한마디로 순진한 아이처럼 제갈량의 손바닥 위에서 놀아났으니, 자존심 강하고 오만한 성정을 가진 관우로선 도저히 용납할 수 없는 일이었다. 결국, 이 일로 제갈량에 대한 관우의 반감은 더욱 깊어졌다.

이 계획은 제갈량의 처사가 너무 지나치긴 했다. 제갈량이 머리가 비상한 것은 사실이나, 지나치게 자신의 총명함을 드러내면 안 되는 일이었다. 모든 것이 각본대로 흘러간다면 자신은 그냥 침묵하고 감독 역할만 충실히 하면 된다. 각본 속의 배우들이 현실 속에 있는 것처럼 움직이게 놔두어야 한다. 절대로 이들에게 숨겨진 내막을 들켜선 안 된다. 숨겨진 내막이 공개되면 연출자의 천재성도 함께 알려지겠지만, 각본 속 배우들의 진심이 산산조각나게 되는 부작용도 함께 겪는다. 누구에게나 자존심은 있게 마련이다. 아무리 천하고 못난 사람이라도 마음속에는 스스로에 대한 존엄성을 가지고 있다. 하물며 한 시대의 영웅호걸로서 자부심이 대단했던 관우는 어떻겠는가? 가장 경사스럽고 영광스러운 순간에 유비 진영의 불행은 시작되고 있었다.

제갈량은 잇따라 다음 계획을 실행에 옮겼다. 조조가 전쟁에서 참패한 틈을 타 오나라보다 앞서 남군南郡, 형주荊州, 형양荊揚 지역을 손안에 넣었다. 이 소식을 들은 주유는 이를 갈며 분노했다. 이번 싸움은 순전히 오나라의 힘으로 조조와 맞선 것인데, 구경만 하던 유비가 승리의 결과물을 다 차지해버렸으니 주유의 입장에선 화가 나는 게 당연하지 않겠는가?

주유는 당장 군대를 소집하여 유비로부터 원래 오나라가 차지해야 마땅한 땅들을 되찾아 오기로 결심했다. 하지만 노숙이 이를 말리며 말했다.

"유비는 '인의'를 중요하게 생각하는 자입니다. 이번 일은 제가 먼저 유비를 만나 이치를 따져 묻겠습니다. 그래도 말이 통하지 않는다면 그때 가서 출병해도 늦지 않습니다."

어쩜 이렇게 순진할 수 있을까? 노숙만큼 말재간이 없는 사람도 없을 텐데, 도대체 뭘 믿고 그렇게 자신만만하게 말한 것일까? 그가 상대해야 하는 사람은 최고의 입담꾼 유비다. 하물며 유비의 뒤를 지키고 있는 언변의 마술사 제갈량을 상대하는 게 과연 가당키나 할까?

노숙은 유비를 찾아갔다. 노숙과 유비는 각각 손님과 주인 자리에 앉고 제갈량이 그 옆에 함께 동석했다. 노숙이 말했다.

"지난번 조조가 100만 대군을 이끌고 쳐들어온 이유는 명목상으로는 강남을 토벌한다는 것이지만, 실은 현덕공을 노린 것이었습니다. 오나라는 막대한 전쟁비용과 수많은 희생을 치러 조조군을 물리치고 현덕공을 지켜드렸습니다. 따라서 형양의 9군은 마땅히 오나라의 땅이어야 합니다. 그러니 현덕공께서 형주와 형양, 남군을 빼앗아 차지하는 것은 이치에 어긋나는 행동이 아니겠습니까? 현덕공의 의견이 듣고 싶습니다."

그런데 노숙의 말은 절반은 맞고 절반은 틀렸다. 앞부분 절반은 맞는 말이지만 뒷부분 절반은 틀린 말이다. 앞부분의 경우 호혜성 원리의 응용이라 볼 수 있다. 오나라가 유비를 살려주었으니 유비는 오나라에 은혜를 입은 것이나 마찬가지다. 그러니 유비도 오나라에 은혜를 보답해야 한다는 논리인데 구구절절이 맞는 말이다. 하지만 그 뒷말은 그렇게 말해선 안 됐다. 논리적으로 생각해보면 노숙은 유비를 '인의'(꼬리표의 구속)의 본보기로 치켜세우며 말했어야 했다.

"형양의 9군은 마땅히 오나라의 땅이어야 합니다. 현덕공께서 오나라 대신 형주, 형양을 사수해 주신 것은 감사한 일이나 이제는 오나라에 돌려주셔야 하지 않겠습니까?"

다시 말해 직접 꼬치꼬치 따지며 유비를 비난해선 안 됐다는 뜻이다. 노숙이 생각해내지 못한 것을 오히려 제갈량이 멋지게 해냈다.

"자경子敬(노숙의 자)과 같이 현명한 분이 어찌 그런 억지스러운 말을 하시오?"

노숙은 갑자기 혼란스러워졌다. 도대체 현명하다는 말은 무엇이고 억지스럽다는 것은 또 무슨 뜻이란 말인가? 제갈량이 말했다.

"형양 9군의 원래 주인은 오나라가 아니라 바로 유표입니다. 유표는 이미 죽었지만 그의 아들인 유기공자는 아직 살아 있소. 우리 주공께선 유표와 형제지간이니 유기공자에겐 숙부나 마찬가지입니다. 그런데 숙부가 조카를 도와 이 형주를 관리하는 게 무슨 잘못된 일이란 말이오?"

사실 제갈량은 일부러 한 가지 중요한 사실을 빠뜨렸다. 형양의 원래 주인이 유표라는 것까지는 맞는 말이다. 하지만 유표의 합법적 계승자인 유종이 이미 형양을 조조에게 바쳤기 때문에 이는 소유권의 주인도 바뀌었음을 의미한다. 따라서 유기에게는 합법적인 계승권이 전혀 없는 상태다. 게다가 조조를 격퇴한 것은 손권과 유비의 동맹군(엄밀히 따지면 모두 손권의 군대이다)이니 이 땅 역시 손권과 유비가 나눠 갖는 것이 마땅하다. 또한, 실질적으로 이번 싸움에 유비의 공이 매우 적기 때문에 노숙에게 말한 것과 같은 논리로 대응하는 것이 가장 합리적인 주장이다.

제갈량의 논리에 완전히 걸려든 노숙은 제갈량의 각본대로 말을 줄줄 읊기 시작했다.

"유기공자가 형주를 차지한다면야 이치에 어긋날 것도 없소. 허나 유기 공자는 지금 형주가 아닌 강하에 있질 않소?"

이 순진한 사람아, 생각나는 대로 그대로 뱉어버리다니. 이건 협상의 기본자세가 아니란 말일세! 제갈량은 곧바로 준비된 말을 꺼냈다.

"유기 공자께서는 지금 이곳에 계시오. 만약 얼굴을 뵙고 싶다면 불러드리겠소."

제갈량이 눈짓을 하자 병풍 뒤에 있던 유기를 두 사람이 부축해서 데리고 나왔다. 머리에는 붕대를 감고 있었으며 얼굴에는 병색이 가득했다. 유기가 노숙에게 말했다.

"몸이 불편하여 예를 갖추지 못하니 공께서 이해해 주시오."

유기는 말을 끝나자마자 자리를 떠났다.

노숙은 잠시 당황하다가 이내 곧 머리를 굴리기 시작했다. 노숙은 유기의 안색이 마치 주색에 빠진 사람처럼 보였다. 그는 유기의 명이 얼마 남지 않았다고 확신했다. 그때 갑자기 좋은 생각이 떠올랐다.

"공자께서 계신다면 더는 할 말이 없소만, 만약 공자께서 돌아가시면 어떻게 하시겠소?"

"공자께서 형주에 계시는 한 이곳을 지키고 있을 것이오. 허나 만약 공자께서 돌아가신다면 그건 그때 가서 다시 이야기하는 게 좋겠소."

"그런 말이 어디 있소! 공자께서 돌아가시면 당연히 형주를 오나라에게 돌려주는 것이 마땅하오."

"좋소. 공의 말대로 따르겠소."

노숙은 제갈량이 자신의 꾀에 넘어갔다고 생각했다. 하지만 정작 속은 사람은 바로 노숙이었다. 그는 돌아가 이 사실을 주유에게 알렸다. 그러자 주유가 말했다.

"아직 창창한 나이의 청년이 언제 죽을지 알고 기다린단 말이오!"

"제가 만나보니 유기는 주색에 찌들어 이미 죽을 날이 얼마 남지 않아 보였습니다. 안색이 창백하고 숨이 차서 피를 토하는 것으로 보아 반년을 못 넘기고 죽을 것입니다. 그때 가서 형주를 돌려 달라고 말하면 유비도 더는 핑계를 대진 못할 것입니다."

유기는 나이도 젊고 평소에 주색에 빠졌다는 소문도 없는 청년이었다. 게다가 며칠 전에는 제갈량의 명을 받고 강하에 주둔해 있다가 탈주병을 잡아 오기까지 했다. 그런데 신체 건장한 사내가 어쩌다 다 죽어가는 사람처럼 변한 것일까? 이 모든 것은 당연히 제갈량이 꾸민 것이었다. 그런 연극을 하지 않았더라면 과연 노숙을 속일 수 있었을까?

누가 봐도 이는 불합리한 협상이다. 하지만 노숙이 말한 것처럼 이 불합리한 협상 결과의 시한도 그리 넉넉지만은 않았다. 만약 유기가 노숙 앞에 혈기왕성한 채로 나타났다면, 노숙은 분명 유기를 핑계로 끈질기게 귀찮게 했을 것이다. 현재 제갈량에게 가장 소중한 것은 시간이었다. 제갈량은 더 이상 노숙(오나라)과 실랑이를 벌일 시간이 없다고 판단했다. 어떻게든 시간을 벌어 오나라를 달랜 다음, 이 소중한 시간을 다음 목적지를 공략하는 데 집중하기로 했다.

◈ 심리학으로 들여다보기

가짜 연극이 필요할 땐 진짜처럼 실감 나게 해야 그 목적을 이룰 수 있다. 어떤 배우가 자신이 맡은 배역에서 동떨어진 행동을 할 수 있겠는가. 본연의 자기 모습을 버리고 배역에 몰입해야 한다. 일상의 우리도 맡겨진 배역에 따라 적극적으로 변모해야 한다.

모아둔 돈이 없으면 찾을 곳도 없다

제갈량은 관우를 형주에 남게 하고, 자신은 유비와 함께 장비, 조운을 데리고 영릉군零陵郡으로 출격했다. 조운과 장비는 차례로 계양군桂陽郡과 무릉군武陵郡을 함락시켰다.

공명은 거의 집착수준으로 '격장법'을 애용했다. 그 결과 이번에 조운과 장비 모두 그의 자극을 받아 각각 3천 명의 군사만으로 성을 함락시키는 데 성공했다.

유비는 이 기쁜 소식을 얼른 관우에게 알렸다. 아우를 기쁘게 해 주고 싶었던 유비의 의도와는 달리, 장비와 조운이 공을 세웠다는 소식을 접한 관우는 오히려 더 침울해졌다. 그렇다고 두 형제가 공을 세운 것을 질투하는 건 전혀 아니었다. 관우가 이러는 데는 다른 이유가 있었다. 제갈량이 고의적으로 자신을 '소외'시켜 자신의 기를 꺾는다고 생각했다. 장수의 자부심은 싸움터에서 세운 공적으로 평가된다. 이전에 아무리 혁혁한 공을 세우고 이름을 날렸다 해도 새로운 공적이 없으면 영향력이 작아지고 점점 설 자리를 잃게 된다. 그런 의미에서 성을 지키는 일은 공적의 축에도 끼지 못하는 일이었다.

관우는 곧장 유비에게 편지를 보냈다.

> 소인, 장사長沙가 아직 함락되지 않았다고 들었습니다. 형님께서 아직도 형제의 정을 잊지 않으셨다면, 이 아우에게도 공을 세울 기회를 주십시오.

어딘가 심사가 꼬인 말투처럼 들리지 않는가? 그냥 들었을 땐 유비에게 따지는 것처럼 보이지만, 실은 제갈량에 대한 불만이 표출된 것이다. 관우의 내면이 이미 편견에 지배당하고 있다는 증거다. 형주는 현재 유비가 이끄는 조직의 가장 중요한 요새이자 유일한 기반이다. 제갈량이 관우에게 형주 수비를 부탁한 것은 사실 가장 중요한 임무를 맡긴 것이다. 그러니 의도적으로 그를 소외시켰다는 생각은 말이 안 되는 소리다.

아우가 간절히 공을 세우고 싶어 하는데 유비의 입장에선 이를 마다할 이유가 없었다. 그는 곧장 장비를 형주로 보내 관우 대신 형주 수비를 맡겼다.

관우는 유비와 제갈량을 만났다. 관우를 만난 유비는 장사를 함락시키고 올 것을 명했다. 제갈량은 장비와 조운에게 그랬듯이 격장법으로 출격을 앞둔 관우를 의도적으로 자극했다. 격장법은 '자기위주편향'과

'타인의 평가'를 종합적으로 응용한다. 대다수 사람은 '자기위주편향'을 갖고 있기 때문에 자신의 능력이 평균 수준보다 높다고 생각한다. 스스로 잘났다고 생각하거나 이전에 대단한 명성을 떨쳤던 사람이 더욱 그렇다. 이런 사람들은 타인의 평가에 매우 민감하게 반응하고 다른 사람이 자신을 무시하거나 얕볼까 봐 두려워한다. 격장법의 본질이 바로 여기에 있다. 고의적으로 '무시'하는 태도로 상대방의 의지를 자극한 다음 그 의지로 '모두가 인정하는' 결과물을 도출해내도록 만드는 것이다.

격장법은 일종의 사기진작을 위한 격려책이다. 하지만 어떤 방책이든 모든 상황에서 다 통하는 '만병통치약'이 될 순 없다. 차분한 성격과 겸손한 태도를 가진 사람에게는 격장법이 전혀 필요하지 않다. 이런 사람들은 격장법 없이도 상급자가 지시한 임무를 훌륭하게 완성해낸다. 대표적인 예가 조운이다. 하지만 관우처럼 스스로 우월감을 가지고 있는 사람에게는 격장법을 사용하면 역효과만 나타난다. 격장법의 수단은 '상대를 무시하여 자극'하는 것이다. 그런데 자신이 우월하다고 생각하는 사람들은 고의적으로 하는 '무시'를 진짜 '무시'하는 것으로 여긴다. 오히려 마음속에 깊은 반감을 품기 때문이다.

그런데 공명은 이번에도 관우에게 격장법을 사용했다.

"운장, 장비와 조운 모두 각각 3천 병력만 가지고 성을 함락시켰습니다. 듣자 하니 장사의 태수 한현韓玄는 별 볼 일 없는 자라 하더군요. 그의 수하에는 황충黃忠이라는 장군이 있는데 장군과 마찬가지로 대도를 쓴다고 합니다. 이미 육순 가까운 나이의 노장이지만 사내 만 명이 덤벼도 당해내지 못할 만큼 용맹해서 상남湘南지역 장수 중 가장 뛰어난 인물이라 합니다. 그러니 장군께서도 그를 만만히 봐선 안 됩니다. 이번엔 병력을 좀 많이 데리고 가십시오."

말이 끝난 뒤 두 사람의 분위기는 극과 극으로 갈렸다. 관우는 제갈량의 말이 몹시 거슬리고 불쾌했다. 다른 것도 아닌 자존심을 건드렸으니 그의 성격상 곧 죽어도 절대 자신의 뜻을 굽히지 않으려 했다. 관우가 말했다.

"군사께선 어찌 상대편의 기세는 추켜세우면서 정작 자기편의 기세는 꺾어놓으시오? 한낱 노장 따위가 대단하면 얼마나 대단하겠소. 3천 병력도 필요 없소. 교도수校刀手(칼로 무장한 병사) 5백만 데리고 가겠소. 내 반드시 황충과 한현의 목을 벤 뒤 장사를 함락시키고 오겠소!"

두 사람의 대화가 점점 격해지자 옆에서 지켜보고 있던 유비는 혹여나 일이 잘못되어 아우가 다칠까 염려되어 안절부절했다. 유비는 관우에게 병력을 더 데리고 갈 것을 권유했다. 하지만 제갈량은 그저 옆에서 미소만 짓고 있었다. 당연히 관우도 자신의 고집을 꺾지 않았다. 제갈량 앞에서만큼은 결코 약한 모습을 보이고 싶지 않았기 때문이다.

결국, 관우는 수하에 교도수 5백 명만 데리고 장사로 출발했다. 제갈량이 유비에게 말했다.

"자존심이 강한 자라 쉽게 인정하지 않을 것이라 예상했습니다. 운장이 황충을 가볍게 여기다 혹여 실수라도 할까 염려됩니다. 아무래도 만일을 대비하여 주공께서 서둘러 병력을 이끌고 뒤쫓아가 주십시오."

이 사태를 만든 장본인은 바로 제갈량이다. 그가 격장법만 쓰지 않았어도 관우가 무슨 호기가 넘쳐 병력을 5백만 데리고 출격했겠는가?

더구나 얼굴 한 번 본 적 없는 황충을 그렇게 막무가내로 무시할 일도 없었을 것이다.

제갈량은 유비에게 왜 그런 말을 했을까? 제갈량의 현명함과 교활함이 동시에 엿볼 수 있다. 제갈량은 나중에 책임을 회피하기 위해 유비에게 미리 이런 포석을 깔아둔 것이다. 관우가 어떻게 되건 말건 그건 자신이 알 바가 아니었다.

하지만 관우가 이대로 출격하는 것은 너무나 위험한 모험이었다. 그가 상대해야 할 황충이 정말 만만치 않은 인물이었기 때문이다.

삼국시대의 무장을 이야기할 때 최고의 무장으로 대부분은 여포를 떠올린다. 그 이유는 유비, 관우, 장비 모두 여포에게 당해내지 못했기 때문이다. 하지만 이는 잘못된 생각이다. 삼국시대의 가장 걸출한 무예 실력을 갖고 있는 사람은 여포가 아니라 바로 황충이라 할 수 있다. 예순의 나이에 관우와 백 합 이상 겨루고도 승패가 나지 않을 정도니 엄청난 실력이 아닌가? 또한, 후에 칠순이 넘어서도 끊임없이 전장에서 공을 세우는 등 노장이라는 말이 무색할 정도로 힘이 넘쳤다. 아마 황충이 혈기왕성한 시절에는 여포 세 명이 덤벼도 끄떡없었을 것이다.

한편, 장사태수 한현은 관우가 병사를 이끌고 쳐들어온다는 소식에 급히 수하의 장수들을 소집했다. 이때 황충이 나서서 한현을 안심시키며 말했다.

"제 손에 이 대도와 활이 있는 이상 백이면 백 모두 절대 살아서 돌아가진 못할 테니 걱정하지 마십시오."

한현은 가장 먼저 양령楊齡을 출전시켰다. 하지만 관우에게 단칼에 목이 날아가고 말았다. 황충은 크게 노하며 직접 말을 이끌고 출격했다. 관우와 황충의 대결은 백 합이 넘게 이어졌고 좀처럼 승부가 나질 않았다. 관우는 그제야 황충의 실력을 다시 보게 되었다. 또한 은근히 그의 충심에 감탄했다. 양쪽 모두 일단 군사를 철수시킨 뒤 다음날 다시 교전하기로 했다. 관우는 생각에 잠겼다.

'노장 황충의 명성이 과연 헛소문은 아니었군. 내일은 타도계拖刀計(거짓으로 패하는 척하여 적을 유인하는 계책)를 써서라도 승패를 내야겠군.'

이튿날 대결이 다시 시작되었다. 벌써 오륙십 합이나 주고받았지만 여전히 승부는 막상막하였다. 이때 관우가 말머리를 돌려 달아나기 시작했고 황충이 그 뒤를 바짝 추격했다. 관우가 타도계로 황충을 벨 생각이었다. 그때 갑자기 뒤편에서 어떤 소리가 들려 급히 돌아보니 황충의 말이 앞으로 고꾸라지면서 황충이 땅바닥으로 굴러떨어졌다.

정말 이보다 더 운이 좋을 수 없는 순간이었다. 관우는 급히 말을 돌리고 달려들었다가 이내 청룡언월도를 도로 거두었다. 관우는 사납게 소리쳤다.

"일단 목숨은 살려주겠소. 마저 승부를 가려야 하니 어서 말을 바꿔 타고 오시오!"

그럼 황충의 목숨은 누가 살린 것일까? 바로 제갈량이다.

제갈량은 황충을 '만 명의 사내가 덤벼도 당해내지 못할 만큼 용맹'한 상남지역 제일의 무장으로 포장하여 관우를 자극했다. 그러니 관우는 반드시 자신의 진짜 실력으로 정정당당히 승부를 겨뤄 천하제일의 무장이라는 것을 증명해 내야 했다. 그런데 상대가 낙마한 틈을 타 목을 벤다면 이는 진짜 실력으로 겨룬 것이 아니기 때문에 오히려 부끄러운 승리로 남게 될 것이다. 또한 황충의 나이와 외모 역시 관우의 마음을 움직이는 데 어느 정도 작용했다. 관우는 스스로에 대한 우월감이 매우 강한 사람으로 외집단에 대한 편견이 특히나 심한 편이었다. 그는 거의 자신을 제외한 모든 사람을 각기 다른 외집단으로 분류한 뒤 자신보다 아래로 대했다. 황충의 경우도 마찬가지다. 관우는 황충을 '다 늙어빠진 노인'이라는 외집단으로 분류했다. 그래서 이런 약자에게 힘을 휘두르는 건 체면이 상실되는 일이나 다름없었다.

결과적으로 이 두 가지 요인이 복합적으로 작용한 덕분에 관우는 청룡언월도를 거두고 황충의 목숨을 살려주었다. '한 번은 눈감아 주고 넘어가다'라는 뜻의 '방타일마放他一馬'의 일화가 바로 여기서 나왔다.

황충은 말을 일으켜 세운 뒤 곧장 말을 타고 성안으로 달려 들어갔다. 한현이 놀라며 연유를 묻자 황충이 말했다.

"전장을 나가지 않은 지 오래된 말이라 급작스럽게 실족을 했습니다."

황충은 관우가 왜 자신을 살려 주었는지에 대해선 해명하지 않았다. 황충도 그 이유가 궁금했다.

한현은 의심이 가득한 눈초리로 말했다.

"공의 활 솜씨가 백발백중이라 하지 않았소? 그런데 어찌 활을 쏘지 않은 것이오?"

한현이 호혜성 원리를 알았더라면 절대 이렇게 말하지 않았을 것이다. 오히려 당장 성문을 닫고 더 이상 교전에 나서지 못하게 했을 것이다. 성문을 닫고 상대하지 않으면 제아무리 관우라도 고작 5백 명의 군사로 무엇을 할 수 있겠는가?

상남지역의 최고 명장 황충은 자신의 명성을 이대로 더럽힐 순 없었다. 관우가 먼저 자신을 살려주었는데, 다음날 몰래 활을 쏴서 그를 죽인다면 황충의 명성 또한 큰 타격을 입게 될 게 분명했다. 그렇다고 상사의 지시를 거역할 수도 없었다. 어쩔 수 없이 일단 한현의 명령에 답을 한 뒤 물러났다. 하지만 황충의 마음은 여전히 복잡했다.

'관우만큼 의기義氣가 있는 자도 드물구나. 죽은 목숨이나 다름없다 생각했는데, 그는 차마 날 죽이지 못했다. 그런 그의 목숨을 내가 어찌 뺏는단 말인가?'

황충은 밤새 잠을 뒤척였다. 호혜성 원리의 영향력이 이토록 크고 무서운 것이다. 황충과 관우 역시 적대적인 관계임에도 호혜성 원리만은 피해 가지 못하질 않았는가? 하지만 호혜성 원리가 적절히 사용되면 적도 벗이 될 수 있다.

다음날, 날이 밝자마자 관우가 싸움을 걸어왔다. 황충 역시 무장을 한 뒤 성을 나섰다. 이번에도 삼십 여 합이나 주고받았지만 역시나 승패는 가려지지 않았다. 황충은 한현의 명을 떠올리며 가짜로 패한 척하며 도망치기 시작했다. 관우가 그의 뒤를 추격해오자 황충은 빈 활시위를 당겼다. 활 시위소리만 울릴 뿐 날아가는 화살은 어디에도 보이지 않았다. 관우는 급히 몸을 피하며 놀란 가슴을 쓸어내렸다. 하지만 두 번씩이나 날아오는 화살이 보이지 않자 관우는 황충이 활을 쏠 줄 모르는 줄 알고 방심한 채 그를 뒤쫓았다.

조교弔橋에 가까워졌을 때쯤 황충은 다시 몸을 돌려 활시위를 당겼다. 이번에는 관우의 투구 끝 부분의 빨간 술을 정확히 명중시켜 떨어뜨렸다. 너무 놀란 나머지 관우는 군사를 이끌고 진영으로 되돌아갔다. 관우는 그제야 황충이 명사수임에도 어제의 은혜를 갚기 위해 일부러 자신을 쏘지 않았다는 사실을 깨달았다.

은혜는 은행에 저축해두는 예금처럼 미리미리 준비해 둘 필요가 있다. 능력이 돼서 은혜를 베풀 수만 있다면 가능한 일찍부터 베풀며 사는 게 좋다. 그렇지 않으면 정작 급할 때 통장에 찾을 돈이 없는 것처럼 기댈 언덕은커녕 붙잡을 지푸라기 하나 없는 상황을 맞이할 수도 있다.

황충이 두 번의 빈 활시위와 한 번의 화살을 날린 것은 모두 전날 밤 어렵사리 생각해낸 묘안이었다. 타인의 은혜를 어떻게 갚아야 할지 고민하는 것만큼 어려운 숙제가 또 있을까? 보답의 방식도 때와 상황에 잘 들어맞아야만 상대방이 그에 대한 고마움을 느끼게 된다.

만약 황충이 처음부터 관우의 투구를 맞췄다고 가정해보자. 당장이야 관우가 놀라겠지만 황충은 그 다음번 화살을 어떻게 쏴야 할지 생각하지 않을 수 없다. 만약 두 번째 화살이 명중하지 못한다면 관우가 황충의 활 솜씨를 그저 그런 수준으로 생각할 가능성이 높다. 그의 눈에는 첫 번째 화살도 그저 운이 좋아 맞춘 것으로 보일 것이다. 결국, 그다음엔 어떻게 활을 쏘아도 은혜를 갚고자 하는 황충의 마음은 전달할 수 없게 된다. 따라서 황충이 두 번의 빈 활시위를 당기고 한 번의 화살을 날린 것은 탁월한 선택이었다. 이로써 관우에게도 충분히 은혜를 갚은 셈이다.

황충의 계획은 우선 자신의 목숨을 살려준 관우에게 은혜를 갚은 뒤, 마음의 빚을 훌훌 털어버린 상태에서 다시 활로 그를 쏴 죽일 생각이었다. 하지만 호혜성 원리를 모르는 한현은 관우와 황충 모두 서로를 죽이지 않자 이상한 낌새를 느꼈다. 필시 황충이 적과 내통하고 있다고 확신했다. 그는 곧장 황충의 참수 명령을 내렸다.

한현의 이 같은 결정은 오히려 관우에게 큰 도움이 되었다. 처음엔 관우도 호언장담했지만 연이은 삼 일간 황충과 결판을 내지 못한 상태였다. 뒤따라오던 유비와 공명이 당도하면 관우의 위신과 체면이 크게 깎이는 건 예정된 수순이었다. 하지만 한현이 황충을 죽이려 하자 이에 분노한 또 다른 장수가 있었다. 그 자의 이름은 위연魏延이었다. 짙은 대추빛의 얼굴색과 샛별처럼 또랑또랑한 눈, 위엄이 넘치는 풍채까지 실로 관우와 생김새가 매우 흡사했다.

위연은 단칼에 한현을 베어 황충을 구한 뒤 성을 관우에게 바쳤다. 결국, 힘들이지 않고 큰 공을 세우게 된 관우는 위연에게 고마운 마음을 갖게 되었다(호혜성 원리와 외모의 유사성이 함께 작용한 것이다). 관우는 곧장 이 소식을 유비에게 전달했다.

때마침 유비와 제갈량이 장사에 도착했다. 하지만 황충이 문을 걸고 나오지 않자 유비가 직접 그를 찾아가 만남을 청했다. 황충은 그제야 밖으로 나와 유비에게 항복했고 한현의 장례를 치러 줄 것을 부탁했다. 그리고 그 이후부터 유비의 사람이 되어 죽는 날까지 충성을 다했다. 지난날 자신이 섬겼던 주인에 대한 마지막 예를 갖추려는 황충의 모습 또한 그의 투항을 더욱 빛나게 만들어 주었다.

충성은 단순히 오직 한 사람에게만 모든 걸 다 바치는 행위가 아니다. 이치와 도리에 어긋나지 않는다면 충성은 이 사람에게도 또 저 사람에게도 할 수 있다. 황충과 같이 자신의 직분에 대한 프로의식은 오늘날 메뚜기처럼 직장을 옮겨 다니는 우리 젊은이들이 깊이 반성하고 본받아야 할 모습이 아닐까?

관우는 기쁜 마음으로 위연의 투항을 받아들였다. 관우가 위연의 공을 칭찬하자 유비 또한 흐뭇해하며 그의 공을 치하하려 했다. 그런데 이때 갑자기 제갈량이 낯빛이 변한 채 화가 잔뜩 난 사람처럼 크게 소리쳤다.

"여봐라! 여기 이 의롭지 못한 작자를 당장 끌고 나가 목을 베어라!"

◈ 심리학으로 들여다보기

은혜를 베푸는 것은 씨앗을 뿌리는 것과 같다. 일찍 뿌릴수록 그 수확도 일찍 얻을 수 있다. 뿌린 곳에서 싹이 나고 꽃이 피며 열매가 맺힌다. 그러나 수확은 뿌린 자의 기대보다 훨씬 클 수도 있고 작을 수도 있다. 분명한 것은 먼저 씨를 뿌려야 어떤 형태로든 수확이 가능하다는 것이다. 그러므로 먼저 은혜를 베풀자.

자신이 원하는 모습이 타인을 평가하는 기준점이다

제갈량의 이런 급작스런 태도의 연유를 아는 사람은 단 한 사람뿐이었다. 바로 제갈량 자신이다. 관우와 위연은 얼굴이 화끈해져 서로를 쳐다만 볼 뿐 아무 말도 하지 못했다. 이들은 각각 성을 바친 공과 훌륭한 장수를 천거한 공을 세웠으니 마땅히 큰 포상이 내려질 것으로 생각했다. 그런데 제갈량의 입에서 위연을 참수하라는 청천벽력 같은 말을 듣게 되니 기가 막힐 노릇이었다.

이때 유비가 나서 제갈량을 말렸다. 사람들은 유비를 힘없는 약골이라 생각하지만 사실은 그래 보이는 척하는 것일 뿐이다. 유비 역시 결정적인 순간에는 주저 없이 결단을 내리고 강단 있는 모습을 드러냈다. 이 순간 제갈량을 막을 수 있는 사람은 오직 유비뿐이었다. 아무리 유비가 제갈량을 깊게 신뢰하고 모든 권한을 그에게 넘겨주었다 하더라도, 어디까지나 이 조직의 주인은 유비이기 때문이다. 유비가 다급히 말했다.

"군사, 위연의 공이 이렇게 확실한 데 참수 명령을 내린 까닭이 무엇이오?"

그러자 제갈량이 정색하며 말했다.

"저자는 한현의 녹을 먹고서도 자신의 주인을 죽였으니 이는 불충의 죄로 다스려야 하며, 그의 땅에 살고 있으면서 그 땅을 다른 이에게 바쳤으니 이는 불의의 죄로 다스리려야 합니다. 저런 자는 죽여야 마땅합니다."

유비는 속으로 생각했다.

'이 무슨 말 같지도 않은 핑계란 말인가! 군사 말대로 항복하는 이마다 다 죽여 버리면 누가 내게 충성하려 하겠소? 그럼 며칠 전 장비가 무릉군을 함락시켰을 때, 무릉군 종사從事였던 공지鞏志가 자신의 주인인 금선金旋을 죽이고 성을 바쳤는데 그땐 왜 불충불의하다 말하지 않았소? 후에 내가 공지를 금선 대신 무릉태수에 임명했을 때도 아무 이견이 없더니, 이제 와서 위연에게만 이리 대하는 이유가 무엇이란 말이오?'

유비가 막 자기 생각을 이야기하려 할 때 제갈량은 자신이 한 말의 근거가 부족하다는 사실을 깨닫고 곧바로 말의 화두를 바꿨다.

"이 자는 모반의 관상을 가지고 있습니다. 훗날 분명 배반을 할 터이니 일찌감치 죽여서 후환을 없애야만 합니다."

이 무슨 황당무계하고 억지스러운 말인가! 이 세상의 모든 상벌은 이미 발생한 행위 또는 그로 인해 초래된 결과에 따라 주어진다. 하지만 일어나지도 않은 일에 대해 상벌을 논하는 경우는 보지도 듣지도 못한 이야기다. 유비에게 제갈량의 주장은 더욱 타당성 없게 들릴 뿐이었다.

제갈량의 이런 주장만으로 결코 지금 당장 위연을 죽일 수 없었다. 어쨌듯 유비는 원소와 달리 현명한 군주로서 돌아가는 상황을 정확히 판단할 능력 정도는 있었다.

유비는 끝까지 제갈량의 주장을 반대하며 위연의 참수를 막아냄으로써 자신의 영웅적 기질을 보여주었다. 제갈량은 이 일로 한 가지 사실을 깨달았다. 유비가 있는 이상 모든 일의 최종 결정권자는 자신이 아니라 바로 유비라는 사실이었다. 지난번에는 이유가 너무 명백해서 관우를 죽이지 못했다면, 이번에는 이유가 불충분하여 위연을 죽이지 못했다. 이는 결국 목숨을 살리고 죽이는 권한은 유비에게 있음을 의미했다.

어찌 되었든 위연은 목숨을 부지할 수 있게 되었다. 하지만 제갈량이 자신의 체면을 지키기 위해 아무 근거 없이 내뱉은 '모반의 관상'이란 말은 굉장히 직접적이고 강렬하면서 부정적 심리 암시인 '자성적 예언self-fulfilling prophecy'이 되었다.

'자성적 예언'은 로버트 머턴Robert Carhart Merton이 제시한 이론이다. 최초 상황에 대한 잘못된 정의는 새로운 행위를 야기시키는데, 그 새로운 행위로 인해 최초의 잘못된 관념이 진짜로 인식되는 것이다. 한마디로 자성적 예언은 잘못된 관념이지만 결과적으로는 그 정확성이 증명된 잘못된 관념이다.

유비 진영에서 제갈량의 위신은 어느 정도일까? 대다수 사람은 그의 말에 의심의 여지를 갖지 않았다. 그가 이전에 동풍을 핑계로 칠성대에 올랐을 때, 흰 도포를 입고 칼춤을 추는 모습을 통해 자신을 신격화시킨 바 있다. 그래서 제갈량의 한마디로 대다수 사람의 머릿속에는 '위연이 모반의 상을 가지고 있기 때문에 분명히 배반을 저지를 것'이란 강한 첫인상(초두효과)이 생겼다. 그날 이후 사람들은 자신도 모르는 사이 이와 같은 인상을 위연에게 투영시켰다.

이런 투영 작용은 엄청난 힘을 발휘한다. 어떤 이가 도끼 한 자루를 잃어버렸는데, 그는 옆집 소년이 그 도끼를 훔쳐 갔다고 생각했다. 그 결과, 그는 옆집 소년의 모든 행동과 말을 주시하게 되었다. 그의 눈에는 옆집 소년의 걸음걸이, 얼굴색, 표정, 말투 등 모두가 하나같이 도끼를 훔쳐 간 범인의 모습으로 보였다. 얼마 후 그는 잃어버린 도끼를 찾았다. 알고 보니 며칠 전 그가 산에서 장작을 팬 뒤 산골에 두고 온 것을 잊어버린 것이다. 그는 도끼를 찾은 뒤 옆집 소년과 마주치게 되었고, 다시 한번 그 소년을 유심히 관찰했다. 하지만 다시 봤을 땐 그 소년의 걸음걸이, 얼굴색, 표정, 말투 모두 도끼를 훔쳐 간 범인의 모습처럼 보이지 않았다.

위연에게도 이런 암시는 직접적으로 그의 내면에 영향을 주었다. 이후 위연은 밤잠을 자다가도 머리를 만지며 정말 자신이 모반의 상을 가지고 있을까, 또 자신이 정말 배반을 하게 될까 끊임없이 의심했다. 그리고 수십 년이 흐르는 동안 이런 암시는 점점 그의 마음속에 고정적인 생각으로 굳어져 버렸다.

이보다 더 끔찍한 이야기가 있다. 사형수 한 명이 눈이 가려진 채 감옥에 잡혀 들어왔는데, 어떤 한 사람이 옆에서 그에게 말했다.

"당신이 받게 될 형벌을 알려주겠소. 당신은 피 부족으로 죽게 될 것이오."

그다음 그는 잎사귀로 사형수의 손목을 가볍게 그었다. 당연히 사형수 손에는 어떤 상처도 나지 않았다. 하지만 얼마 지나지 않아 사형수는 사망했다. 사체를 부검한 결과 사인은 역시나 혈액 부족으로 인한 사망이었다. 하지만 실상 그는 단 한 방울의 피도 흘리지 않았다. 그를 죽음으로 몰고 간 원인은 따로 있었다. 남자의 심리 암시를 듣고 난 뒤 사형수는 자신의 동맥이 정말 끊겼다고 생각한 것이다. 사형수는 물방울이 떨어지는 소리를 자신의 피가 흐르는 소리라고 생각했고, 이런 자기암시가 계속되자 정말로 혈액 부족 증상으로 사망하게 되었다.

제갈량이 죽은 뒤 위연은 그의 암시대로 정말 배신을 했다. 하지만 이는 위연의 잘못이 아니다. 위연의 배신 만큼은 제갈량이 책임져야 할 업보다. 위연은 제갈량이 그렇게 만든 것이다. 이 대목에서 떠오르는 괴테의 명언이 있다.

"사람들이 가장 바람직한 모습이 될 수 있도록 도와주어라. 그리고 그들이 이미 가장 바람직한 모습이 된 것처럼 대하라."

유비가 위연의 참수를 허락하지 않자 제갈량은 말 한마디로 자신의 위신과 평정심을 되찾은 뒤 위연을 풀어주었다. 그렇게 위연과 관우는 불쾌한 기분으로 자리를 떠났다. 제갈량은 유비에게 이견을 제시할 수 없게 되자 자신의 미묘한 불만을 관우, 특히 위연에게 표출한 것이다. 이는 제갈량이 모든 권한을 손에 쥐게 되는 순간 위연에게 더는 미래가 없음을 의미했다.

제갈량은 왜 위연을 죽여야 한다고 했을까? 그게 직권남용이 아니라면 대체 무엇이란 말인가? 많은 사람은 제갈량이 위연의 용모와 성격이 관우와 많이 닮았기 때문이라고 생각한다. 나름 타당한 논리이긴 하나 그 전제는 두 사람이 닮아서가 아니다. 사실 제갈량은 전혀 위연을 죽일 생각이 없었다. 제갈량이 위연에게 말한 '불충불의'라는 말만 봐도 그가 왜 그렇게 행동했는지 이해하게 된다.

제갈량은 항상 관우의 기를 꺾어 자신에게 승복하도록 만들고 싶었다. 하지만 좀처럼 뜻대로 되지 않자 관우를 자극하여 장사로 보내게 되었다. 그는 관우가 위험에 처할 것을 미리 알고 유비에게 지원군을 보내도록 설득한 뒤, 모두가 있는 자리에서 관우에게 망신을 줄 생각이었다. 하지만 예상과 달리 운이 아주 좋았던 관우는 위연이 자발적으로 성을 바치는 덕에 힘들이지 않고 공을 세우게 되었다. 제갈량은 그런 관우의 공적에 흠집을 내기 위해 위연을 희생양으로 삼을 수밖에 없었다. 위연의 행위를 '불충불의'한 행동으로 포장해야만, 관우의 공적을 '불충불의'로 얻은 초라한 승리로 만들 수 있기 때문이다. 게다가 관우가 가장 중요하게 생각하는 신념이 '충의'이기 때문에, '불충불의'라는 말만큼 그의 콧대를 제대로 꺾을 수 있는 무기도 없었다.

하지만 제갈량은 자신이 예상했던 결과물을 얻지 못했다. 자리에서 물러난 관우와 위연의 마음속엔 제갈량에 대한 불만으로 가득 차 버렸다. 제갈량이 원하는 결과는 결코 이런 것이 아니었다. 제아무리 천문지리에 능통한 제갈량도 사람 심리를 꿰뚫는 능력만큼은 완벽하지 못했던 것 같다.

여러 번의 시행착오를 거친 제갈량은 관우처럼 스스로 우월감을 가지고 있는 사람에게는 계속해서 격장법을 써봤자 별다른 효과가 없을 뿐더러 오히려 역효과만 일으킨다는 것을 깨달았다. 앞으로는 방법을 바꿔보기로 했지만 그러기엔 이미 관우가 제갈량에 대해 갖고 있던 응어리의 골이 너무 깊어진 터라, 관우가 생각을 바꾸는 것은 거의 불가능에 가까운 일이 돼 버렸다.

정말 안타까운 일이 아닐 수 없다. 제갈량과 관우 모두 유비의 가장 최측근으로서 유비에 대한 충성심이 남달랐고 굵직굵직한 공적들을 많이 쌓아왔다. 하지만 성격 충돌과 원만한 관계 정립의 실패는 둘 사이에 뿌리 깊은 앙금만 남겼다. 이는 결과적으로 두 사람에게도 유비에게도, 나아가 유비가 이끄는 조직에도 엄청난 타격을 주었다.

유비는 4군四郡(4군은 앞서 말한 형주의 7개 군 중 남양군, 남군, 강하군을 제외한 나머지 영릉군, 계양군, 무릉군, 장사군을 가리킴)을 모두 함락시킨 뒤 형양 9군의 절반 이상을 얻게 되었다. 덕분에 재정은 풍족해지고 병력 규모는 더욱 커지게 되었다. 유비와 제갈량은 형주에 기반을 잡았다. 그러던 어느 날 갑자기 양양을 지키고 있던 유기가 병사했다는 병사했다는 소식이 날아왔다. 유비가 말했다.

"양양에 누구를 보내야겠소?"

제갈량이 답했다.

"반드시 운장을 보내야 합니다."

이번엔 더 이상 그가 줄기차게 써먹던 격장법을 사용하지 않고, 곧바로 관우에게 양양 수비를 맡겼다. 유비는 이전에 노숙과 한 약속을 떠올리며 걱정이 가득한 얼굴로 말했다.

"유기가 죽었으니 오나라에서 분명 형주를 달라고 요구할 텐데, 이제 어떻게 하면 좋겠소?"

삼국 역사에서 유기의 죽음은 여전히 미스터리다. 한참 혈기왕성하고 신체 건장한 젊은이가 아무리 주색에 빠졌다 해도 이렇게 일찍 병사하진 않는다. 게다가 유기가 정말 주색에 빠져 병사했다고 쳐도, 평소에 그런 적이 없던 그가 왜 갑자기 주색에 빠졌던 것일까? 이에 대한 증거가 많지 않기 때문에 더 이상의 터무니없는 추측과 의심은 하지 않도록 하겠다. 어쩌면 한 사람이 누군가에게 더 이상 이용 가치가 떨어지면, 그의 존재 여부는 더 이상 중요한 문제가 아니게 된다.

당연히 유비도 형주를 돌려주고 싶지 않았다. 하지만 한편으로는 자신이 이제껏 쌓아온 명성에 금이 가지 않을까 걱정이 되었다. 반면 제갈량은 유비와 같은 심리적 부담이 전혀 없었다. 제갈량에게는 한 가지 습관이 있었는데, 그것은 빌린 것을 돌려주지 않는 것이다. 앞서 적벽대전 때 만 개의 화살과 동남풍, 그리고 지금의 형주가 그 증거다. 제갈량이 말했다.

"주공께선 안심하십시오. 오나라에서 사람이 오면 제가 응대하겠습니다."

그리고 며칠이 지나 정말 오나라의 노숙이 유비를 찾아왔다. 노숙은 설득과 협상의 기교 따위는 전혀 모르는 순진한 인물이었기 때문에 단도직입적으로 유비에게 말했다.

"지난번 현덕공께선 유기 공자가 계시기 때문에 잠시 형주를 맡은 거라 말씀하셨습니다. 하지만 유기 공자가 이미 세상을 떠났으니 이제 형주를 언제 돌려주실지 답을 주십시오."

유비가 아무 대답도 하지 않자 제갈량이 중간에 나서 또 한 번 능수능란한 입담을 과시했다. 제갈량은 유비의 출신, 유비와 유표와의 관계 그리고 자신이 적벽대전 때 동풍을 불게 만들어주었던 공적을 언급하며 유비가 왜 형주를 차지할 자격이 있는지에 대해 일장연설을 늘어놓았다.

노숙은 오나라에서도 언변 능력이 형편없는 축에 속하는 인물이었다. 반면에 제갈량은 혼자서도 오나라의 내로라하는 언변의 달인들과 설전을 벌여 승리한 인물이었다. 그런 노숙이 말로 제갈량을 상대한다는 것이 가당키나 했겠는가? 하지만 노숙의 머릿속엔 온통 주유의 독촉과 성화만 떠오를 뿐이었다. 형주를 되찾지도 못했는데 무슨 낯짝으로 돌아간단 말인가? 결국, 노숙은 협상의 기술 따위는 모르는 사람처럼 울며불며 호소하기 시작했다. '눈물'로 호소하여 원래 자신의 소유였던 것을 요구했을 때의 결과는 말하지 않아도 알 것이다. 노숙이 말했다.

"이번에 형주를 돌려받지 못하고 돌아가면 소인의 목이 달아날 것입니다."

유비는 '꼬리표 구속' 때문에 진작부터 안절부절못했으며 제갈량 또한 내심 양심의 가책을 느끼고 있었다. 어쨌든 적벽대전이 승리할 수 있었던 건 오나라가 전면에 나서 힘을 써줬기 때문이니 무조건 노숙의 말을 반박할 수만도 없는 노릇이었다. 게다가 유비가 이제 막 터를 잡았기 때문에 지금은 오나라와 전쟁을 치를 만한 시기도 아니었다. 따라서 제갈량은 다시 한번 시간을 벌기 위한 계책을 떠올렸다.

양측은 유비와 서천西川을 차지하여 안정적인 기반을 마련하게 될 때 형주를 돌려주기로 약속했다. '경험은 소중한 자산'이란 말도 있지 않은가? 노숙이 비록 순진하긴 해도 끝까지 멍청하진 않았다. 게다가 노숙의 가장 큰 장점은 무엇이든 '배우려 하는 자세'였다. 그는 주유, 제갈량과 같은 뛰어난 인물들을 상대하면서 많은 것을 배웠다. 그의 이런 자세가 후에 주유를 대신해 오나라의 도독을 맡게 된 밑바탕이 되었다.

노숙은 구두로 한 약속은 믿을 수 없으니 증명할 만한 문서를 써 줄 것을 요구했다. 그리하여 노숙과 유비는 그 자리에서 문서를 작성한 뒤 각각 수결手決(오늘날 서명)을 했다. 노숙은 이 문서만 있으면 유비도 더 이상 핑계를 대지 못할 것으로 생각하며 의기양양한 채로 돌아갔다. 그러나 노숙이 간과하고 있는 사실이 하나 있었다. 아무리 문서의 구속력이 강해도 어떤 특정 조건이 누락되면 그 문서는 한낱 종이 쪼가리에 불과하다는 것을!

◈ 심리학으로 들여다보기

사람들이 당신의 눈에 보이는 그 모습으로 변한 이유는, 당신이 그 사람들이 그렇게 변하길 바랐기 때문이다. 사람들은 자신이 원하는 모습을 먼저 본다. 사람마다 보고 판단하는 관점이 달라 같은 현상이나 사물, 사람을 보고도 모두 다르게 평가한다. 이를 인정하자.

권위는 일인자가 누리는 특혜다

노숙은 오나라로 돌아가 주유에게 상황을 보고했다. 하지만 주유는 노숙의 말을 듣자마자 문서를 읽어보기는커녕 고개를 내저으며 한숨을 쉬었다.

"자경, 자네가 제갈량에게 속았네. 내가 그자를 죽일 기회가 몇 번이나 있었는데 그때마다 자네가 나서 말리는 바람에 결국 이 꼴이 된 게 아닌가!"

노숙은 도무지 주유가 무슨 말을 하는지 이해가 되질 않았다. 주유가 말했다.

"말로는 서천을 차지한 다음 형주를 돌려주겠다고 했지만, 그때가 도대체 언제란 말인가? 10년이 지나서도 서천을 얻지 못하면 10년 뒤에도 형주를 돌려주지 않겠다는 소리가 아닌가? 이런 아무짝에도 쓸모없는 종이를 가지고 주공을 찾아갔다간, 자네는 물론이고 자네 집안까지 목숨을 보전하기 어려울 것이네!"

기한이 없는 문서가 아무런 구속력을 갖지 못하는 것처럼 허술하게 한 약속 역시 언제든지 변할 수 있다.

노숙은 주유의 말을 듣자마자 가슴이 철렁 내려앉았다.

"제갈량 네 놈이 나를 이렇게 기만해?"

노숙은 한참 동안 말을 잇지 못하다 결국 눈물을 흘리고 말았다. 노숙이 울먹거리며 말했다.

"유비는 인의를 중요하게 생각하는 자이니 절대 그럴 리 없습니다."

그러자 주유가 한심해하며 말했다.

"유비가 호랑이의 발톱을 감추고 있는 야심가이고 제갈량이 간교한 늑대라면, 자경 자네는 그저 마음씨만 좋은 어수룩한 인간이라네."

그러자 노숙이 넋을 반쯤 나간 사람처럼 말했다.

"그럼 이제 어떻게 하면 좋겠습니까?"

주유가 속으로 '일전에 내가 어려웠을 때 자네가 군량미 3천 곡斛까지 내주었는데, 지금 그 은혜를 갚을 때가 온 것 같군'이라고 생각하며 말했다.

"일단 자네는 이곳에 며칠 머무르고 있게. 주공께는 잠시 이 일을 알리지 말고. 자네를 구명할 방법을 생각해 보겠네(은혜를 베푸는 것도 성공하는 것과 마찬가지로, 반드시 미리미리 준비해야 한다."

별다른 대책이 떠오르지 않는 노숙은 그저 안절부절못하며 주유가 방법을 생각해낼 때까지 참고 기다렸다. 며칠 뒤 세작細作(염탐꾼 또는 첩자)이 새로운 소식을 알려왔다.

"현재 형주 성 내에 삼베깃발이 걸려있고 군사들 모두 상복을 입고 있었습니다. 알고 보니 감씨 부인이 죽었다고 합니다."

주유는 그 말을 듣자마자 얼굴이 환해지며 노숙을 불렀다.

"자네의 목숨을 살릴 방도를 찾았네. 생각보다 형주를 쉽게 되찾을 수 있을 것 같군."

주유가 생각해낸 것은 바로 손권의 여동생이었다. 손권에는 성격이 억센 누이가 하나 있는데 부리는 시종만 백여 명이고 항상 몸에 칼을 차고 다녔다. 심지어 방안에도 온통 무기가 가득했는데 웬만한 평범한 사내는 그녀에게 상대도 되지 않았다. 주유가 말했다.

"지금 당장 주공께 글을 올려 형주로 중매쟁이를 보낸 다음 유비가 오나라로 건너와 혼인을 치르게 할 생각이네. 계획대로 남서南徐에 도착하면 유비는 혼인은커녕 곧바로 감옥신세가 될 걸세. 그리고 형주를 돌려받는 날 풀어줄 생각이네. 어떠한가, 내 계획이?"

비록 주유의 계책이 정당한 방법은 아니나 노숙에게는 자신의 목숨이 달린 일이라 찬밥 더운밥 가릴 처지가 아니었다. 게다가 유비와 제갈량을 한꺼번에 속일 기회가 아닌가? 호혜성 원리가 꼭 좋은 쪽으로만 사용되는 건 아닌 듯하다.

하지만 제갈량은 주유의 계책을 간파하여 모든 대비책을 마련해 둔 뒤 조운에게 유비의 호위를 맡겼다. 제갈량의 계획대로 강동에 도착한 유비는 우선 손권의 모친인 손부인과 이교二喬(손책의 부인인 대교와 주유의 부인인 소교의 아버지)의 부친의 마음을 얻어 친밀한 관계를 쌓았다. 그렇게 계획대로 손권 여동생을 부인으로 맞은 뒤 안전하게 형주로 돌아왔다. 이 일화에서 나온 말이 '주유가 묘계로 나라를 안정시키고자 했으나, 부인과 병사를 모두 잃어버리다周郎妙計安天下, 賠了夫人又折兵'이다. 오늘날 '본전도 못 찾다'라는 의미로 쓰이고 있다.

주유는 제갈량에게 또 당했다는 분노 때문에 화살에 찔린 상처가 재발하여 급작스럽게 죽음을 맞이했다. 주유의 죽음으로 손권과 유비 사이에도 깊은 골이 생겼고 서로 칼을 겨누는 적대적 관계가 되었다.

그 사이에 유비는 봉추鳳雛(봉추의 이름)라는 새로운 보배를 얻게 되었다. 와룡과 봉추가 자신의 사람이 되니 세상을 다 품을 수 있을 것 같은 포부가 용솟음쳤다. 드디어 유비는 유장劉璋이 있는 서천을 공격하기로 결정했다. 유비는 방통, 황충, 위연 등을 데리고 서천으로 출격했고, 형주는 제갈량, 관우, 장비, 조운에게 맡겼다. 당시 형주는 여전히 유비의 근거지이자 재기의 발판과도 같은 곳이어서 전체 병력의 3분의 2는 형주 수비를 위해 남겨둔 채 나머지 병력만 데리고 서천정벌을 떠났다.

이 소식을 들은 손권은 그 틈을 타 형주를 빼어와야겠다고 마음먹었다. 하지만 손권이 출병하려 하자 그의 모친 손부인이 꾸짖었다.

"내 평생 딸자식이라곤 그 아이 하나뿐인데, 형주를 공격한다는 것은 그 아이도 함께 죽이겠다는 의미가 아니냐!"

일과 감정을 완전히 별개로 생각하는 것이 바로 정치가의 마인드이다. 손권의 입장에선 남매의 정 따윈 얼마든지 무시할 수 있다. 하지만 그의 모친이 모녀의 정을 끊는 것은 불가능한 일이었다. 손권은 차마 모친의 뜻을 거역하지 못하면서도 이 절호의 기회를 놓치고 싶지 않았다. 이러지도 저러지도 못하고 있던 차에 장소張昭가 그에게 한 가지 묘안을 제시했다. 장소가 말했다.

"보기보다 아주 간단한 문제입니다. 일단 믿을 만한 자를 시켜 군사 5백 명을 데리고 상인으로 위장한 채 형주에 잠입하게 하십시오. 그런 다음 부인께 모후의 병세가 위독하시니 밤새라도 오나라로 돌아오라는 밀서를 전달하시면 됩니다. 그리고 유비 슬하에 유일하게 아들이 하나 있는데 부인께 그 아이도 함께 데리고 오라 하십시오. 이후 분명 유비가 형주와 그 아이를 맞바꾸자 할 것입니다."

손권은 박장대소를 하며 장소의 묘안에 감탄하고 또 감탄했다. 그는 즉시 주선周善에게 당장 이대로 시행하라 명했다. 어찌 보면 인생이라는 장기판에서는 신분과 상관없이 알게 모르게 누군가의 장기 말이 되기도 한다.

주선은 형주에 도착하여 손부인을 만나 밀서를 전달했다. 손부인이 밀서를 읽으면서 눈물을 훔치자 주선은 기회를 노치지 않고 그녀 앞에 엎드려 호소했다.

"시간이 없습니다. 태후마마의 병세가 워낙 위독하시기 때문에 지체하시면 임종을 못 뵐 수도 있습니다. 제가 배는 이미 준비해 두었으니 부인께서는 서둘러 아두와 함께 오나라로 돌아갈 차비를 하십시오."

하필 그때 제갈량은 남군南郡에서 돌아오지 않은 상태였다. 제멋대로 떠날 수 없었던 손부인은 주선에게 말했다.

"우선 사람을 보내 제갈군사께 이를 알려야 하오."

주선은 속으로 생각했다.

'유비와 제갈량이 없는 이때가 기회란 말이오. 제갈량이 이 사실을 알게 되면 단번에 계략이 들통날 것입니다. 그자가 부인이 아두까지

데리고 오나라로 가게 그냥 놔두겠소?'

주선이 황급히 대답했다.

"허나 군사께서 유황숙께 먼저 알린 다음 출발하라 말씀하시면 어찌하시겠습니까? 자칫 시간이 지체되어 임종을 지켜지 못하면 큰일이 아닙니까?"

우리의 일상은 인정, 이치, 법 사이에서 끊임없이 갈등을 겪는다. 그중에서도 '인정'은 중국인들이 가장 중요하게 생각하는 부분이다. 주선은 인정사정없는 냉정한 사람이지만 인정으로 사람의 마음을 움직이는 법을 누구보다 잘 아는 설득의 고수이기도 했다. 손부인은 제멋대로 돌아가는 행동이 이치나 법에도 어긋난다는 것을 알고 있었다. 하지만 모녀의 정 앞에서만큼은 어쩔 수 없었다. 그녀는 당장 아두를 데리고 몰래 성을 빠져나갔다.

손부인은 배에 오른 뒤 길을 재촉했다. 만약 손부인이 이대로 순조롭게 오나라도 떠났다면 유비의 대업의 꿈은 물론 제갈량의 명성도 한순간에 무너졌을 것이다. 다행히 정찰을 마치고 돌아온 조운이 이 소식을 듣자마자 급히 배를 쫓았다. 조운이 크게 소리쳤다.

"배를 멈추어라! 부인의 배웅을 나왔느니라."

이 얼마나 절묘한 대답인가? 급박한 상황에서도 아무렇지 않게 '부인의 배웅을 마중 나왔다'는 핑계를 댄 것은 자신에게 악의가 없음을 보여준 다음 상대방이 경계심을 풀도록 만들어 시간을 벌기 위해서다. 역시나 조운은 지략과 용기를 모두 갖춘 인물이라 말할 만하다.

주선은 조운에게 아두를 빼앗길까 두려워 다급히 출항을 명령했다. 마침 바람이 불고 물살이 빨라져 배에 가속도가 붙었다. 조운이 급히 강기슭까지 쫓아와 소리쳤다.

"부인께서 가시는 것은 막지 않겠습니다. 하지만 한 가지 아뢸 말이 있습니다!"

그의 말인즉슨 '가려거든 아두는 놔두고 혼자 떠나라'는 의미였다.

이 세상에서 아두의 모친 다음으로 아두에게 각별한 애정을 가졌던 사람은 바로 조운이다. 아두는 그가 장판파에서 수백만 대군을 뚫고 구해낸 아이다. 생사고락을 함께한 만큼 아두에 대한 조운의 애정은 남달랐다. 따라서 아두에게 해를 가하려 한다면 그게 누구이든 절대 용납하지 않았다. 현재 상황도 다급하고 위험하긴 마찬가지였지만 어찌 장판파 때와 비교할 수 있겠는가? 만약 주선이 이런 전후 사정을 알았더라면 강제로 배를 몰아 도망칠 생각은 절대 하지 않았을 것이다.

조운은 강가의 어선을 타고 빠르게 뒤쫓았다. 주선이 활을 쏘라고 명령했지만 조운이 칼로 날아오는 화살을 모두 막아냈다. 선박을 거의 따라잡자 조운이 뱃머리 쪽으로 뛰어올랐다. 조운의 우레 같은 목소리와 매서운 눈빛에 겁을 먹은 오나라 군사들은 일제히 뒤로 물러섰다. 선창 안으로 들어가니 손부인이 아두를 품에 앉고 있었다. 조운은 그녀에게 예를 갖추며 말했지만 손부인은 사납게 소리를 질렀다.

"장군, 이 무슨 무례한 짓이오!"

호탕한 남성적 기개를 가진 여성이었던 손부인은 잘못을 알면서도 아랫사람들 앞에서 차마 인정할 수 없어 조운을 기선 제압하려 했다. 원래의 조운이라면 충성심이 누구보다 강하기 때문에 자신보다 높은 위치의 사람 앞에선 절대 나서거나 반발하는 경우가 없었다. 하지만 이날 조운은 완전히 딴 사람처럼 변하여 매섭게 그녀를 호통쳤다.

"어찌 군사께 한마디 말씀도 드리지 않고 멋대로 떠나십니까?"

평소 조운의 성격을 잘 알고 있었던 그녀는 권위로 그를 제압하려 했다. 하지만 예상과 다르게 조운이 자신에게 맞서려 하자 자신 역시 이에 질세라 노발대발하며 말했다.

"내 모친께서 위독하시어 생사를 알 수 없는 상황에서 군사께 보고하고 떠날 시간이 어디 있단 말이오?"

"부인께서 모후의 문병을 가시는 것은 인지상정의 일이라 쳐도, 아기씨를 데려갈 이유는 없지 않으십니까?"

"아두는 내 아들이오. 형주에 두고 가면 누가 이 아이를 돌본단 말입니까"

손부인의 말은 억지스러운 면이 없지 않아 있었다. 당시 일곱 살이면 충분히 스스로를 돌볼 수 있는 나이인 데다 유비가 강동江東에 혼인하러 갔을 때도 아두 홀로 반년을 보낸 적이 있다. 아두는 이미 다른 이의 보살핌에도 익숙해져 있는 상태였다.

조운의 목청도 점점 높아졌다.

"부인께선 잘못 생각하고 계십니다. 아기씨는 주공의 유일한 혈육이십니다. 소인이 장판파의 100만 대군 속에서 어떻게 구해냈는지 아시지 않습니까? 부인께서 이리 몰래 빼돌리도록 놔둘 순 없습니다."

그러자 손부인은 눈을 부릅뜨며 있는 힘껏 악을 썼다.

"일개 무사 따위가 무슨 자격으로 내 집안일에 간섭하려 드는 것이냐!"

손부인의 이 같은 분노는 자신의 신분과 위세로 상대방을 강제로 억누르려는 최후의 발악이었다. 일반적으로 아랫사람이 윗사람에게 이런 말을 들었을 때 더 이상 대꾸하지 못하는 것이 정상적인 반응이다. 하지만 손부인은 그 유명한 유비의 명언을 잊고 있었다. 반면 조운은 그 말을 분명히 기억하고 있었다.

"형제가 수족이라면 아녀자는 의복과도 같네. 옷은 헤지면 바꿔 입으면 되지만 수족이 없으면 어찌 살 수 있겠는가?"

결정적인 순간에 그 말이 떠오른 조운은 더욱더 용기가 생겼다. 아무리 손부인이 권력의 힘으로 자신을 누른다 해도 결국 유비에게는 한낱 의복에 불과한 존재가 아닌가? 조운은 끝까지 물러서지 않으며 말했다.

"부인께서 가시겠다면 말리지 않겠습니다. 허나 아기씨는 이곳에 두고 가십시오."

손부인은 평소에 한없이 부드럽고 점잖던 조운이 이렇게 한순간에 성난 호랑이처럼 달려드는 모습이 보고도 믿겨지지 않았다. 벼랑 끝에 몰린 그녀는 최후의 반격을 시도했다.

"네놈이 제멋대로 배에 뛰어든 것은 모반행위이니라!"

그녀는 직접 조운을 단죄하려 들었다. 하지만 조운의 대답은 그녀를 더 궁지로 몰았다.

"소인을 만 번 죽이셔도 아기씨는 절대 데려가실 수 없습니다!"

손부인은 시종들에게 조운을 붙잡으라고 소리쳤다. 손부인의 시종들은 단순히 연약한 여인이 아닌 무예를 수련한 자들이었다. 하지만 그래 봤자 조운에게 상대가 될 리 없었다. 순식간에 이들을 밀어 넘어뜨린 조운은 한 손으로 손부인의 품속에 있던 아두를 뺏어왔다.

물살을 탄 배는 이미 빠른 속도로 이동하고 배 안에는 조운 한 사람뿐이었다. 더는 물러설 곳은 없었다. 하지만 절체절명의 순간 배를 몰고 온 장비가 배 안으로 뛰어 들어와 단칼에 주선을 베어버렸다. 손부인이 아연실색하며 소리쳤다.

"어찌 이리 무례하신가!"

그녀가 평소에 검을 다루며 무예를 익히는 것을 좋아하긴 했으나 실제 전장 경험은 없었다. 때문에 눈앞에서 사람이 죽는 것을 목격하자마자 순간적으로 너무 놀라 강으로 몸을 던져 자결하려 했다.

장비와 조운은 손부인을 차마 더 이상 압박할 수 없어 오나라로 돌아가도록 놔준 뒤, 아두를 데리고 형주로 돌아왔다. 오나라로 돌아간 손부인은 모친이 건강하다는 것을 확인했지만 다시 형주에 돌아가지 않았다. 유비의 정치적 신념이 본의 아니게 또 한 번 한 여인의 인생과 행복을 망가뜨린 것이다.

어디까지나 손부인이 조운보다 높은 신분이므로 권위를 행사하는 것은 당연했다. 조운 또한 윗사람에 대한 충성심이 누구보다 강한 사람이다. 그런데 왜 이번에는 신분의 권위가 효력을 발휘하지 못한 것일까?

일반적으로 권위에는 두 가지 종류의 권위가 있다. 하나는 절대적 권위이고, 다른 하나는 지위에서 파생된 권위다. 어떤 권위이든 합법적이어야만 그 효력을 발휘할 수 있다. 하지만 지위에서 파생된 권위는 절대적 권위의 이익에 영향을 주지 않는다는 전제하에서만 그 합법성이 인정된다. 손부인의 권위는 유비의 권위에서 파생된 것이다. 그녀가 제멋대로 아두를 데려가려는 것은 유비의 근본적 이익을 침해하는 행동이었다. 조운은 이 점을 잘 알고 있었다. 때문에 아무리 조운을 위협하고 협박해도 그녀가 가진 권위로는 어떤 위력도 발휘할 수 없었던 것이다.

그간 사정을 보고받은 제갈량은 생각만 해도 아찔했다. 운이 좋았으니 망정이지 만약 아두가 오나라의 인질로 잡혀있었다면 자신이 목을 내놓아야 할 상황에 부닥쳤을 것이다.

언제나 가장 위험한 곳이 가장 안전하고, 가장 중요한 요새가 가장 취약하게 마련이다. 유비 진영에서 형주를 중요하게 생각하지 않는 사람은 단 한 명도 없었다. 하지만 실제로 형주 수비에는 엄청난 구멍이 존재해 있었다. 별 볼 일 없는 주선이 바람처럼 왔다 도망간 것만 보아도 충분히 알 수 있다. 다행히 이번에는 조운이 경계심을 늦추지 않았기에 큰 화를 면할 수 있었다. 하지만 이번 일로 식겁했으면서도 제갈량은 어떠한 후속 조치도 취하지 않았다. 심지어 형주 전체를 관우에게 맡길 때도 그에게 이번 일에 대해 전혀 언급하지 않았다. 그 결과, 훗날 흰옷을 입고 상인으로 무장한 채 강을 건너온 여몽呂蒙의 군대에 맥없이 형주를 내주게 되었다.

형주의 함락은 이미 예고된 위기였다.

◈ **심리학으로 들여다보기**

권위에 복종하기 전에 먼저 권위의 합법성부터 따져 봐라. 권위를 누가 부여한 것인지 확인하고 자신의 위치와 조건에 합당한지 냉정하게 평가해야 한다. 우리 삶에서 맹목적으로 권위가 부여한 권한을 부여잡지 말고 권위에 호소하는 오류를 범하지 말자.

7부

관우, 형주의 주인이 되다

원치 않지만 하나의 책임이 맡겨질 때가 있다. 큰 책임을 감당하고 싶지만
자신의 기대보다 작은 부분에서 책임이 따르면 불만이 쌓인다.
자기 능력이 과소평가 받고 인정받지 못하는 것 같아 원망스럽다.
그러나 작은 일에 충실할수록 내일의 역할이 달라진다.

쉽게 깨지는 화병을 손에 들지 마라

유비의 서천 정벌은 서천의 명장 장임張任의 철벽 수비에 가로막혀 위기에 빠져있었다. 설상가상으로 부군사 방통이 낙봉파落鳳坡에서 무차별한 화살 공격으로 죽음을 맞이했다. 결국 부성涪城에서 진퇴양난의 상황에 빠진 유비는 급히 관평을 형주로 보내 제갈량에게 지원군을 요청했다.

유비가 곧장 형주로 후퇴하지 않은 이유는 바로 '추가 투자' 심리 때문이다. 그는 이미 서천정벌에 물질적으로나 정신적으로나 많은 것을 쏟아 부은 상태였다. 게다가 그 와중에 방통(엄청난 손해)까지 희생되었으니 새로운 자원을 쏟아 부어서라도 서천을 차지해 '본전'을 찾고 싶었다.

제갈량은 유비의 소식을 모두에게 알린 뒤 그 자리에서 자신이 서천으로 직접 출격할 뜻을 밝혔다. 그때 관우가 나서 말했다.

"그럼 이 형주는 누가 지킨단 말이오? 형주는 우리의 요새가 아니오? 이는 가볍게 결정 내리실 문제가 아니라 생각하오."

관우의 말도 틀린 말은 아니다. 현재 상황에서 서천 정벌은 여전히 불확실한 미래이기 때문에, 형주의 사수는 그야말로 유비 진영의 존망과 직결되는 문제나 다름없었다.

관우 역시 형주 수비를 책임지는 것이 얼마나 막중한 임무이며 또 큰 영광인지도 잘 알고 있었다. 또한, 자신이 이 일의 적임자라 생각했기 때문에 누구보다 이번 임무의 책임자가 되고 싶었다. 하지만 자신에 대한 우월감이 유독 강한 관우는 또 다시 공명의 손에 놀아날까 두려워 차마 자신에게 맡겨달란 말을 꺼내지 못했다. 만약 공명이 '형주가 그리 중요한 곳인데 장군께서 감당하실 수 있겠습니까'라는 식의 말로 또 다시 자신을 비웃는다면 이번에는 정말 그의 멱살이라도 잡을 것만 같았다.

유비는 제갈량에게 속히 서천으로 와달라는 말만 했지 형주 수비를 누구에게 맡기라는 말은 하지 않았다. 이는 형주 수비의 결정권을 제갈량에게 맡긴 것이나 다름없었다. 그렇다면 제갈량은 자신을 대신해 형주 9군을 맡을 사람으로 누구를 선택해야 할까? 대부분의 경우 관우의 생각처럼, 당연히 관우가 적임자라 생각할 것이다. 하지만 결코 관우가 유일한 적임자는 아니다. 제갈량에게는 아직 선택의 여지가 남아 있었으니 그들은 바로 장비와 조운이었다.

장비는 성격이 다혈질이지만 세심한 면도 갖고 있어 막무가내로 경솔하지만은 않았다. 조운이야 더 말할 것도 없이 생각이 깊고 지략과 용맹함까지 갖춘 완벽한 장수였다. 장판교에서 홀로 조조의 100만 대군을 상대한 장비나, 장판파에서 단신의 몸으로 적진을 뚫은 조운 모두 상대편을 제압할 위협력도 이미 충분히 검증된 상태였다.

하지만 관우, 장비, 조운 세 사람 모두 단독으로는 적군을 상대로 성의 수비를 맡은 경험이 없었다. 때문에 이번 문제에서만큼은 누가 더 낫다 말할 것도 없이 셋 다 대등한 위치에 서 있었다. 제갈량은 한 치의 망설임도 없이 관우를 선택했다. 제갈량이 말했다.

"주공께서는 이번 문제를 이 사람의 재량에 맡기셨습니다. 주공께서 관평을 통해 서신을 전달했다는 것은 관운장께 이 중임을 맡기시겠단 뜻이 아니겠습니까? 북방의 조조와 오나라의 손권이 시시각각으로 형주를 노리고 있으니 한시도 방심해선 안 될 것입니다. 관장군께서는 도원결의의 정을 생각하여 전력을 다해 이곳을 지켜주십시오."

이번에는 제갈량이 그의 단골 수법인 '격장법'을 사용하지 않자 관우는 굉장히 의아했다. 방금 그가 한 말은 유비 심중의 관우 위치를 격상시켰을 뿐 아니라, 도원결의의 맹세까지 강조했으니 그야말로 관우가 원하는 이상적인 결과였다. 당연히 망설이고 할 것도 없이 관우는 비장한 결의와 의지가 가득한 목소리로 기꺼이 명을 받들었다.

제갈량은 왜 이번엔 격장법을 사용하지 않은 것일까? 여기에는 두 가지 이유가 있다.

첫 번째 이유는 유비의 부재다. 격장법도 적절하게 사용하지 않으면 오히려 독이 될 수 있다. 제갈량이 마음 놓고 격장법을 사용한 것은 유비가 항상 중간에서 두 사람이 최악이 상황까지 가지 않도록 완충 역할을 해 주었기 때문이다. 하지만 유비가 부재중인 상태에서 관우나 장비 같은 이들이 돌변했을 때 감당할 수 있는 사람이 없었다. 늘 신중의 신중을 기하는 제갈량의 입장에선 무리수를 두면서까지 격장법을 고집할 순 없었다.

두 번째 이유는 제갈량 스스로의 태도변화다. 이 변화는 모든 사람에게 해당하는 것이 아니라 오직 관우에게만 해당된다. 제갈량은 이제 전처럼 '양부음'을 읊지 않았다. 그 역시 이제는 안자를 조금 이해하게 되었기 때문이다. 현실과 이상 사이에 존재하는 괴리를 깨달은 것이다. 이 세상에는 아무리 노력해도 길들여지지 않는 것이 있는 것처럼, 안자가 세 용사를 죽인 것도 어쩌면 부득이한 선택이었을 것이라 생각했다. 그렇다고 관우를 죽일 순 없으니 지금 그가 할 수 있는 유일한 선택은 오직 자신의 태도를 바꾸는 것뿐이었다.

제갈량에게는 최소 세 가지 선택의 여지가 있었다. 그런데 왜 하필 관우를 택한 것일까? 여기에도 두 가지 이유가 있다.

첫 번째 이유는 제갈량과 관우 사이의 불협화음 때문이다. 누구나 자신과 호흡이 잘 맞는 사람과 함께 일을 도모(내집단의 구분)하고 싶어 한다. 호흡이 잘 맞는다는 것은 가치관, 성격, 선호하는 것 등 여러 가지가 해당된다. 그동안 관우가 자신의 뜻에 승복하지 않아 골치가 아팠던 터라, 제갈량 역시 관우에 대한 배척감이 어느 정도 존재해 왔다. 하지만 죽이기엔 아까운 인재니 막상 죽일 수도 없는 처지였다. 이제 관우와 떨어질 기회가 왔으니 제갈량의 입장에선 마다할 이유가 없었다. 눈에서 보이지 않으면 더 이상 신경이 거슬릴 일도 없으니 이 얼마나 잘된 일인가?

두 번째 이유는 제갈량의 서천행에 있다. 사실상 제갈량이 이번에

서천을 가게 된 배경 뒤에는 '와룡'과 '봉추' 간의 힘겨루기가 있었다. 와룡과 봉추, 이들 중 한 명이라도 얻으면 천하를 얻는다는 말이 나올 정도 둘 다 모두 명성이 대단한 인물이다. 누가 더 뛰어난지는 가늠조차 할 수 없었다. 두 사람 모두 유비의 진영에 합류한 이후 서로의 능력을 인정해 주며 좋은 관계를 유지해 왔지만 서로 간의 경쟁 또한 피할 수 없었다. 방통이 유비와 함께 서천 정벌에 나선 이후 제갈량이 점괘를 쳤을 때 그에게 위험이 닥칠 것을 직감했다. 제갈량은 방통에게 섣불리 군대를 움직이지 말라고 충고했다. 하지만 방통은 제갈량이 자신이 큰 공을 세울까 봐 질투하는 것이라 여겨 그의 충고를 무시한 채 진군을 강행했다. 그 결과 안타깝게도 낙봉파에서 생을 마감하게 되었다. 방통이 못다 한 일은 고스란히 제갈량의 몫이 되었다. 제갈량 또한 성공 이외에 다른 것은 생각할 수 없었다. 성공을 위해서라도 자신에게 힘이 되어줄 이들을 데려가야만 했다. 그런 점에서 장비와 조운이 더 적합하다 생각하여 결국 관우를 형주에 남겨두기로 결정한 것이다.

제갈량은 승리를 위해 형주 수비 역량의 배치까지 본인의 이익을 위한 이기적인 선택을 했다. 유비가 서천 정벌을 나설 때 데리고 떠난 무장은 황충과 위연(3분의 1밖에 되지 않는 역량) 등 비교적 역량이 약한 이들로 관우, 장비, 조운 등 주력군은 모두 형주에 남겨둔 상태였다. 하지만 제갈량은 형주를 떠나면서 주력군의 3분의 1(관우)만 남겨둔 채 나머지(장비와 조운)를 모두 서천으로 데려갔다. 형주의 중요성도 변함없긴 마찬가지인데 오히려 형주의 수비력만 크게 취약해진 것이다. 물론 역량 자원의 분배는 당장의 전략적 필요성에 따라 달라질 수 있긴 하다. 하지만 이렇게 확연히 수비력이 약해진 상태에서 조조나 손권이 기회를 틈타 형주를 공격하기라도 한다면, 결국엔 유비의 진영은 사면초가에 몰리게 될 것이다.

사실 가장 안전한 방법은 장비나 조운 중 한 사람이 남아 관우와 함께 형주를 지키는 것이다. 남는 이가 누구든 관우와 분란을 일으킬 일도 전혀 없고 무엇보다 서로 보조를 잘 맞춰가며 시너지 효과를 발휘할 수 있다. 이렇게만 했어도 후에 관우가 패배하여 형주를 빼앗길 일은 없었을 것이다.

자신의 이익을 위한 이기적인 선택을 하는 것은 누구에게나 있을 수 있는 일이고 이해 못 할 일도 아니다. 신이 아닌 이상 제갈량 역시 그런 선택을 피하긴 어려웠을 것이다. 하지만 그의 말을 좀 더 자세히 살펴보면 한 가지 이상한 점이 더 존재한다. 유비가 형주 수비에 관해 직접 언급을 하지 않은 것은 제갈량의 재량껏 결정하라는 의미였다. 그런데 제갈량은 왜 굳이 관우에게 임무를 맡기는 것이 유비의 뜻인 것처럼 말했을까?

이 또한 자기 이익을 위한 이기적인 해석이다. 형주의 중요성은 말하지 않아도 누구나 알고 있는 사실이다. 이렇게 중요한 요새를 아무에게나 맡긴다면 이를 결정한 자도 무거운 책임을 피할 수 없다. 제갈량도 자신이 장비와 조운을 데려가면 형주의 수비에 큰 타격이 생기리라는 것을 잘 알고 있었기에 더욱더 그 책임을 피하고 싶었다. 따라서 '유비의 뜻'이었다는 핑계만이 후에 책임을 면할 수 있는 유일한 길이라 생각했다.

어찌 되었든 결국 형주를 지키는 임무는 관우가 맡게 되었다. 관우 역시 기꺼이 받아들였다. 제갈량은 연회를 열어 인수를 인계하고자 했다. 관우가 두 손으로 이를 받으려 하자 제갈량이 인수를 들어 올린 채 넘겨주지 않았다. 제갈량이 말했다.

"지금 이 순간부터 모든 책임은 장군에게 있소이다."

관우는 자신감과 패기가 충만한 목소리로 외쳤다.

"대장부가 막중한 임무를 맡은 이상 죽을 때까지 싸울 것이오."

관우가 '죽음'이라는 말을 입에 올리는 순간 제갈량은 불길한 예감이 들었다. 지금이라도 당장 다른 사람으로 바꿔야 한다고 직감했지만, 이미 결정된 일을 어떻게 번복할 수 있단 말인가? 제갈량은 할 수 없이 관우에게 물었다.

"만약 조조가 군사를 이끌고 쳐들어오면 어찌하시겠습니까?"

"힘으로 막아낼 것이오!"

"만약 조조와 손권이 함께 쳐들어오면 그땐 어찌하시겠습니까?"

"병력을 나누어 막아낼 것이오."

"만약 장군과 같이 대처한다면 형주가 위태로워질 것입니다."

관우가 속으로 생각했다.

'상황에 따라 대처하는 것이 병가상사이거늘 조조와 손권이 함께 쳐들어온다는데 반격을 하지 말라고?'

관우는 곧장 그 연유를 물었다. 그러자 제갈량이 답했다.

"제가 알려드리는 이 여덟 글자에 형주의 존망이 달려있으니 장군께서는 반드시 새겨들으십시오."

관우는 할 말이 더 있었지만 입 밖으로 꺼내지 않았다. 그리고 속으로 생각했다.

'거참 인장 하나 넘겨주면서 말이 참 많군. 내가 세 살 어린 애도 아

니고 전장 경험만 수십 년이거늘! 누가 쳐들어온들 내가 무서워할 것 같으냐?'

하지만 어쨌거나 아직 인수를 넘겨받지 못했으니 귀를 세우고 제갈량이 하는 말을 들어보기로 했다. 제갈량이 말했다.

"그 여덟 글자는 바로 '북거조조, 동화손권北拒曹操, 東和孫權'입니다. 북으로는 조조를 막고 동으로는 손권과 화친해야 한다는 이 말을 반드시 기억하십시오."

"반드시 가슴 속 깊이 새겨 두겠소."

말은 그렇게 했지만, 그의 천성과 기질이 아무 특별한 계기도 없이 단순히 그 '여덟 글자'에 바뀔 리가 없었다.

여덟 글자는 형주를 지켜낼 수 있는 수비전략이었다. 하지만 제갈량은 온전히 관우를 설득시키는 데 실패했다. 결국 형주 수비의 인선 문제에서 엄청난 실수를 저지르고 말았다. 결코 성급하게 결정할 일이 아니었다. 제갈량은 관우가 정말 형주를 지켜낼 수 있는 정확한 전략적 사고를 가지고 있는지 다시 한번 검증을 했어야 했다. 이는 회사에서 사람을 뽑을 때 그 사람의 가치관이 일관성이 있는지, 업무를 감당할 능력이 있는지 재차 확인하고 검증하는 것과 같은 맥락이다.

만약 제갈량의 전략이 단순히 수비를 강조하는 것이었다면 조운을 형주에 남겨두었어야 했다. 세력을 확장하기 위한 정벌전쟁의 경우 위력과 기세 면에선 관우가 조운보다 강했다. 조운의 경우 치밀함과 차분함, 뛰어난 전략수행 능력이라는 강점을 가지고 있기 때문에 분명히 안정적으로 형주를 지켜냈을 것이다. 뿐만 아니라 전략적으로 정말 진격이 필요한 시기가 왔을 때 대규모 군대를 단독으로 이끌 수장으로서도 조운이 선택될 가능성이 컸다.

하지만 제갈량은 또 하나 중요한 것을 잊어버렸다. 그는 관우에게 오나라의 주선이 상인 분장을 하고 아두를 납치하려 했단 사실을 일러주지 않았다. 형주는 상업이 밀집해 있어 상인의 왕래가 잦은 곳이라 수비의 경계가 허술해지면 언제든지 침략의 위험이 생길 수 있는 지역이었다. 관우가 상인으로 분장한 여몽의 군대에게 형주를 빼앗긴 것도 바로 이 때문이다.

하지만 이미 주사위는 던져졌다. 이제는 인수를 관우의 손에 넘겨주어야만 했다. 제갈량은 마량馬良, 이적伊籍, 향랑向朗, 미축 등 문관과 미방, 요화, 관평, 주창 등 무관이 형주에 남아 관우를 보좌하도록 했다(앞서 요화는 관우를 따르고 싶어 했었다. 요화가 유비의 두 부인을 구해준 일은 이미 지난 일이었지만, 관우가 그 은혜를 잊지 않고 요화를 불러들여 자신의 부하로 받아들였다).

제갈량과 관우는 그렇게 작별인사를 나눴다. 하지만 누구도 그것이 이들의 마지막 인사일 줄은 몰랐다.

◈ 심리학으로 들여다보기

자신도 비슷한 어려움에 처해 봐야 상대방이 왜 그렇게밖에 할 수 없었는지 진정으로 이해할 수 있다. '역지사지'가 되지 않으면 상대를 온전히 파악할 수 없다. 인간관계에서 갈등이 자주 유발된다면 상대의 처지와 상황에서 문제를 점검해 보자.

변화가 때론 어리석은 선택일 때도 있다

공명은 서천에 도착한 뒤 군대를 셋으로 나누어 차근차근 서천을 함락시켜나갔다. 그 과정에서 장수 마초馬超가 유비에게 항복했으며, 유비는 익주목益州牧이 되어 기존의 문무백관과 새롭게 흡수한 문무백관들에게 각각 벼슬을 하사했다.

관우는 탕구장군蕩寇將軍 수정후壽亭侯(잃어버렸던 작위를 다시 얻게 되었는데, 이번에는 앞부분에 '한漢'자를 붙일 필요가 없어졌다)에 봉해졌다. 또한, 유비는 사자를 보내 황금 5백 근斤과 은자 천근, 채색비단 천 필과 많은 돈을 관우에게 하사했다. 관우는 형주를 단독으로 도맡은 이후 득의양양한 우월감이 최고조로 충만해져 있었다. 그도 그럴 것이 일평생 처음으로 가장 높은 위치에서 누군가를 통솔하고 호령하게 되었으니, 그 기분은 말로 표현하기 어려울 만큼 황홀했다.

관우는 사자를 통해 유비가 서천을 함락시켰다는 소식을 듣고 기쁨을 감추지 못했다. 사자가 말했다.

"주공께서 특별히 장군을 탕구장군 수정후로 봉하셨습니다. 또한 별도로 금과 은 등을 하사하셨습니다."

관우가 물었다.

"다른 장군들은 어떻게 되었소?"

"제갈 군사께서는 군사장군, 장비 장군께서는 정원장군 신정후征遠將軍 新亭侯, 조운 장군께선 진운장군鎭遠將軍, 마초 장군은 평서장군 도정후平西將軍 都亭侯에 봉해지셨습니다. 또한, 제갈 군사와 법정法正, 장비 장군, 조운 장군께서 장군과 동등한 재물을 하사받으셨습니다. 이렇게 멀리 떨어져 계시지만 주공께서는 한순간도 장군을 잊지 않고 계십니다. 장군께서 받으신 하사품은 단연 최고의 상입니다."

사자는 있는 그대로의 말을 전했지만, 그 말을 듣고 난 뒤 관우는 순간적으로 낯빛이 어두워지며 더 이상 말을 꺼내지 않았다. 그는 사자에게 예를 다해 대접한 뒤 서천으로 돌려보냈다. 관우에게 또 어떤 심리적 변화가 생긴 것일까?

중국인들의 마음속엔 늘 '가난함보다 불평등을 더 걱정'하는 심리가 존재해 왔다. 자신이 받은 포상의 절대적인 가치는 중요하지 않다. 중요한 것은 바로 상대적 가치다. 장비와 조운이 하사받은 것에 대해서는 관우 또한 아무 이견이 없었다. 그럼 제갈량일까? 아무리 관우가 마음속으로 제갈량을 인정하진 않아도 이번에 그가 공을 세운 것만큼은 명확한 사실이었다. 방통이 성공하지 못한 서천 정벌을 제갈량이 해냈으니, 설령 이견이 있다 해도 합당한 이유를 찾지 못했을 것이다. 하지만 새로 합류한 마초가 자신과 같은 급인 정후에 봉해지고, 법정이 자신과 동등한 하사품을 받은 것만큼은 받아들일 수 없었다.

관우의 이런 감정을 심리학에서는 '상대적 박탈감'이라고 부른다. 보편적으로 자신과 타인을 비교했을 때 느끼는 좌절감이 더욱 크다. 예를 들어 경찰의 월급 수준이 올라가면 당연히 그들의 사기는 올라가겠지만 소방관의 사기는 떨어진다. 마르크스는 이에 대해 아주 유명한 말을 남겼다.

"집은 클 수도 있고 작을 수도 있다. 만약 주변의 집들이 똑같이 작다면 그것은 거주에 대한 모든 사회적 수요를 충족시킨다. 하지만 만약 작은 집 옆에 궁전이 지어진다면 그 작은 집은 한순간에 오두막으로 전락하고 만다(마르크스의 이웃효과Neighbor effect)."

관우는 제갈량이 유비의 진영에 합류한 뒤 자신의 위치와 역할이 위태로워져 가뜩이나 심기가 불편했다. 그런데 이제는 마초와 법정까지 자신과 동등한 대우를 받는 꼴을 보니 자존심 강한 관우로선 기가 막힌 것이다. 자존심이 강한 사람은 누군가 자신의 자존감과 우월감에 흠집을 낼 경우 주로 상대를 억압하는 방식으로 대응한다. 심지어 어떤 경우 폭력을 행사하기도 한다.

부시먼Bushman과 바우마이스터Baumeister는 1998년에 한 가지 실험을 했다. 이들은 540명의 대학생 지원자들에게 각각 한 단락씩 글을 쓰게 한 다음 다른 한 학생에게는 이들이 쓴 글에 대해 극과 극의 평가, 예를 들어 '최고의 글' 또는 '최악의 글'로 평가를 부탁했다. 그런 다음 글을 썼던 학생과 다른 학생이 함께 게임을 하게 시켰다. 그리고 상대가 졌을 때, 글을 쓴 학생이 소음을 이용하여 임의의 강도와 임의 시간 동안 상대방을 벌줄 수 있게 허락했다. 그 결과, 안 좋은 평가를 받은 학생 중 자존심이 강한 이들은 소음으로 상대방을 괴롭히는 시간이 일반 사람보다 세 배가 더 길었다.

전장에서 수비나 방어로는 공적을 쌓기 힘들다. 방어에 성공하는 건 당연한 일이지만, 방어에 실패하면 그것은 곧 죄가 된다. 관우는 전장에 참여하는 것이 공을 세우기 더 쉽기 때문에 자신의 공적과 하사품 그리고 명성이 다른 이보다 뒤처진 것이라 생각했다.

관우는 유비가 형제의 정을 생각하여 자신에게 일등상을 하사했다는 그 말이 받아들여지지 않았다. 반나절 간의 고민 끝에 결국 관평을 불러 말했다.

"성도成都에 가서 백부님께 감사 인사를 전하고 오너라. 그리도 한 가지 더 아뢸 것이 있다. 듣자하니 마초라는 자가 아주 용맹하다던데 내가 서천으로 가 그자와 한 번 무예로 승부를 겨루고 싶다고 아뢰거라."

법정은 문관이기 때문에 관우는 자신의 화풀이 상대로 마초를 선택한 것이다.

관평은 관우가 시키는 대로 성도로 가 유비를 만난 뒤 그의 말을 전했다. 유비는 관평의 말을 듣자마자 당황해하며 말했다.

"운장이 서천으로 오면 형주는 누가 지킨단 말인가? 마초의 용맹함을 말할 것 같으면 이미 익덕과도 수차례 겨뤘지만 승부를 가르지 못했을 정도이니라. 그런데 운장과 마초가 승부를 겨루다 둘 중 한 사람이라도 다치게 된다면 이보다 더 큰 일이 어디 있겠느냐? 절대 안 될 일이다."

유비는 관우에 대해 누구보다 잘 알고 있었다. 지난번 조운과 장비가 공을 세웠을 때도 관우는 가만히 두고 보지 못했다. 할 수 없이 장비에게 형주 수비를 맡기고 관우가 공을 쌓을 수 있도록 장사로 보냈었다. 하지만 그때와 지금은 상황이 또 다르지 않은가? 형주가 중요한 것처럼 마초 역시 이미 자신의 사람인데 무술 대결이 무슨 의미가 있단 말인가?

자신의 아우이지만 정말이지 갈수록 이해가 되지 않았다. 유비가 이 일로 고심하자 제갈량 또한 속으로 흠칫 놀라며 생각했다.

'관우는 마초와 무술대결 하고 싶은 게 아니다. 홀로 먼 곳에 떨어져 있는 동안 자신의 존재가 잊힐까 두려운 것이다.'

제갈량은 관우가 충동적으로 어리석은 선택을 할까 봐 걱정됐다. 어쨌든 관우는 자신이 선택한 사람이 아닌가? 사람들은 자신의 판단이 정확했다는 것을 증명하기 위해서라면 본전 포기도 마다치 않는다. 심지어 자신이 고수해온 입장마저도 바꾼다. 제갈량은 관우의 마음을 달래는 것 외엔 이 문제를 해결할 수 있는 방법이 없다고 판단했다. 제갈량이 유비에게 말했다.

"주공께선 걱정하지 마십시오. 제가 서신을 써 보내면 관장군도 마음을 돌리고 형주 수비에 전념할 것입니다."

관우의 급한 성미가 우려된 유비는 제갈량에게 당장 서신을 쓰게 했다. 그리고 관평에게 그날로 곧장 서신을 가지고 형주로 돌아가도록 명령했다. 관평에게 보고를 받은 관우는 급히 되물었다.

"내가 마초와 대결을 하겠다고 했던 일은 어떻게 되었느냐? 백부님께 말씀드렸느냐?"

"군사께서 서신을 보내셨습니다."

관우는 제갈량의 서신을 읽은 뒤 성이 떠나갈 정도로 큰소리로 웃었다. 막힌 속이 뻥 뚫렸는지 관우는 관평에게 급히 문무백관을 소집하도록 명령했다. 그리고 모두가 모인 자리에서 제갈량의 서신을 공개했다.

제갈량의 서신에는 다음과 같이 쓰여 있었다.

> 장군께서 맹기孟起(마초의 자)와 실력을 겨뤄보고 싶어 하신다고 들었습니다. 물론 맹기의 용맹함이 대단하긴 하나 그래 봐야 서한의 경포黥布나 팽월彭越 정도 수준에 불과합니다. 또한, 익덕과 어깨를 견줄 만한 실력이긴 하나 미염공美髯公(제갈량이 관우에게 붙여준 별명)을 상대하기엔 아직 한참 부족한 자입니다.
>
> 지금 공께서 신경 쓰실 일은 형주 수비에 전념하는 것입니다. 만약 서천에 온 사이 형주를 빼앗기기라도 하면 그보다 큰 죄는 없을 것입니다.
>
> 부디 현명하게 판단해 주시길 바랍니다.

관우는 서신을 다 읽은 뒤 수염을 매만지며 미소를 띤 채 말했다.

"군사께선 내 뜻을 잘 알고 있군."

최근 통틀어 가장 득의양양해진 순간이었다. 관우는 이번에야말로 자신이 제갈량과의 싸움에서 처음으로 이겼다고 생각했다. 드디어 제갈량이 자신에게 허리를 굽힌 것이다.

제갈량은 또 한 번의 엄청난 실수를 저질렀다. 사람들은 한 번 잘못을 저지르고 나면 더 많은 잘못으로 처음 그 잘못을 덮으려 한다. 제갈량은 관우에게 형주 수비를 맡기는 것이 자신의 전략과 완전히 상반

되는 결정이라는 것을 알면서도 그것을 선택했다. 이것이 바로 제갈량의 첫 번째 실수다. 그리고 그 잘못을 정당화하기 위해 제갈량은 기존의 '상대를 과소평가하여 자극'하는 방법에서 '적당히 달래는 방법'으로 전략을 바꿨다. 분명 제갈량으로선 쉽지 않은 결정이었겠지만 이로 인해 내면에 갈등과 모순도 생겼다. 하지만 그 결정이 '모두를 위한 최선'이라는 합당한 이유가 있었기에 평정심을 찾을 수 있었다.

하지만 제갈량의 이런 전략변경은 관우의 오만함을 더욱 부추겼다. 이것이 제갈량의 잘못된 선택이 불러온 최악의 결과였다. 제갈량은 서신을 통해 마초를 경포와 팽월 부류로 구분 지었을 뿐 아니라, 그의 실력을 장비와 비등한 수준 정도로 말했다. 용맹하고 싸움에는 능하나 그 이상 그 이하는 없다는 식으로 설명한 것이다. 반면에 관우는 이들과는 '차원이 다른' 부류로 표현했다. 두 부류 사이에 존재하는 명확한 경계선은 이들의 실력 자체가 관우와 겨룰 만한 수준이 아님을 뜻했으니 대결이 무슨 의미가 있겠는가? 그런데 관우가 재차 대결을 청한다면 이는 스스로 자신의 수준을 떨어뜨리는 행동이 되는 꼴이었다.

여기서 제갈량이 선택한 설득방법은 설득의 주변경로다. 또한, 이어지는 다음 말에서는 설득의 중심경로를 택했다. 제갈량은 우선 형주의 중요성을 재차 강조하는 등 이치를 설명하고, 그다음 관우의 역할의 중요성을 언급해 '도의'로써 그를 설득했다. 제갈량의 이런 상반된 태도 변화는 관우에게 승리감, 만족감, 자부심을 안겨주었다.

관우는 자리에 모인 모든 문무백관들 앞에서 서신을 보여준 뒤 굉장히 만족스러운 표정으로 말했다.

"군사께서 내 뜻을 알아주었으니 되었소."

이날 이후 관우는 서천에 가겠단 마음을 접었다. 만약 제갈량과 관우가 이전에 서로 반목했던 과거를 제쳐놓고 지금 이 사건만을 두고 본다면, 결과적으로 관우가 마초와의 대결을 포기했기에 제갈량의 서신이 어느 정도 효과가 있었다고 생각할 수 있다. 하지만 모든 앞뒤 상황을 종합해 보면 제갈량은 그 서신 하나로 관우와의 힘겨루기에서 선점할 좋은 기회를 놓쳐버렸다.

무엇이든 무조건 많다고 좋은 것이 아니다. 제갈량은 서신의 뒷 구절만 남기고 앞 구절은 쓰지 말았어야 했다. 즉 설득의 주변경로가 아닌 중심경로만으로 그를 설득했어야 했다. 일반적으로 설득의 주변경로는 중심경로로는 설득이 불가능할 때(이전에 유비가 원소 진영에 있었을 때 썼던 방법을 참고하자) 선택하는 것이다. 제갈량은 얼마든지 중심경로로 관우를 설득할 수 있었다. '대의'라는 명분으로 그 책임을 따졌어야 했다.

"형주가 중요한 요새이기 때문에 주공께서 그 책임을 장군께 맡겼는데 정작 장군은 개인의 능력을 과시하느라 자신이 맡은 중책은 안중에도 없으니, 그러고도 도원결의 맹세에 떳떳할 수 있소? 그러고도 장군께서 '충의'라는 말을 입에 담을 수 있소?"

실제 말로 표현하면 당연히 이보다 더 완곡하겠지만 어쨌든 의미는 이렇다는 말이다.

관우의 요구사항엔 엄청나게 큰 약점이 있었기에 제갈량은 충분히 '충의'라는 명분으로 관우를 제압할 수 있었다. 제갈량이 그렇게 밀고 나갔다면 관우는 아무 소리도 못 하고 꼬리를 내렸을 것이다. '충의'는 곧 관우 자신을 나타내는 '꼬리표'이다. 그런데 자신의 꼬리표를 더럽

히면서까지 고집을 피우진 않았을 것이다. 그런 식으로 따졌다면 두 사람의 관계는 더욱 악화되었겠지만, 제갈량 앞에서 더는 체면을 깎아먹을 순 없으니 전력을 다해서 형주를 지켜냈을 것이다. 만약 관우가 끝까지 고집을 꺾지 않고 서천으로 왔다면 그 기회에 형주 수비를 다른 사람에게 맡기는 것 역시 괜찮은 선택이었을 수도 있다.

어쨌든 당장의 위기는 모면했지만 그간 관우가 제갈량에 대해 가지고 있던 인상 자체는 전혀 바뀌지 않았다. 오히려 그의 처사는 관우를 더욱 안하무인으로 만들었다. 관우의 오만함은 하루가 다르게 커져갔다. 제갈량이 신신당부했던 '여덟 글자'는 그렇게 관우의 기억 속에서 점점 사라져 갔다.

◈ 심리학으로 들여다보기

사람들은 늘 극과 극의 선택을 한다. 그것이 가장 어리석은 변화라는 것을 깨닫지 못한 채 살아가는 것이다. 극단적 관점으로 문제에 접근한다면 선택의 폭이 좁아진다. 그만큼 가능성의 영역도 줄어들어 부정적인 결과를 초래할 수 있다. 넓고 다양한 단계의 가능성을 열어두어야 한다.

분풀이는
인간의 가장 저속한 근성이다

손권은 유비가 서천을 함락시켰단 소식을 듣고 많은 생각이 떠올랐다. 그는 장소와 고옹顧雍 등을 불러 형주 일에 대해 상의했다. 당시 노숙은 주유의 뒤를 이어 도독都督의 직책을 이어받은 상태였다. 사실 형주의 일이라면 노숙과 상의하는 것이 마땅하나, 손권은 이전에 노숙이 제갈량에게 놀아난 것에 대해 크게 불만을 갖고 있던 터라 그를 찾지 않았다. 장소가 자신감 넘치는 목소리로 말했다.

"제게 방법이 하나 있습니다. 유비가 반드시 두 손으로 형주를 바치지 않고서는 못 배길 것입니다."

손권은 그 말을 듣자마자 '바깥일은 주유에게 맡기고 안의 일은 장소에게 물어보라는 형님의 뜻을 이제야 알겠군. 주유는 죽고 없고 노숙은 아무짝에도 쓸모없는데 그나마 장소가 있어 다행이로다'라고 생각하며 뛸 듯이 기뻤다. 장소가 계속해서 말했다.

"유비가 지금 가장 믿고 의지하는 사람은 바로 제갈량이옵니다. 그의 형 제갈근을 이용하십시오. 일단 제갈근의 가솔을 인질로 잡아둔 다음 그를 서천으로 보내 자신의 아우를 설득하도록 하십시오. 제갈량이 혈육의 정을 생각한다면 분명 유비를 설득하여 형주를 되돌려줄 것입니다."

"허나 내 어찌 제갈근과 같이 성실한 자에게 그런 짓을 할 수 있겠소?"

"주공. 이는 고육책일 뿐입니다. 제갈근도 이 사실을 알면 주공의 뜻을 따를 것입니다."

곰곰이 생각해보니 손권도 고육책이 괜찮겠다는 생각이 들었다. 이전에 주유와 황개黃蓋도 고육책으로 조조를 속여 화공으로 적벽에서 대승리를 거두지 않았던가? 장소의 계책 또한 반드시 성공할 것으로 생각한 손권은 즉시 제갈근을 불러 계획대로 시행했다. 제갈근은 가솔들이 형식적으로만 구금되었을 뿐 목숨에는 아무 문제가 없다는 것을 확인한 뒤, 아무 의심 없이 담담하게 서천으로 떠났다.

며칠이 흘러 제갈근이 성도에 도착했다. 제갈근은 우선 사람을 시켜 유비에게 자신이 왔음을 알렸다. 유비가 제갈량에게 물었다.

"군사의 형님이 무슨 일로 날 찾아온 것 같소?"

그러자 제갈량이 빙그레 웃으며 말했다.

"보나 마나 형주를 찾으러 온 것이겠지요."

"그럼 내가 어찌 대답하면 좋겠소?"

제갈량은 누구보다 자신의 형을 잘 알고 있었다. 그는 유비에게 미리 이렇게 저렇게 대답하라고 일러준 뒤 제갈근을 마중 나갔다.

두 형제는 유년시절 이후 오랫동안 만나지 못했다. 그리고 지금 타향에서 다시 만나게 된 것이다. 오랜만에 아우를 만난 제갈근은 갑자기 감정에 북받쳐 대성통곡하기 시작했다. 앞서 말했듯이 눈물은 사람의 시선을 끌어당기는데 아주 유용한 전략이다. 일단 울음을 터뜨리면 반드시 상대방이 그 이유를 물을 수밖에 없게 되므로, 그다음은 자신의 계획대로 진행하기만 하면 된다. 제갈량이 말했다.

"형님, 할 말이 있으면 말씀을 하십시오. 이리 통곡을 하는 까닭이 무엇입니까?"

제갈근이 울먹이며 말했다.

"내 가솔들이 다 죽게 생겼다."

허나 제갈근과 같이 성실한 자가 가짜연극을 제대로 소화할 리가 있겠는가? 당연히 행동이며 표정이며 모두 부자연스러울 수밖에 없었다. 그 모습을 본 제갈량은 그저 우습기만 했다.

"설마 형주 일로 찾아오신 것입니까? 그런 것이라면 걱정하실 필요 없습니다. 그 일은 제게 맡겨두십시오. 제가 주공을 설득해서 형주를 되돌려 드리겠습니다."

제갈근은 예상대로 고육책이 먹혀들자 속으로 기뻐하며 곧장 눈물을 닦았다. 그리고 그 길로 제갈량을 따라 유비를 만나러 갔다. 제갈근은 유비에게 서천에 온 이유를 설명했다. 그러자 유비가 쌀쌀맞은 얼굴로 냉랭하게 말했다.

"나 또한 형주를 돌려줄 생각이었소. 헌데 자네의 주공께서 내게 어떻게 하셨는가? 내 아내를 몰래 빼돌리지 않으셨는가? 그렇게 인정

사정없이 나오면 이 유비의 체면은 무엇이 되겠소? 자네 주공께 형주를 찾고 싶거든 힘으로 빼앗아가라고 전하시게. 당시엔 내게 형주 땅이 전부였지만 지금은 서천의 41주가 모두 나의 땅이오. 게다가 수십만 병력에 식량 또한 족히 20년은 버틸 수 있을 만큼 가지고 있으니 더는 두려울 것도 없소. 가서 손권에게 전하시게. 그렇지 않아도 병력을 일으켜 오나라 전체를 빼앗아 올 생각이었는데, 그래도 형주를 달라고 할 참이면 제대로 각오해야 할 것이오."

유비의 말에 제갈근은 순간 얼음처럼 굳어 아무 말도 하지 못했다. 그때 제갈량이 유비 앞에 엎드려 소리 내어 울며 말했다.

"오나라 왕이 제 형님의 가솔들을 옥에 가두었다고 합니다. 만약 형주를 돌려주지 않으면 그들 모두 참형을 당할 것입니다. 피를 나눈 형제가 죽게 생겼는데 소인 무슨 염치로 혼자 살아가겠습니까? 부디 소인의 체면을 봐서라도 안타까운 사정을 굽어 살펴 주시옵소서."

하지만 유비는 화만 낼 뿐 전혀 미동도 하지 않았다. 제갈량이 수차례 애걸복걸하자 유비는 화를 조금 누그러뜨린 채 말했다.

"그럼 이렇게 합시다. 군사의 체면을 봐서 형주의 절반인 장사長沙, 영릉寧陵, 계양桂陽 3군을 오나라에 돌려주겠소."

그러자 제갈량이 기뻐하며 대답했다.

"기왕 허락하신 김에 관장군에게 3군을 돌려주라는 친필 서신을 한 장 써 주십시오."

유비는 서신을 다 쓴 뒤 제갈근에게 누차 당부했다.

"운장의 성미가 워낙 불같아 나 역시 그가 어떻게 나올까 두렵소. 그러니 형주에 가거든 좋은 말로 잘 부탁해야 할 것이오."

일이 잘 마무리되자 제갈근은 뿌듯한 마음으로 급히 인사를 나눈 뒤 곧장 형주로 떠났다. 형주에 도착한 제갈근은 관우에게 유비의 서신을 전달하며 말했다.

"장군께선 지금 당장 3군을 돌려주시오. 그래야 이 사람이 오나라로 돌아갈 수 있소."

그러자 관우가 버럭 화를 내며 말했다.

"나는 형님과 도원에서 한날한시 죽을 각오로 한나라를 바로 세우기로 맹세했소. 형님께서 이 형주를 내게 맡긴 이상 절대 오나라에 넘길 순 없소. 그리고 3군 모두 한 황실의 영토이거늘 이 무슨 말도 안 되는 소리란 말이오? 이곳의 흙 한 줌도 가져가실 수 없소!"

관우가 노골적으로 유비를 비난하는 것처럼 보여도 실은 그가 비난하는 대상은 따로 있었다. 요 며칠 천당과 지옥을 오가는 것 같았던 제갈근은 이곳에 온 뒤 또 다시 절망에 빠졌다. 그는 떠나기 전 유비가 당부했던 말을 떠올리며 간곡히 부탁하는 태도로 바꿔 말했다.

"실은 우리 주공께서 내 가솔들을 모두 옥에 잡아 가두셨소. 만약 장군께서 3군을 돌려주지 않는다면 모두 죽게 될 것이오. 부디 가엽게 여겨주시오."

그러자 관우가 차갑게 쏘아붙였다.

"손권의 고육책을 모를 줄 알았소? 누굴 속이려 드는 것이오!"

제갈근은 '공명과 유비도 속아 넘어갔는데 어찌 관우에게는 통하지 않는단 말인가'라는 생각에 간담이 서늘해졌다.

사실 이 고육책에 속아 넘어간 사람은 아무도 없었다. 고육책이 아무리 가짜연극이라 해도 그로 인한 대가는 아주 혹독하다 못 해 살벌하다. 이전에 주유가 채중과 채화를 속이기 위해 황개를 실제 곤장으로 내리쳐 그의 온몸을 피투성이로 만들었다. 하지만 제갈근이 이 연극에서 할 수 있는 역할이라곤 기껏해야 감정에 솔직한 배우 정도다. 만약 가짜연극이 아닌 그의 가솔들이 실제로 옥에 갇혀 곤혹을 치르고 있다고 생각했다면, 정말 지푸라기라도 잡고자 하는 심정의 애걸복걸하는 표정과 행동이 나왔을 것이다. 하지만 이미 가솔들의 신변에 아무 이상이 없음을 굳게 믿고 있는 상태에서 연극을 하니 누굴 제대로 속일 수 있었겠는가?

결과적으로 장소의 지략도 그다지 뛰어난 수준이 아님을 알 수 있다. 장소는 그저 제갈 형제간의 정을 이용할 궁리만 했을 뿐 인정의 딜레마까지는 미처 생각지 못했다. 사적인 일로 공적인 일을 그르쳐야만 하는 어쩔 수 없는 선택 앞에서 당당할 수 사람은 결코 없다. 만약 제갈량이 형제의 정 때문에 유비에게 그 같은 부탁을 했다면 이는 군신간의 의를 저버리는 행동이다. 그러고도 제갈량이 앞으로 어찌 유비 곁에 남아있을 수 있겠는가? 이것만 봐도 손책의 사람 보는 눈이 아주 정확했음을 알 수 있다. 역시나 '장소는 내부 일을 상의하기에 적합한 인재일 뿐, 그에게 절대 외부 일을 맡겨선 안 된다'는 교훈이 이번 일로 확실히 증명되었다.

이래도 안 되고 저래도 안 되자 제갈근이 볼멘소리로 말했다.

"장군, 어찌 이리도 매정하시오?"

아무 말도 하지 않았으면 좋았을걸. 인정을 들먹거리자 관우는 순간 불같이 화를 냈다.

"그 입 다무시오! 한 마디만 더 지껄이면 더 이상 인정사정 봐주지 않을 것이오!"

관우는 검을 손에 든 채 당장에라도 벨 것처럼 자세를 취했다. 이때 옆에 있던 관평이 황급히 관우를 말렸다.

"아버님, 노여움을 푸십시오. 군사의 체면도 생각하십시오."

"오늘 군사의 체면을 생각하지 않았다면 이 자를 결코 살려 보내지 않았을 것이다!"

과연 제갈근은 알고 있었을까? 만약 그가 제갈량과 형제가 아니었다면 오늘과 같은 모욕은 당하지 않았을지도 모른다.

관우는 제갈량과 힘겨루기에서 이미 큰 좌절감을 맛본 상태였다. 특히 화용도 사건은 관우의 자존심에 지울 수 없는 상처를 남겼다. 그런데 지금 3군을 오나라에게 떼어주라고 하니 또 다시 들끓던 분노가 치솟았다. 제갈량이 혼자 좋은 사람인 척 다하면서 곤란한 일은 모두 관우에게 떠넘겼기 때문이다. 지금 형주 9군은 관우의 소관이므로 형주와 관련된 일은 당연히 사전에 자신과 먼저 상의했어야 했다. 하지만 사전에 아무 언질도 없었으니 관우의 입장에선 무시당했다고 느낀 것이다. 물론 관우도 지금 이 상황이 '짜고 치는 상황'이라는 걸 잘 알고 있었다. 누구에게나 착한 역할은 쉽고 못된 역할은 어려운 법이다. 관우라고 착한 역할이 하고 싶지 않았겠는가? 하지만 선택의 여지가 없으니 제갈근에게 모질게 대할 수밖에 없었다. 이런 상황 속에서 관우가 느끼는 좌절감은 더욱 깊어만 갔다.

좌절감은 사람에게 파괴 성향과 복수의 동기를 심어준다. 하지만 제갈량이 군권을 쥐고 있는 데다 지략 또한 보통이 아니니, 후환을 생각하면 성급히 제갈량에 대한 복수를 차마 행동으로 옮길 수 없었다. 따라서 제갈근이 눈앞에 나타났을 때 관우의 공격목표가 자연스럽게 제갈근에게 조준된 것이다. 아마 딱 이런 심정이 아니었을까?

'제갈량이 안 되면 제갈근에게라도 속 시원히 분을 풀어야겠다. 원망하려거든 제갈량과 같은 핏줄을 나눈 형제인 것을 원망해라!'

이런 현상을 가장 잘 설명할 수 있는 심리학 이론이 바로 '죄 없는 고양이에게 발길질하기' 이론이다.

어떤 사장이 아침에 부인과 다툰 뒤 회사에 출근했다. 그 언짢은 감정이 가시질 않아 회사에 오자마자 마주친 부사장에게 별일 아닌 일로 크게 화를 냈다. 작정하고 타박하려고 하면 무슨 핑계든 못 찾겠는가? 사장 앞에서 꿀 먹은 벙어리처럼 참고 있다가 사무실로 돌아온 부사장은 과장을 불러 똑같이 설교를 했다. 아침 댓바람부터 영문도 모른 채 부사장에게 욕을 먹은 과장 역시 화를 꾹꾹 참고 있다가 사무실로 돌아와 똑같이 자신의 부하 여직원에게 화풀이를 했다.

이유도 모르고 과장에게 혼나 속으로 화를 끓이고 있는데 마침 전화 한 통이 걸려왔다. 누구에게 온 전화일까? 바로 남자친구다. 이 여직원은 이때다 싶은 마음으로 남자친구에게 그동안 자신에게 소홀했던 것들을 하나하나 언급하며 화를 냈다. 그녀의 남자친구는 아침에 기분 좋게 여자 친구에게 전화했는데 뜬금없이 욕만 잔뜩 먹으니 기분이 엉망진창 돼버렸다. 남자친구는 주변을 둘러보았지만 아무도 없었다. 분을 풀 데가 없자 마침 자신의 발밑에 쪼그리고 앉아있던 고양이를 있는 힘껏 차버렸다.

발에 채인 고양이는 저 멀리 내동댕이쳐졌다. 이 불쌍한 고양이의 신세가 바로 성실하고 충직하기만 한 제갈근의 모습과 같다. 자신의 아우가 유비 밑에서 최고의 대우를 받는 위치에 있는데, 아우의 덕을 보기는커녕 본인의 인생 역사상 최악의 굴욕과 치욕을 경험할 줄 누가 알았겠는가? 제갈근은 어깨가 축 처진 채 유비를 만나러 갔다. 그 모습을 본 유비는 안타까운 표정으로 위로했다.

"내 아우의 성미가 원래 그렇게 고약하오. 허나 너무 괴로워 마시게. 일단 제갈 선생께선 오나라로 돌아가시게. 내 동천東天의 한중漢中을 손에 넣으면 그때 운장에게 그곳을 맡길 생각이니, 형주도 그때 돌려드리리다."

제갈근은 어쩔 수 없이 작별인사를 하고 떠났다. 제갈량 또한 모시고 있는 주군을 위해 한 일이긴 하지만, 자신의 형제가 이리 치이고 저리 치이는 것을 보자 마음이 편치 않았다. 제갈량은 떠나는 형에게 가솔들을 구할 방도를 일러주었다. 제갈량의 일러준 방도는 아주 간단했다. 사실 제갈근은 관우를 찾아갈 필요는 없이 유비가 친필로 작성한 3군 교부문서를 직접 손권에게 전해 주기만 하면 됐다. 그럼 그다음은 손권이 알아서 사람을 시켜 관우와 담판을 지었을 테고, 자신의 가솔들도 더는 이 위험한 연극에 휘말리지 않아도 됐을 것이다.

◈ 심리학으로 들여다보기

때로는 거짓말이 필요하다. 선의의 거짓말 외에 상대에게 피해를 주지 않는 범위 안에서 상황을 모면하고 자신을 변호해야 할 때가 있다. 연극을 하는 것처럼 상황을 연출하고 진정성 있는 연기의 모습을 보여야 한다. 그러면 상대는 가짜 연극인 줄 알면서도 이해심을 발휘한다.

토끼도
벼랑 끝에 몰리면 문다

제갈량이 일러준 방도는 정말 형제의 목숨을 살렸다. 제갈근은 오나라로 돌아와 손권에게 형주 3군을 넘긴다는 내용이 담긴 유비의 친필 교부서를 전했다. 손권은 크게 기뻐하며 그 즉시 관원을 장사, 영릉, 계양 3군으로 보내 땅을 인수받을 준비를 했다.

제갈근의 가솔들은 옥에서 풀려나 집으로 돌아오게 되었다. 비록 우여곡절 끝에 가짜연극이 끝났지만 매 순간 살얼음판을 걷는 듯한 느낌이었다. 만약 제갈근이 유비의 친필 교부서를 가져오지 않았더라면 아마 손권은 불같이 화를 내며 그의 가솔들을 풀어주지 않았을지도 모른다. 이로 미루어 보면 제갈량은 군신의 의를 거스르지 않으면서도 형제의 정까지 배려했음을 알 수 있다.

세 명의 관리는 각 3군에 부임한다는 문서를 받은 뒤, 새로운 보직에 대한 부푼 꿈을 안고 떠났다. 하지만 정작 그들을 기다리고 있는 것은 바로 살기등등한 기세를 내뿜고 있는 관우였다. 관우의 첫 반응은 당연히 매서운 호통이었다. 세 명의 관리 모두 관우의 손에 목이 달아날까 두려워 꽁지가 빠지게 도망쳤다. 이 일로 관우는 제갈량에 대한 편견이 더욱 깊어졌다. 이유인즉, 착한 역할은 모두 본인이 맡고 온갖 인상을 구기며 성내는 일은 자신에게 떠넘겼기 때문이다. 서천을 떠날 때 입에 침이 마르도록 '동화손권東和孫權'을 강조하더니, 이제 와서 유비에게는 교부문서를 쓰게 하고 내가 그들을 쫓게 만드는 건 말의 앞뒤가 맞질 않는 행동이 아닌가? 이런 식으로 어떻게 '화친'을 맺는단 말인가?

손권은 관우에게 쫓겨난 관리들의 보고를 받은 뒤 한참 동안 아무 말도 하지 않았다. 하지만 마음속으로는 관우를 향해 이를 바득바득 갈고 있었다.

'동오 6군 81주의 주인에게 이토록 시건방지게 굴다니. 이 손권의 이름을 걸고서라도 반드시 네놈의 숨통을 끊어놓을 것이다!'

충분히 이런 생각을 할 법하다. 적벽대전 이후 손권도 더 이상 풋내기 청년이 아니었다. 이제는 엄연히 강력한 힘을 가진 군주였다. 그런데 한낱 장수에 불과한 관우에게 이토록 체면을 구겼으니 발끈하는 것이 당연하다. 하지만 손권 또한 아직은 관우를 어찌할 도리가 없었다. 대신 어디에라도 분풀이해야겠단 심사였다(엉뚱한 곳에 화풀이하는 이런 상황은 어느 시대에서나 존재했나 보다). 일은 저지른 사람이 해결해야 하는 법인데 노숙은 이번에도 불쌍한 고양이 신세를 면치 못했다. 손권은 사람을 시켜 노숙을 불러와 면전에 대고 버럭 소리를 질렀다.

"애초 형주를 빌려줄 때 자네가 약속을 받아오지 않았는가? 헌데 유비가 서천을 손에 넣고도 약속을 지키지 않고 있으니 이제 어찌할 셈인가!"

손권의 격노는 노숙에게 엄청난 압박감을 주었다. 사람은 심한 압박을 받았을 때 본능적으로 '도피'하려고 한다. 결론적으로 맞서거나 도피하거나 둘 중 하나를 선택해야 하는데 노숙에겐 더 이상 도망칠 곳이 없었다. 만약 책임을 회피하려 든다면 가뜩이나 잔뜩 골이 나 있는 손권이 당장에라도 자신의 목에 칼을 들이댈지도 모를 일이었다.

이제는 이판사판 갈 데까지 가보는 수밖에 없게 되었다. 노숙은 본래 성정 자체가 평화주의적인 인물이었다. 하지만 과도한 압박감 때문이었을까? 순간적으로 무모한 무리수를 두고 말았다.

"소인에게 계책이 하나 있습니다. 육구陸口에 병사를 주둔시킨 뒤 사람을 시켜 관우를 연회에 초청할 것입니다. 그가 초청에 응하여 참석하면 일단 말로써 잘 협상해 형주를 받아낼 것이고, 말이 통하지 않는다 싶으면 매복해 있던 도부수들이 그의 목을 벨 것입니다. 또한, 관우가 오지 않는다면 그 즉시 출병하여 무력으로 형주를 빼앗아 올 것입니다."

노숙이 제안한 이 방법은 사실 주유에게서 배운 것이다. 이전에 주유는 형주를 되찾기 위해 유비를 연회에 초대한 다음 암살할 계획을 세웠으나, 생각지 못하게 관우가 유비의 호위무사로 나타나 암살계획을 포기했었다. 그런데 자신보다 훨씬 뛰어난 담력과 지략을 가진 주유도 성공하지 못한 일을 무슨 수로 해낸단 말인가? 사실 지금 노숙에겐 주유가 실패한 전략을 재탕하는 것 말곤 생각해낼 수 있는 게 아무

것도 없었다. 반면 손권은 노숙의 자신만만한 모습을 보고 이번에는 확실히 관우의 콧대를 꺾어 놓을 수 있겠다는 생각에 그 즉시 노숙의 계획에 동의했다.

막사에서 이 소식을 들은 감택闞澤은 그 즉시 달려가 진언을 올렸다. 감택은 전풍과 아주 많이 닮은 인물로 윗사람을 설득할 때 그 사람이 현재 어떤 생각을 하고 있는지는 전혀 생각지 않고 오직 사실만 가지고 시시비비를 따졌다. 감택이 말했다.

"주공, 이는 불가하옵니다. 관우는 세상 사람이 다 아는 호장虎將이옵니다. 절대 만만히 봐선 안 됩니다. 일이 잘못되기라도 하면 오히려 크게 화를 입을 것입니다."

'관우는 세상 사람이 다 아는 호장이다'라는 말이 틀린 말은 아니다. 그의 이런 주장은 설득의 중심경로에 속한다. 하지만 손권의 비위를 거스른 이상 더 이상 이치로는 그를 설득할 수 없게 됐다. 역시나 손권은 버럭 화를 내며 말했다.

"자네 말대로라면 대체 형주는 언제 찾아온단 말인가? 당장 물러가시오! 자경, 지금 당장 이 일을 해결하고 오시오!"

더 이상 물러날 곳도 도망칠 곳도 없어진 노숙은 손권에게 인사를 한 뒤 서둘러 육구로 향했다. 그는 여몽과 감녕甘寧을 불러 상의를 한 뒤 육구의 부대 밖 임강정臨江亭에 연회를 열어 관우를 끌어들이기로 했다.

계획은 이미 정해졌다. 하지만 관우가 정말 연회에 나타날지에 대해선 여전히 확신이 서질 않았다. 이전에 주유는 적벽전을 핑계 삼아 유비를 오나라까지 오게 했지만, 이번엔 또 무슨 핑계로 관우를 오게 만든단 말인가? 또 어떻게 해야 그의 의심을 사지 않을 수 있을까?

노숙은 먼저 충분히 생각한 다음 행동에 옮기기로 했다. 일단 서로 아무 관련이 없는 사람끼리 아주 오랜만에 만날 땐 반드시 사적으로 만나야 할 이유가 필요했다. 특히 관우의 의심을 사지 않기 위해선 그저 가볍게 만나 이야기를 나누고자 할 뿐 절대 악의가 없다는 것을 잘 피력해야 했다. 노숙은 그 자리에서 서신 한 통을 써내려갔다. 그리고 언변이 좋은 이를 선별하여 그에게 직접 형주로 가 관우에게 서신을 전달하고 오게 시켰다.

노숙의 편지에는 다음과 같이 쓰여 있었다.

> 미천한 벗 노숙, 한수정후에게 처음으로 서신을 보내오. 오랫동안 벗을 보지 못한 것 같소. 금일 육구에 잠시 나왔다 임강정을 돌아보니 오랜 벗과 술 한 잔 기울이고 싶은 생각이 간절해졌소. 나랏일은 잠시 접어두고 가벼운 담소나 나누었으면 하여 서신을 보내니 부디 이 벗의 청에 응해 주길 바라오.

노숙이란 인물은 순진하기만 할 뿐 어두운 음모, 암투 따위엔 정말 젬병이었다. 이 편지는 그야말로 '이것은 덫이오'라고 광고하는 것이나 다름없다. 최소한의 상식과 이성이 있는 사람이라면 이 편지를 보자마자 경계심이 생겨 절대 함부로 움직이지 않을 것이다. 바꾸어 말하자면, 노숙의 계획 자체는 완벽했을지 몰라도 실행 가능성이 전혀 없다는 뜻이다. 하지만 세상만사엔 늘 예외가 존재하는 법이다. 그 서신의 대상이 관우였으니 망정이지, 만약 다른 이였다면 씨알도 먹히지 않았을 것이다.

하지만 관우에게만큼은 이 서신이 제 역할을 톡톡히 해냈다. 관우는 서신을 다 읽은 뒤 고민도 하지 않고 곧장 사자를 불러 말했다.

"자경이 이렇게까지 청하니 내일 연회에 참석하도록 하겠네. 자네는 지금 오나라에 돌아가 내 뜻을 전하게."

사자가 떠나자마자 관평은 급히 관우를 말렸다.

"아버님, 필시 음모가 있을 것입니다. 어째서 노숙의 초대에 응하신 것입니까?"

그러자 관우가 큰 소리로 웃으며 말했다.

"내가 모를 것으로 생각했느냐? 분명 제갈근이 손권에게 내가 형주를 독점하고 있는 이상 절대 내주지 않을 것이라 고했겠지. 그리고 화가 난 손권이 노숙에게 수단과 방법을 가리지 말고 형주를 되찾아 오라고 압박했을 게야. 하하하! 만약 내가 가지 않는다면 저들이 나를 겁쟁이라고 비웃지 않겠느냐? 이번에 측근 10명 정도만 데리고 작은 배로 갈 것이다. 내게 청룡언월도 하나면 족하다. 가서 노숙이 어떻게 나올지 두고 볼 것이니라."

관우의 오만함은 이미 걷잡을 수 없을 만큼 커지고 있었다. 그의 이런 자신감은 나름의 근거 있었다. 첫 번째 근거는 이전에 주유의 초청을 받아 연회에 참석했을 때다. 당시 관우는 무사히 유비의 안전을 지켜내 위험천만한 상황을 잘 넘겼었다. 이것은 아주 중요한 경력이자 경험이다. 또한, 관우는 노숙을 전혀 주유와 동등한 선상에 두고 생각지 않았다. 주유도 자신의 상대가 되지 않는다고 생각하는데 노숙은 더 말할 것도 없었다. 두 번째 근거는 날이 갈수록 강해져 가는 그의 승부욕이다. 관우는 다른 사람의 눈에 위험해 보이는 일일수록 더욱 더 도전하려 했다. 스스로 '나는 다른 사람들과 다르다. 내게 불가능이란 없다'라며 자기 주문을 걸었다. 이런 상황에서 관우의 개인 안위와 형주 수비에 대한 책임과 같은 설득의 중심경로로 만류하는 것은 아무 도움도 되지 않았다. 오히려 말리면 말릴수록 관우의 승부욕만 자극해 더욱 무모한 행동을 하게 만들 뿐이었다.

관평이 말했다.

"아버님께서는 형주의 기둥과도 같으신 분입니다. 그런데 어찌 제 발로 호랑이 굴로 들어가시려 하십니까? 이는 백부님의 뜻에도 어긋나는 처사라 생각합니다."

그러자 관우가 큰 소리로 웃으며 말했다.

"개미떼처럼 밀려오는 적군과 쏟아지는 화살비 속에서도 이 몸은 거침없이 적진을 휩쓸고 다녔느니라. 그런 내가 설마 강동의 쥐새끼 같은 무리를 두려워할 것 같으냐?"

목소리에는 자신만만함이 역력했다. 형주 최고의 모사인 마량馬良 역시 관평과 같은 의견을 말했다.

"노숙이 비록 인자하고 덕이 있는 자이지만, 손권의 압박에 못 이겨 다른 마음을 품었을 수도 있습니다. 절대 가볍게 결정할 문제가 아닙니다."

그러자 관우가 정색하며 말했다.

"춘추시대의 조나라 인상여藺相如라는 자는 닭 모가지를 제대로 비틀 힘도 없었지만 민지澠池의 모임에서 진나라 군신들을 상대로 주군의 존엄을 지켰소. 하물며 만인을 대적할 능력을 갖춘 이 몸이 무엇이 두려워 망설이겠소? 노숙에게 이미 답을 한 이상 번복할 순 없소."

더 이상 어쩔 도리가 없다고 판단한 마량은 관우에게 마지막으로 간언했다.

"정녕 가셔야 한다면 만일을 위해서 충분한 대비를 하셔야 합니다."

그러자 관우가 또 큰 소리로 웃으며 말했다.

"그렇게 소란 떨 것 없소. 관평에게 일러 쾌속선 10척을 준비한 뒤 군사 5백을 태워 강가에서 기다리게 하시오. 그리고 내가 붉은 기를 흔들면 그 즉시 강을 건너 나를 태우러 오면 되오."

마량은 더 이상 아무 말도 못 하고 물러났다. 하지만 돌아서면서도 혹여나 관우가 군사 5백조차도 준비하지 않을까 봐 마음이 조마조마했다.

마침내 노숙의 무모한 계획이 관우의 무모한 행동을 이끌어내는 데 성공했다. 다음날 관우가 당도한다는 소식을 들은 노숙은 갑자기 심장이 두근거리기 시작했다. 그는 또 다시 여몽과 감녕을 불러 상의했다. 여몽이 말했다.

"관우는 분명 군대를 이끌고 올 것입니다. 저와 감녕 장군이 각각 군사를 이끌고 연안에 매복해 있다 신호 포가 터지면 그들과 맞서 싸우겠습니다. 도독께선 술자리에 도부수 50명을 매복시켜 연회 도중에 관우를 죽이십시오."

노숙은 너무 긴장된 나머지 손이 사시나무처럼 떨렸다. 하지만 누구를 탓하랴. 그가 상대해야 하는 사람은 바로 100만 대군을 이끄는 수장의 목도 베어버린 관운장이다. 그런 그 앞에서 누군들 두렵지 않겠는가?

하지만 너무 성급하게 일을 도모한 탓에 노숙과 여몽, 감녕이 미처 생각지 못한 부분이 있었다. 만약 이들이 조금만 더 신중했었다면 관우가 제거 당할 확률이 아주 높았다. 관우가 용감무쌍하다는 것은 사실이나 그에게도 한 가지 치명적인 약점이 있었다. 그것은 활을 막아내는 능력이다. 이전에 오관五關을 뚫고 지나갈 땐 한복이 쏜 화살에 맞았었고, 그 이후 황충과의 대결 때도 마찬가지였다. 그때 황충이 정말 작정하고 화살을 쐈다면 관우는 이미 죽고 없었을 것이다. 이후 관우는 방덕龐德과 조인曹仁 등이 쏜 화살에 또 한 번 맞게 된다. 장판파 때도 그렇고 후에 오나라가 군대를 이끌고 쳐들어왔을 때 만약 조운이었다면 빗발치는 화살 공격을 막아냈겠지만, 관우는 분명 치명타를 입었을 것이다. 결국, 답은 화살에 있었다. 이 말은 곧 칼로써는 절대 관우를 죽일 수 없다는 뜻이기도 하다.

관평과 마량이 걱정하는 것도 지극히 정상적인 반응이다. 만약 노숙이 활을 쏘아 관우를 죽이려 했다면 제아무리 무쇠 같은 몸을 가진 관우라도 무자비하게 쏟아지는 화살공격에 살아남기는 어려웠을 것이다. 그러니 형주의 안전을 생각해서라도 자신의 체면 하나 지키자고 무리하게 행동하지 말았어야 했다.

하지만 이번에도 행운의 여신은 늘 그랬듯 관우의 편이었다. 노숙은 '이치'로 따졌을 때 자신이 주도권을 갖고 있다고 생각했다. 처음 형주를 빌려주었을 때 유비가 친필로 작성했던 문서와 이번에 제갈근이 유비에게서 받아온 형주 삼군 교부서가 그 증거다.

노숙은 자신이 언변 능력은 좀 떨어져도 이 세상에 '이치'를 이길 수 있는 것은 없다고 생각했다. 관우는 신의를 목숨같이 중요하게 생각하는 자이니 이치로서 그 책임을 물으면 분명 승산이 있을 것으로 생각했다. 하지만 이치로도 따질 수 없는 것이 있다는 것을 깨닫는 데는 그리 오랜 시간이 걸리지 않았다. 눈앞에 군사들을 맞닥뜨리는 순간 깨달았다. 이 세상에 '이치'보다 더 강한 것이 바로 '힘'이라는 사실을!

◈ **심리학으로 들여다보기**

계속되는 압박은 천사도 악마로 변하게 한다. 쥐를 잡으려거든 코너로 몰라는 말이 있다. 목적을 위해 계획적으로 상대에게 압박을 가하는 것이지만 코너에 몰린 쥐는 고양이를 문다. 이는 잠재된 역량의 발휘가 아니라 타협점을 못 찾은 반발이자 적극적 방어이다.

기회는
미리 땡겨 쓸 수 없다

다음날 노숙은 관우가 오지 않을까 걱정되어 병사들을 해안 근처로 정찰을 보냈다. 진시辰時(오전 7시~9시)가 되자 작은 배 한 척이 보이는데 배 안에는 겨우 몇 사람 정도만 타고 있었다. 바람에 나부끼는 붉은 깃발에는 커다랗게 '관關'자가 쓰여 있었다.

배가 점차 강둑에 다가오자 푸른 두건에 녹색 전포를 입은 관우가 보였다. 양쪽으로 10명 남짓 되는 덩치 큰 사나이들이 각각 허리에 칼자루를 찬 채 서 있었다. 감히 범접하지 못할 위엄을 풍기는 이들이 드디어 노숙의 코앞까지 다가왔다.

노숙은 관우가 이렇게 무방비 상태로 올 것이라곤 전혀 생각지 못했다. 비록 관우의 무모한 행동은 굉장히 위험한 선택이었지만 양측의 첫 기 싸움에선 관우가 절대적으로 상대를 압도시켰다.

노숙은 떨리는 마음을 진정시키며 표정을 가다듬은 뒤 관우를 정자 안으로 안내했다. 노숙은 잔을 들어 술을 권했지만, 강철도 뚫을 것 같은 날카로운 눈빛 때문에 차마 정면으로 관우를 쳐다보지 못했다. 반면 관우는 태연하게 아무것도 모르는 척 웃기만 했다. 술자리가 무르익을 때쯤 노숙은 용기를 내 형주에 관해 말을 꺼냈다.

"관군후關君侯(제후를 높여 부르는 말), 한 가지 드릴 말씀이 있는데 들어주시겠소?"

이 말은 관우가 절대 거절하지 못할 걸 알기에 꺼낸 말이었다. 노숙은 하던 말을 계속 이어 나갔다.

"지난날 군후의 형님께서 오나라로부터 형주를 빌려 가신 뒤 아직도 돌려주지 않고 계시오. 이치로 따지자면 이는 엄연히 약속을 어기신 것이나 다름없소."

대답하기 곤란해진 관우는 대충 얼버무리며 넘어갔다.

"그 문제는 국가대사이니 나랏일은 덮어두고 지금은 술이나 즐기며 마셨으면 하오."

하지만 상대방이 할 일 없이 그저 속 편하게 술이나 마시자고 자신을 불렀겠는가? 형주는 반드시 담판을 짓고 넘어가야 할 일이니 관우가 회피하려 한들 통할 리 없었다. 노숙은 한 번 입을 뗀 뒤로 주저 없이 말을 이어나갔다.

"애초 오나라가 형주를 빌려드린 것은 군후의 주군께서 패전으로 인해 아무 근거지가 없었기 때문이오. 허나 익주를 손에 넣으시고도 아직 형주를 돌려주지 않고 계시질 않소? 군후께서 형주 3군 반환을 거부하시고 계시는 것 역시 신의를 저버리는 일이라 생각하오. 군후께선 어릴 적부터 유학 서적들을 즐겨 읽으셨으니 오덕五德(인의예지신)에 대해 잘 아실 것입니다. 이 오덕 중 지금 군후에게 모자라는 것은 단 하나, 바로 '신信'이라고 생각하오."

비록 뛰어난 말재주는 아니지만 노숙의 주장은 구구절절이 옳은 말이었다. 특히 '신信'을 이용하여 자신의 약점을 공격하니 관우 역시 쉽게 반박할 수 없었다. 노숙이 다른 뜻을 품고 있다는 것을 알고 있었지만, 강동의 소인배 무리는 절대 자신의 상대가 되지 않는다 생각하여 아무런 준비도 하지 않은 채 참석한 자리였다. 하지만 생각지도 못한 노숙의 강력한 반격에 난처해지고 말았다.

관우는 어떻게든 우겨야겠단 생각에 지지 않고 말했다.

"적벽전 때 유비 형님께서 수많은 병사와 함께 친히 목숨을 걸고 싸우셨소. 그런데 이 정도 가질 자격도 없단 말씀이오?"

관우의 터무니없는 억지에 노숙 역시 순순히 물러서지 않았다.

"군후께선 상황을 잘못 이해하고 계신 것 같소. 당시 군후와 유예주劉豫州(유비가 예주목을 벼슬로 받았을 때의 호칭)께서 조조의 군대에 쫓겨 의지할 곳 없이 궁지에 몰려있을 때, 오나라 주군께서 이를 딱하게 여겨 형주를 빌려드린 것 아니오? 헌데 유예주께선 서천을 손에 쥐고도 형주까지 욕심을 내고 계시니 이 무슨 경우란 말이오?"

노숙이 오나라가 유비에게 베푼 은혜를 거듭 강조하며 호혜성 원리를 주장하니 관우는 할 말이 궁색해져 아무 반박도 하지 못했다. 관우는 잠시 예전에 연진延津 하구에서 유연에게 배를 빌려 황하를 건넜었던 일을 떠올렸다. 당시 유연은 자신은 어찌할 도리가 없다는 일이라며 모든 결정을 하후돈에게 미뤘었다. 관우가 말했다.

"이 일은 좌장군이신 내 형님께서 결정하실 문제이지, 이 몸이 간섭할 수 있는 일이 아니오."

관우는 모든 책임을 유비에게 떠넘겼다. 이 말은 '이 모든 것은 유비의 뜻이며 나는 그의 형제이자 부하일 뿐 아무런 결정권이 없다. 담판을 지으려거든 유비를 찾아가거라. 나와는 아무 상관이 없다'라는 뜻이다. 관우의 이런 행동은 늘 당당함을 잃지 않았던 그에게서 좀처럼 보기 힘든 모습이다. 이는 그만큼 호혜성 원리의 위력이 강력하다는 것을 의미하기도 한다.

이 같은 호혜성 원리의 역이용은 이미 여러 차례 그 효과가 검증된 바 있다. 하지만 노숙에겐 한 가지 비밀 무기가 있었다. 만약 관우가 자물쇠라면 그의 유일한 열쇠는 바로 유비다. 이 비밀을 아는 사람은 삼국시대에 단 두 명뿐이다. 조조와 제갈량이 그토록 애를 쓰고도 관우를 진심으로 설득시키지 못한 이유는 바로 이 비밀을 몰랐기 때문이다. 노숙 이외에 이 비밀을 아는 또 다른 한 명은 촉나라의 사마비시司馬費詩였다. 노숙이 말했다.

"장군께서 방금 하신 말씀은 앞뒤가 맞질 않소. 유예주와 군후 그리고 장비 장군 세 사람이 도원에서 결의를 맺을 때 생사를 함께하기로 맹세하셨다고 들었소. 그러니 유예주께서 곧 장군이고, 장군이 곧 유예주나 다름없소. 그런데 어찌 그런 핑계로 책임을 회피하려 하시오?"

'유비가 곧 관우이고, 관우가 곧 유비다'라는 이 말은 유비, 관우, 장비의 가장 큰 자부심이 었다. 노숙의 촌철살인과 같은 반문에 관우가 무슨 더 할 말이 있겠는가? '형제는 하나다'라고 말할 땐 언제고, 이제 와서 이건 유비의 일이니 나는 모른다는 게 말이 안 된다. 곱게 말할 때 형주나 되돌려 달란 뜻이다. 관우는 얼굴이 시뻘겋게 달아올랐지만 꿀 먹은 벙어리처럼 아무 말도 하지 못했다. 관우가 난처해하며 말문이 막히자 옆에 있던 주창이 소리치며 말했다.

"천하의 땅은 오직 덕이 있는 자만이 다스리는 것이오. 이 세상에 오나라만 형주를 차지하란 법이 어디 있소!"

노숙은 어안이 벙벙해져 말을 잇지 못했다. 정말 힘 앞에선 이치도 통하지 않는 것인가? 생각지도 못한 주창의 참견 덕에 관우는 난처한 상황에서 벗어 날 수 있었다. 주창의 행동은 가장 기본적인 '강제 중단' 전략이다. 이것은 일반적으로 협상 테이블에서 상대측의 압박에 눌려 반박하지 못하거나 수동적으로 끌려갈 때 쓰는 전략이다. 주로 두 사람 또는 여러 사람이 함께 있는 자리에서 미리 사전에 세워둔 계획에 따라 행동으로 옮기는 전략이다. 하지만 주창의 경우 계획에는 없는 자발적인 행동이었다.

관우는 이때를 놓치지 않고 곧바로 주창의 손에 들린 청룡언월도를 들고 얼굴색을 바꾸며 엄하게 꾸짖었다.

"이건 국가의 중대사이니라. 네놈 따위가 무엇을 안다고 함부로 지껄이는 것이냐!"

관우는 주창을 꾸짖으면서 그에게 눈짓을 보냈다. 그의 뜻을 알아챈 주창은 서둘러 자리에서 일어나 강변으로 가 홍기를 흔들었다. 강 건너편에서 이를 본 관평은 쏜살같이 배를 몰고 강을 건너왔다.

관우는 모두가 보는 자리에서 주창을 나무라며 노숙의 기를 살려주었다. 그리고 은근슬쩍 말의 화제를 돌려 이 지겨운 논쟁을 그만 끝내려 했다. 관우는 오른손에 청룡언월도를 쥐고 왼손엔 노숙을 붙들고 반쯤 술에 취한 채 말했다.

"자경, 오늘은 연회에 초청받아 온 것이니 나랏일은 그만 이야기합시다. 그건 그렇고 내가 술에 취한 것 같소. 혹여나 말이 헛나가 벗과의 오랜 정을 깨뜨릴까 걱정되오. 차후 날을 잡아 그대를 형주로 초대해 대접하겠소."

관우는 말을 하면서 강제로 노숙을 강변까지 끌고 나왔다. 관우의 손에 들린 무시무시한 청룡언월도를 본 노숙은 얼굴이 새하얗게 질려 아무 말도 못 하고 벌벌 떨기만 했다. 이때 여몽과 감녕이 관우가 노숙을 끌고 가는 모습을 발견했지만 섣불리 움직일 수 없었다. 노숙이 다칠까 우려돼 관우가 배에 도착할 때까지 그저 보고만 있었다. 관우는 배에 올라탄 뒤 노숙을 놓아주었다. 그리고 그 자리에서 노숙과 작별 인사를 했다.

관우가 탄 배는 빠르게 강을 벗어났다. 노숙은 넋을 놓은 사람처럼 한참을 멍하니 있다가 이내 곧 정신을 차렸다. 노숙은 당시 주유가 왜 유비에게 아무 짓도 못 했는지 그제야 깨달았다. 그리고 이 세상에는 아무리 이치를 강조해도 통하지 않는 것이 있다는 것을 깨달았다.

'백번 설득해봐야 절대 형주를 되찾을 수 없다. 오직 무력만이 형주를 찾을 수 있는 답이다. 이것이 세상의 진리다!'

노숙은 그 순간 굳게 결심했다. 반드시 무력으로 형주를 되찾아 오리라. 그는 즉시 손권에게 이 일을 알린 뒤 군사를 일으켜 형주를 공격해야 한다고 말했다. 이 말을 들은 손권은 격노하며 모든 병력을 동원해서라도 형주를 강제로 빼앗기로 결심했다.

이번에도 관우는 운이 좋았다. 손권이 거병 준비를 하고 있을 때 때

마침 조조가 30만 대군을 이끌고 오나라를 향해 오고 있었다. 자칫 하단 양쪽으로 공격 받을 위험에 처하자 손권은 어쩔 수 없이 노숙에게 관우를 치는 일을 잠시 뒤로 미루고 우선 병력을 합비合淝로 이동시켜 조조군을 막도록 명령했다. 이날 이후 손권은 형주를 생각하며 굳게 결심했다.

'오늘의 치욕을 반복하지 않기 위해서라도 더 이상의 협상은 없다!'

손권의 전략적 판단은 아주 정확했다. 어쨌든 당장 오나라의 최대 적은 조조였다. 하지만 손권의 변화는 오히려 관우에게 잘못된 착각을 심어주었다. 관우는 청룡언월도 한 자루에 의지한 채 단신으로 오나라로 건너가 노숙의 간계를 보기 좋게 물리친 뒤 털끝 하나 다치지 않고 돌아왔다. 게다가 이전에 오나라를 오가며 교섭을 했던 관리를 호되게 꾸짖기까지 했다. 헌데 오나라가 그렇게 큰 치욕을 당하고도 아무 대응도 하지 않자, 정말로 오나라가 겁을 먹고 나서지 못하는 것으로 생각했다. 이날 이후 강동 사람은 모두 소인배 무리라는 인식이 관우의 머릿속에 깊게 박혔다. 아니, 죽을 때까지 변하지 않았다.

관우는 이 일을 계기로 자신을 대적할 사람이 이 세상에 더는 없다는 망상에 사로잡히기 시작했다. 오만의 씨앗은 시간이 흐를수록 무서운 속도로 자라나 이미 관우의 온 머릿속을 지배하고 있었다.

옛말에 '좋은 일 뒤에는 나쁜 일이 숨어 있는 법이다'라는 말이 있다. 그동안 관우에게 있었던 행운은 사실 모두 불행이었다. 만약 조조가 군대를 이끌고 오나라로 쳐들어오지 않았더라면 분명 손권과 유비가 서로 싸웠을 것이다. 싸움이 시작된 이상 관우 역시 상시 경계태세를 늦추지 않았을 것이고, 오나라를 그렇게 만만하게 보지도 않았을 것이다. 유비와 제갈량 역시 관우가 '북으로는 조조를 막고 동으로는 손권과 화친해야 한다'라는 전략을 제대로 지키지 않고 있다는 사실을 금방 알아챌 수 있었을 것이다. 만약 그랬다면 관우를 다시 한번 잘 구슬리거나 아니면 형주를 다른 이에게 맡기는 등 제갈량에게도 대책을 세울 시간과 기회가 있었을 것이다. 그게 어떤 대책이었든 적어도 관우가 지금처럼 눈앞의 승리와 영광에 취해 위기가 코앞에 닥쳐 온 지도 모르는 상황까진 가지 않았을 것이다.

운이 좋은 것이 꼭 나쁜 일만은 아니다. 하지만 행운이 너무 자주 계속해서 한 사람에게만 찾아온다면 이는 불길한 징조일 수 있다. 한 사람이 혼자서 신의 사랑을 독차지하다 보면 스스로 행운아라 여기며 '내가 하면 무엇이든 다 된다'라는 생각하기 때문이다.

자신감은 나쁜 것이 아니다. 인간은 자신감을 통해 힘든 일도 씩씩하게 이겨낸다. 하지만 자만심은 다르다. 자만심은 단순하고 쉬운 일도 망쳐버릴 수 있다. 이 일은 관우의 자신감이 자만심으로 변하는 분수령과도 같은 사건이었다. 이날 이후 관우의 자만심은 하늘을 찌르다 못해 자신을 신격화하는 등 돌이킬 수 없는 지경까지 악화되었다.

◈ 심리학으로 들여다보기

오만은 한 번 시동을 걸면 멈추지 않고 오직 실패만을 향해서 달리는 단행 열차다. 주위의 평가로 교만해졌든, 스스로 자아도취 되었든 오만한 생각은 내면의 오만을 더 크게 부풀린다. 자기가 깨닫지 않는 한 제어할 수 없다는 치명적 단점을 가지고 있다.

명성은 위험한 양날의 검이다

조조는 장로長魯를 공격하여 한중漢中을 손에 넣었다. 그 뒤 유비가 조조를 공격하여 한중을 빼앗았다. 이 기간에 노장 황충과 맹장 장비, 조운, 위연 등이 모두 전장에서 큰 공을 세웠다.

유비는 유봉, 맹달孟達, 왕평王平 등에게 상용上庸과 제군현諸郡縣 공격을 맡겼다. 이때 형주, 익주, 한중이 모두 유비의 땅이었다. 광활한 영토를 지배하고 주변에는 우수한 인재들로 넘쳐났다. 그야말로 유비 개인 역사상 가장 눈부신 전성기를 누리고 있었다. 더 이상 목숨을 보전하기 위해 이 사람 저 사람에게 몸을 의탁하던 떠돌이 유비가 아니었다.

오랜 시간 유비의 곁에서 동고동락했던 부하들에게도 드디어 당당히 어깨와 목에 힘을 주고 살아볼 순간이 온 것이다. 하지만 이들에게 가장 필요한 것은 지금의 공적과 명성에 걸 맞는 명분을 갖는 것이었다. 그들은 유비가 분명 자신들보다 이러한 명분에 대한 갈망이 더 클 것이라 생각했다. 하지만 아무리 기다려도 유비가 어떤 행동도 취하지 않자, 모두의 의견을 모아 유비를 제왕으로 옹립하기로 결정했다. 유비가 더 높은 위치에 올라야만 자신들도 당당하게 기를 펴고 살 수 있기 때문이다.

이때 제갈량은 군정의 모든 권력을 장악하고 있었다. 그들은 유비의 제왕 옹립에 제갈량이 앞장서 줄 것을 청했다. 제갈량이 오랜 시간 산중에서 은거하다 유비의 보좌를 자처한 것도 학식을 쌓으며 품어왔던 자기 뜻을 펼치기 위함이다. 또한 관중과 악의의 공적을 뛰어넘는 삶을 살아볼 기반과 명분을 얻기 위해서였다. 제갈량은 망설임 없이 이들의 청을 수락한 다음 유비를 만나러 갔다.

제갈량은 융중에서 유비를 처음 만났을 때 그의 호방한 기개를 떠올리며, 자신이 설득하면 유비가 분명 제후의 자리에 오를 것이라 확신했다. 하지만 예상치 못한 벽에 부딪히고 말았다. 제갈량이 말했다.

"헌제는 힘이 없고 그 권력을 조조가 휘두르고 있으니, 지금 천하엔 백성의 주인이 없습니다. 주공께선 이미 서천과 동천 그리고 형주를 장악하시어 천하에 그 위세를 떨치고 계십니다. 지금이야말로 하늘의 뜻에 따라 제왕의 자리에 오르셔야 할 때입니다. 순리에 따르시어 나라의 도적인 조조를 몰아내야 합니다. 주공께서 길일을 택하시면 곧바로 일을 진행하도록 하겠습니다."

그러자 유비가 기겁하며 말했다.

"군사께서 어찌 그런 대역무도한 말을 입에 담으실 수 있소? 이 유비 한실의 종친이자 한나라 황제의 신하라는 걸 잊으셨습니까? 그대의 말대로 하는 것과 모반이 다를 게 무엇이오?"

제갈량은 얼굴이 시뻘겋게 달아올랐다. 쉽게 유비를 설득할 수 있을 것으로 생각했는데, 생각지도 못한 유비의 격한 반응에 제갈량은 당혹스러움을 감추지 못했다. 이제껏 유비는 자신의 말이라면 전적으로 신뢰하고 따라주었다. 제갈량은 그의 체면을 생각하여 자신과 문무백관의 생각과 진심을 기탄없이 털어놓았다.

"상황이 주공께서 생각하시는 것처럼 그렇지 않습니다. 지금 천하는 사분오열로 찢어져 너도나도 천하의 주인이 되겠다고 나서는 상황입니다. 현재 천하에 재능과 덕망 있는 자들이 목숨을 걸고 자신의 주군을 섬기는 이유가 단순히 명성이나 명예가 필요해서이겠습니까? 그만큼 실리가 있기 때문에 가능한 것입니다. 만약 주공께서 대의를 위해 제왕의 자리에 오르는 것을 거부하신다면, 주공을 따르는 이들에겐 더 이상 미래가 없으니 모두 주공을 떠나 각자의 길로 흩어질 것입니다. 주공께선 이 점을 깊게 헤아려주십시오."

하지만 유비는 여전히 자기 뜻을 굽히지 않았다.

"제왕이라니 당치도 않소. 나는 절대 그럴 수 없소! 그대들이 다시 한번 생각해 주길 바라오."

유비는 왜 제갈량의 제안(엄밀히 말하면 모두의 의견으로 제갈량이 대표로 나서서 말한 것이다)을 거절한 것일까? 그는 정말로 왕이 되고 싶지 않았던 것일까?

답은 '아니다'이다. 유비는 어린 시절 소꿉놀이를 할 적부터 '나는 나중에 황제가 될 거야'라는 말을 했었다. 하지만 성인이 된 이후 수많은 부침을 겪어오면서 그동안 제대로 뜻을 펼쳐볼 기회가 없었고, 싸우는 전투마다 늘 연전연패로 끝났다. 하지만 그럴 때마다 그를 일으켜 세운 것은 바로 '나는 황제가 될 것이다'라는 생각이었다. 게다가 서천을 정벌한 뒤 유비는 군신들에게 작위를 하사했는데, 이런 처사는 이미 황제가 된 것이나 다름없었다. 생각해 보라. 지난날 조조도 관우를 한수정후에 봉하기 위해 헌제의 동의를 받는 등 일련의 절차를 거쳤다. 유비야말로 무슨 자격으로 관우, 장비 등을 정후에 봉한단 말인가? 지금 이렇게 좋은 기회가 왔는데 유비는 왜 왕의 자리에 오르려 하지 않는 것일까?

그럼 제갈량은 왜 유비를 설득시키지 못하고 거절당한 것일까? 제갈량이 설득에 실패한 원인은 그가 정치적 상황을 제대로 판단하지 못해서라기보다 유비의 심리를 제대로 이해하지 못한 탓이 더 크다.

당시 조조는 천자를 등에 업고 제후들을 호령했다. 유비가 조조에게 대항할 때 사용했던 무기가 바로 한 헌제가 비밀리에 전했던 의대조衣帶詔다. 지난 수년간 유비에게 이 의대조가 있었기에 조조와의 싸움에서 늘 당당하게 대의명분을 주장할 수 있었다.

한 왕실이 유명무실한 존재라는 것은 이제 천하가 다 아는 사실이 되었고, 지금은 수많은 영웅호걸이 너도나도 그 자리를 차지하기 위해 혈안이 되어 있는 상태였다.

이런 상황에서 지금 유비가 스스로 제왕의 자리에 오르면 도의적인 비난을 피하기 어려울 것이다. 또한, 이제껏 힘들게 쌓아온 명예가 완전히 무너져 조조에게는 더없이 좋은 공격의 빌미를 제공하게 된다. 이전에 스스로 제왕을 자청했던 원술과 원소형제 역시 일치감치 반역도라는 명분으로 조조에게 제거 당했었다. 만약 유비가 명분과 힘에서 조조에게 주도권을 빼앗기면 무슨 수로 조조를 상대할 수 있겠는가?

손권 역시 이 점을 누구보다 잘 알고 있었다. 그는 일찍이 제왕의 자리에 오르고자 가장 먼저 조조에게 상서를 보내 그를 황제라 칭했다. 손권의 숨은 의중을 간파한 조조는 이를 비웃으며 말했다.

"이놈이 나를 불구덩이에 몰아넣으려고 작정했구나!"

손권의 속셈은 이랬다. 일단 조조가 황제의 자리에 오르면 한나라 황실의 정통도 함께 사라진다. 이후 자신이 뒤따라 황제가 된들 비난 받을 이유가 없지 않겠는가? 이미 '여론화된' 일은 크게 문제 삼을 게 없기 때문이다.

유비 역시 손권과 거의 같은 생각을 하고 있었다. 하지만 유비에게 '명성'이라는 꼬리표는 손권보다 훨씬 더 강한 구속력을 갖고 있었다. 지난날 유표가 죽기 전에 형주를 유비에게 부탁했으나, 유비는 마음이 있으면서도 차마 그렇게 하지 못했다. 유표가 죽고 난 뒤에도 제갈량이 그에게 형주를 빼앗아야 한다고 설득했지만 그때도 차마 그러질 못했다. 그런 처사가 자신이 그동안 고수해온 명성에 흠집을 낼까 봐 두려웠기 때문이다. 유비는 수많은 인재들이 아무것도 가진 것이 없는 자신과 뜻을 함께하려는 이유가 그동안 자신이 쌓아온 명성 때문이라 생각했다. 그러니 이 명성이 더럽혀진다면 그날로 자신이 하는 말은 진정성을 잃게 되지 않겠는가?

다시 말해 제왕의 자리에 오르는 것은 무방하나 '황제'라는 이름만큼은 절대 쓸 수 없다는 게 유비의 입장이었다. 제갈량은 지금 이 상황이 이전에 유비가 차마 형주를 빼앗지 못했을 때와 비슷하다는 것을 알아차렸어야 했다. 현재 그가 유비를 황제로 옹립하기 위해 설득하는 과정을 살펴보면, 그때까진 유비의 이 오묘한 심리를 정확하게 파악하지 못한 듯싶다.

어쨌거나 유비를 설득하는 데 실패하면 자신의 영향력에도 엄청난 타격을 줄 게 분명했다. 모든 사람이 그를 군신의 대표라고 생각하는데, 그런 그가 자신의 주인 하나 설득하지 못한다면 그 위신이 크게 실추될 게 뻔했다.

역시나 제갈량은 민첩했다. 그는 즉시 '면전에서 문 닫기' 기술을 꺼내 들었다. 이 기술을 기억하고 있는가? 당신이 어떤 작은 목표를 성취하고 싶다면, 우선 당신의 예상 목표 수준을 훨씬 뛰어넘는 요구사항을 제시해라. 그 요구가 거절당하면 원래 얻고자 했던 작은 목표는 순조롭게 성취할 수 있다.

이는 '면전에서 문 닫기' 기술의 주동적인 응용으로, 사전에 계획이 철저히 준비되어 있어야 한다. 하지만 피동적인 상황에서도 이 기술을 사용할 수 있다. 원래 자신이 생각했던 요구가 거절당했을 때 그 즉시 그보다 작은 요구사항을 제시하는 것이다. 이런 경우 비록 이상적인 목표를 달성하진 못해도 어느 정도의 성과는 기대할 수 있다. 적어도 빈손으로 돌아갈 일은 없다. 제갈량이 말했다.

"평생 의를 근본으로 삼아오신 주공께서 제왕의 자리를 거절하는 것 역시 지당하신 생각입니다. 허나 주공께선 이미 형주와 양양, 동천과 서천의 주인이십니다. 그러니 우선 한중왕漢中王 자리에 오르시어 위엄을 지키십시오."

하지만 유비는 여전히 단호했다.

"그대들이 나를 왕으로 옹립한다 해도 황제의 조서 없이는 불가능한 일이오."

제갈량의 말 또한 모두 구구절절이 옳긴 하다. 유비가 별 볼 일 없을 때 사람들이 따랐던 것은 그에게 희망이 있었기 때문이다. 그런데 현재 승승가도를 달리고 있는 그에게서 더는 희망을 찾을 수 없다면 누가 그 곁에 남아 있으려 하겠는가?

그 순간 장비가 가장 먼저 끼어들어 말했다.

"성씨가 다른 자들도 하나같이 자신이 황제라고 떠들어대는데, 하물며 형님께선 한 황실의 종친이 아니십니까? 대체 무엇을 두려워하십니까? 형님께서 이렇게 주저하신다면 이놈들이 반평생 형님께 바친 세월은 다 무엇이란 말입니까?"

여기서 장비가 말한 성씨가 다른 자들은 바로 원술 형제와 조조다. 이전에 원술 형제는 스스로 황제라 불렀으며, 조조 역시 이미 위왕魏王의 자리에 오른 상태였다.

장비의 말을 듣고 난 유비는 형제인 장비조차 이렇게 말하는 데 자신이 계속해서 고집을 피운다면 이 역시 자신을 믿고 따르는 심복들에게 상처를 주는 일이란 생각이 들었다. 게다가 조조가 우선 왕의 자리에 오른 선례가 있고, 자신 역시 '여론'에 따르는 것일 뿐 결코 스스로 자청한 것이 아니니 못 이기는 척 응하기로 했다.

제갈량을 비롯한 모든 대신은 한 마음으로 기뻐했다. 물론 제갈량은 유비가 오르는 왕의 자리가 절대 '도의를 거스르는 행위'가 아니라는 것을 증명하기 위해 사자를 허도로 보내어 한 황제에게 이 사실을 고하도록 했다. 비록 일의 순서가 바뀌긴 했지만 한 황제에게 이미 상황을 고했으니 한중왕 옹립은 이제 합법적인 일이 되었다. 유비는 제갈량이 이와 같이 일을 진행하자 매우 흡족해했다. 이번에는 제갈량이 유비의 마음을 잘 읽어낸 것이다.

유비는 그날로 곧장 길일을 택하여 면양沔陽에 제단을 쌓아 올렸으며, 각 방향마다 깃발과 의장을 설치했다. 유비는 단상에 올라 남쪽을 향해 앉은 뒤 문무백관들의 봉축 속에 한중왕의 자리에 올랐다. 유비가 한중왕이 된 뒤 아두는 태자가 되었으며, 허정許靖과 법정法正은 각각 태부太傅와 상서령尙書令에 봉해졌다. 또한, 제갈량은 총군사總軍師이자 군권의 모든 사무를 통솔하는 총독總督이 되었다. 이어 관우, 장비, 마초, 조운, 황충이 오호장군五虎將軍에 봉해졌으며 위연은 한중태수가 되었다. 그 외에 다른 사람들도 각각 봉작을 하사받았다. 이로써 유비를 따르는 이들도 한 단계 더 높은 위치와 정당한 명분을 얻게 되었으며 각자의 위치에서 이전보다 더 충성을 다했다.

유비의 사자가 허도에 도착한 뒤 조조는 유비가 스스로 한중왕에 올랐단 소식을 듣고 불같이 화를 냈다. 조조의 분노는 지극히 정상적인 반응이다. 이 소식은 조조가 그동안 강조해 왔던 '천자를 끼고 제후를 호령'한다는 대의명분이 이미 상실되었음을 의미했기 때문이다. 조조는 그동안 황제가 자신의 손에 있는 이상 손권과 유비가 명분상 절대 왕의 자리를 넘보지 못할 것으로 생각했다. 그런데 그동안 유지해온 이 힘의 균형을 유비가 완전히 깨뜨려버렸으니, 더는 한나라 황제의 이름으로는 유비를 압박할 수 없게 돼 버린 것이다.

격분한 조조는 당장 모든 병력을 소집한 뒤 유비를 토벌하려 했다. 그러자 사마의司馬懿가 조조를 말리며 그에게 새로운 계책을 내놓았다.

"지금 손권과 유비는 형주 반환 일로 사이가 틀어진 상태입니다. 그러니 언변에 능한 자를 사자로 보내어 손권이 우리와 힘을 합쳐 유비를 치도록 설득시켜야 합니다."

조조는 사마의의 의견을 받아들여 만총滿寵을 오나라 사자로 보내 손권을 설득시키고 오도록 명령했다. 비록 손권이 유비에게 불만을 품고 있긴 하지만 전략적 사고능력까지 흐려진 것은 아니었다. 손권은 여전히 가장 큰 적은 조조라고 생각하고 있었다. 따라서 조조와 힘을 합칠지 결정하기 전에 다시 한번 유비와 관우에게 기회를 주기로 했다.

◈ 심리학으로 들여다보기

우리는 명성을 통해 많은 혜택을 누리지만, 명성이란 이름의 족쇄를 차기도 한다. 성공한 자에게 따르는 명성을 갈구하며 일생을 투자하는 사람이 있다. 그러나 명성이 따르는 만큼 자유가 제약되는 불리함이 따라붙는다. 명성에 걸맞는 행동이 뒷받침 되지 못하면 긴 시간 동안 쌓아놓은 명성이 모래성처럼 무너진다.

어디에나
억울한 고양이가 있다

손권은 조조가 다른 의도를 품고 자신과 힘을 합치려는 것을 잘 알고 있었다. 따라서 최후의 결정을 내리기 전에 다시 한번 관우의 의중을 알아보기로 했다. 제갈근이 나서서 한 가지 방도를 제안했다.

“주공, 유비가 관우에게 짝을 지어 주었는데 먼저 아들을 낳고 그 뒤에 딸을 낳았다고 합니다. 듣자 하니 딸이 아직 어려 혼인을 시키지 않았다 하던데, 이번에 제가 가서 주공의 세자와 혼사를 논의하고 오겠습니다. 관우가 혼사를 받아들이면 그와 힘을 합쳐 조조를 공격하시고, 만약 받아들이지 않는다면 조조와 힘을 합쳐 형주를 빼앗으십시오.”

손권은 곰곰이 생각한 뒤 제갈근의 생각대로 일을 추진하기로 결정했다. 사실 손권에게 이번 일은 굉장히 힘든 결정이었다. 그 동안 그가 내린 결정만 봐도 정치가로서의 손권은 손색이 없음만큼 대단한 인물이다. 사실 손권이 주동적으로 관우에게 혼사를 청하는 것은 어떻게 보면 자존심이 상할 법한 일이었다. 손권만 떼어놓고 봤을 때, 그는 일찍이 제후에 자리에 올랐을 뿐 아니라 신분과 조건 면에서도 유비와 대등한 위치였다. 게다가 이번 결정은 일전에 유비가 형주를 돌려주지 않은 것을 비롯해 관우가 제갈근, 노숙 그리고 형주 3군을 교부받으러 갔던 관리들을 모욕했던 일들 모두를 접어두겠다는 의미였다. 웬만큼 큰 도량을 가진 인물이 아니고선 불가능한 일이었다.

손권이 이처럼 이를 악물고 관우와 관계호전에 힘쓰는 이유는 바로 조조가 가장 무서운 적이라 판단했기 때문이다. 만약 자신이 조조와 힘을 합쳐 유비를 쓰러뜨리면 그다음 순서는 보나 마나 자신이 될 게 뻔했다. 따라서 손권은 유비와 힘을 합쳐야만 조조와 세력균형을 유지할 수 있다고 생각했다.

제갈근은 손권의 사자로서 또 다시 형주를 찾았다. 지난번엔 관우가 아우의 체면을 생각해서 자신을 죽이지 못했지만, 이번엔 반드시 아우의 체면을 봐서라도 자신에게 예를 갖출 것으로 생각했다. 또한 이 혼사가 모두에게 이득이 되는 일이니 분명히 관우도 승낙하리라 생각했다. 제갈근은 형주에 당도한 뒤 사람을 보내 관우에게 자신이 형주에 왔음을 알렸다. 하지만 어찌 된 일인지 아무도 자신을 마중 나오지 않았다. 원래 성격이 유순한 제갈근은 별다른 내색 없이 곧장 관우가 있는 관사로 들어갔다.

서로 인사를 나눈 뒤 관우가 물었다.

"자유子瑜(제갈근의 호), 이번엔 또 무슨 일로 날 찾아온 것이오?"

제갈근은 일단 자신의 아우를 언급하며 이야기의 물꼬를 트면 오만한 성격의 관우도 대우가 한결 달라지지 않을까 생각했다. 일반적으로 제갈근의 이런 방식은 현실에서 아주 유용하게 쓰인다. 상대방과 이야기할 때 양쪽 모두가 익숙한 사람 또는 사물을 주제로 대화를 이끌어 갈 경우 대부분 어색한 분위기를 친근하게 만들어 나갈 수 있다. 하지만 모든 일에는 예외가 있다. 이 중간 역할자 또는 매개체가 상대방이 혐오할 정도로 싫어하는 대상일 경우 오히려 역효과를 일으킬 수 있다. 심지어 앞으로의 관계까지 악화될 수 있다.

제갈근은 이제껏 자신의 아우와 관우 사이의 미묘한 관계에 대해 잘 모르고 있었다. 지난번 관우가 자신을 모욕한 것이 아우에 대한 화풀이를 대신한 것이라곤 꿈에도 몰랐다. 결국, 이번에도 똑같은 실수를 하고 말았다. 제갈근이 말했다.

"공명이 한중왕을 모신 지도 이미 오랜 세월이 지난 것 같소. 이참에 오와 촉의 관계를 더 돈독하게 하기 위해 이렇게 찾아왔소."

제갈량의 이야기는 꺼내지 않았으면 좋았을 텐데, 그 이름이 튀어나오자마자 관우의 표정이 순식간에 굳었다. 관우는 매우 딱딱한 말투로 물었다.

"자유, 도대체 무슨 관계를 돈독하게 만들겠다는 것이오?"

제갈근은 현재 대화의 초점이 어긋난 줄도 모르고 계속에서 말을 이어나갔다.

"우리 주공께 아드님이 한 분 계신데, 어릴 적부터 유난히 총명하여 보는 이마다 감탄하지 않는 사람이 없었소. 듣자하니 장군께 여식이 한 명 있다 하여 혼인을 청하러 찾아왔소. 오와 촉의 관계를 돈독하게 만드는데 이보다 더 좋은 것이 어디 있겠소? 또한, 오와 촉이 힘을 합쳐 조조를 물리친다면 모두에게 좋은 일이 아니겠소? 하하하!"

제갈근은 한참을 웃다가 관우의 표정이 차갑게 굳은 것을 보고 그 자리에서 몸이 얼어버렸다. 관우가 버럭 소리를 지르며 말했다.

"감히 내 여식을 손권의 아들놈과 엮으려 하다니, 더 이상 함부로 입을 놀리지 마시오. 그대 아우만 아니었어도 지금 당장 그 목을 베어버렸을 것이오!"

제갈근은 곧장 밖으로 내쫓겼다. 제갈근은 뒤도 돌아보지 않고 도망치듯이 빠져나왔다. 그는 속으로 안도의 한숨을 쉬었다.

'아우가 높은 위치에 있었으니 망정이지, 안 그랬으면 오늘 이곳에서 생을 마감할 뻔 했군.'

제갈량 때문이 아니었어도 어차피 관우는 이 혼사를 승낙하지 않았을 것이다. 또 한편으로는 제갈량이 그의 아우만 아니었어도 관우가 절대 이렇게 험악하게 나오지 않았을 것이다. 최소한 예를 갖춰 완곡하게 거절했을 것이다.

관우가 혼담을 거절한 이유는 당시 그가 오나라 사람을 극도로 무시했기 때문이다. 관우는 오나라 사람을 모두 무능한 무리라고 생각했다. 반면에 자신은 고상하고 고귀한 존재라 생각했다. 그러니 당연히 손권의 아들은 자신의 여식에게 걸맞지 않은 상대라 생각했다. 하지만 냉정하게 따져보면 관우의 생각에는 잘못된 점이 아주 많다. 손권이 좋은 사람이건 나쁜 사람이건 어쨌든 상대편은 한 나라를 통치하는 왕이다. 손권의 부친 역시 자신의 능력만으로 강동의 6군과 81주에 기반을 다진 인물이었다. 반면 혈혈단신이었던 관우는 유비를 만난 뒤 점

진적으로 명예와 지위를 쌓아나가긴 했으나 기껏해야 제후에 불과했다. 솔직히 손권의 집안이 관우의 집안보다 훨씬 더 좋은 조건인 것만은 분명하다.

만약 손권이 제갈근 대신 언변에 능한 자를 사자로 보냈더라면 결과가 훨씬 더 좋았을 것이다. 우선 이치로 대화의 물꼬를 튼 다음 인정으로 상대의 마음을 움직이는 것이다. 그럼 최소한 관우가 극단적이고 고약한 방법으로 사자를 내쫓진 않았을 것이다. 대부분 정보를 전달하는 사람이 정보 자체보다 더 중요할 때가 많다.

무엇보다 관우가 이 혼담을 거절했다는 것은 그의 전략적 사고에 엄청난 구멍이 생겼음을 의미한다. 또한 관우가 제갈량이 그토록 신신당부했던 '여덟 글자'를 전혀 중요하게 생각하지 않았다는 것이다. 그의 마음속에 여전히 제갈량에 대한 강한 불신의 벽이 남아 있었음을 의미한다.

관우의 감정적인 처사는 아주 참담한 결과를 가져왔다. 손권은 제갈근이 쫓겨났다는 말을 듣자 자존심이 크게 상했다. 표정이 어두워진 손권은 반드시 관우를 죽여 오늘의 치욕을 되갚아 주겠다고 다짐했다.

이때 손권의 부하 보즐步騭이 나서 말했다.

"주공, 허도로 사자를 보내시어 조조에게 번성에 있는 조인曹仁의 출병을 요청하십시오. 관우는 분명 형주의 군사들을 이끌고 그들과 맞설 것입니다. 그럼 그 틈을 타 형주를 공격하십시오."

손권은 보즐의 말에 따라 허도로 사자를 보냈다. 조조는 흔쾌히 오나라의 제안을 수락한 뒤 그 즉시 조인에게 출병을 명령했다.

한편, 유비는 한중왕이 된 이후 위연을 동천태수로 임명하고 그에게 군사 총독을 맡긴 뒤 문무백관을 이끌고 성도로 돌아왔다.

첩자로부터 조조와 오나라가 비밀리에 결탁하여 형주를 노리고 있다는 소식을 들은 유비는 급히 제갈량을 불러 이 일에 대해 논의했다. 제갈량은 당황하는 기색도 없이 담담하게 말했다.

"진작부터 조조가 이런 음모를 꾸밀 것이라고 예상했었습니다. 제 생각에 오나라에 책사가 많으니 분명 조조에게 조인의 출병을 요청했을 것입니다."

"그럼 이제 어떻게 해야 하는가?"

그러자 제갈량이 아주 태연하게 답했다.

"관장군은 아직 주공께서 오호장군에 봉한 사실을 모르고 있을 것입니다. 그러니 사자를 보내 작위를 하사하신 뒤 거병 명령을 내리십시오. 관장군이 번성을 공격하면 조조군의 기세가 저절로 꺾이게 것입니다."

제갈량의 이 같은 시나리오는 어디까지나 관우가 자신이 말한 '여덟 글자' 전략을 충실히 이행했을 때 가능한 일이었다. 그의 전략대로라면, 오나라는 조조와 온전히 의기투합할 의사가 없기 때문에 진짜로 형주를 공격할 일은 없을 것이다. 그럼 관우는 조인을 상대하는 데에만 집중하면 되니 승리할 가능성도 당연히 높을 수밖에 없다.

하지만 제갈량은 관우가 그동안 연이어 손권에게 모욕감을 준 일과 혼사를 거절한 사실, 그리고 이로 인해 자존심이 짓밟힌 손권이 관우에게 깊은 앙심을 품고 있다는 것을 전혀 모르고 있었다. 사실 이 정도 정보쯤은 알려고 들면 얼마든지 알아볼 수 있었다. 군정의 모든 권력을 쥐고 있는 군사가 이 정도 상황도 파악하지 못했으니, 이는 직무상

과실이라 말해도 과언이 아니다. 조조와 손권이 비밀리에 결탁한 사실까지 알아내는 판국에 이미 공개적으로 알려진 사실을 몰랐다는 건 말이 안 되기 때문이다.

어쨌든 제갈량의 계책을 따르기로 한 유비는 사마비시에게 고명誥命(작위를 하사하는 조서)을 들고 형주로 출발하라고 명령했다. 비시는 자신이 중요한 임무를 맡았다는 것을 흐뭇하게 생각하며 가벼운 마음으로 길을 떠났다. 하지만 그 임무가 얼마나 곤욕스러운 일인지 예상이나 했을까? 앞서 제갈근이 당한 수모의 다음 차례가 곧 자신이란 사실을 미처 알지 못했다.

관우는 비시를 영접한 뒤 유비가 한중왕에 올랐다는 소식을 듣고 진심으로 기뻐했다. 비시가 말했다.

"한중왕께서 장군께 특별 작위를 하사하셨습니다."

자신은 이미 제후의 자리를 하사받았고 유비 또한 왕의 자리에 올랐으니 더 이상 올라갈 위치가 없는데 또 특별 작위를 하사한다고 하니 궁금하지 않을 수가 없었다. 관우가 물었다.

"내게 무슨 작위를 하사하셨는가?"

"한중왕께서 장군을 오호장군의 수장에 봉하셨습니다."

그 말을 들은 관우는 약간의 기대에 들떴다.

"나머지 오호장군은 누구신가?"

"장비, 조운, 마초, 황충이옵니다."

그러자 관우가 격분하며 말했다.

"익덕은 내 아우니 말할 것도 없고, 맹기는 서주의 명문출신이라 그렇다 치겠소. 조운 역시 오랜 세월 형님을 따라왔으니 이들에 대한 이견은 없소. 헌데 황충 그자가 어찌 나와 동등한 위치에 오른단 말이오? 대장부에게 이보다 더 치욕스러운 일은 없소. 절대 그 늙은 병졸과 같은 대우를 받을 순 없소. 당장 이 조서를 들고 돌아가시오!"

비시는 갑자기 난처해진 상황에 당황했다. 다행히 임기응변에 강했던 비시는 이내 곧 한바탕 크게 웃었다. 비시는 관우가 자신의 웃음소리에 놀라 당혹스러워하는 틈을 타 재빨리 대응할 말을 생각했다. 관우가 자물쇠라면 유비가 바로 그의 유일한 열쇠다. 이를 아는 사람은 앞서 등장했던 노숙과 나머지 한 사람이 바로 비시다. 비시는 진지한 표정으로 말했다.

"장군께서 잘못 생각하고 계신 것이 있습니다. 왕업을 세우는 자는 결코 한 가지 기준으로 모든 사람을 포용할 수 없습니다. 그 옛날 소하蕭何와 조참曹參은 어릴 적부터 고조高祖와 친분이 있었던 반면, 진평陳平과 한신은 망명한 장수들에 불과했습니다. 그런데도 지위에 있어선 한신이 그들보다 높은 위치인 왕의 자리까지 오르게 됩니다. 허나 소하와 조참이 이를 두고 원망을 품었다는 소리는 듣지 못했습니다. 한중왕께서 최근의 공로를 생각하여 황충 장군을 오호장군에 임명하신 것은 당연한 처사이십니다. 지난날 황충 장군은 서천과 동천 전투에서 이미 충분히 공을 세우셨습니다. 허나 한중왕께서 장군을 생각하는 마음이 어찌 황충 장군과 같을 수 있겠습니까? 두 분께선 형제의 의로 맺어진 관계이시니 장군이 곧 한중왕이시고, 한중왕께서 곧 장군이 아니겠습니까? 한중왕과 생사고락의 운명을 함께하셔야 할 분께서 어찌 한낱 벼슬의 높낮이에 연연해하십니까?"

비시는 단숨에 일장연설을 늘어놓은 뒤 관우의 표정을 살폈다. 하지만 그의 얼굴 표정에 변화가 없자 내심 두려움을 느꼈다. 비시는 자신의 말이 혹여 지나쳤을까 우려되어 분위기를 누그러뜨리기 위해 한 마디를 더 덧붙였다.

"허나 소인은 어디까지나 명을 받들고 온 사자일 뿐입니다. 소인 이대로 그냥 떠난다면 장군께서 한중왕의 깊은 마음을 저버릴까 두려워 주제넘게 말씀드린 것이니 부디 깊게 헤아려 주십시오."

그러자 관우가 눈물을 줄줄 흘리며 고개 숙여 정중하게 말했다.

"이 사람이 우둔하여 어리석은 말들을 내뱉었소. 그대의 가르침이 아니었다면 정말 큰 실수를 저질렀을 것이오."

유비가 관우고 관우가 곧 유비다. 이 열쇠 하나면 다 해결되는 것을 제갈량은 아직도 찾지 못했으니 그저 안타까울 뿐이다.

그렇다면 관우는 왜 처음부터 오호장군의 작위를 거부했던 것일까? 정말로 황충이 부적합하다 생각해서 그런 것일까? 절대 그렇지 않다. 유비 진영에서 황충의 능력을 가장 잘 아는 사람이 바로 관우다. 두 사람은 이전에 적군과 아군의 입장에서 싸웠을 때 3일간 대결을 겨루고도 승부를 내지 못했다. 또한, 당시 황충은 빈 화살을 쏘아 관우가 이전에 자신의 목숨을 살려준 것에 대한 은혜를 갚았다.

그렇다. 그 순간 관우는 화풀이할 대상이 필요했던 것이다. 사실 황충은 희생양일 뿐 정작 관우가 화가 난 이유는 따로 있었다. 그는 자신의 위치가 유비 진영의 핵심 권력층에서 점점 멀어지자 대부분의 중대 전략구상 및 의사결정 과정에서 자신이 배제되는 느낌을 받았다. 무엇보다 그는 모든 일이 결정된 뒤 결과만 통보받는 상황에 불만을 품고 있었다. 그가 정말 원했던 것은 처음부터 의사결정에 참여할 수 있는 권력이었다.

관우는 원래 유비의 심복 중 가장 신뢰받는 중신이었다. 그동안 유비는 모든 일을 그와 상의한 뒤 결정해왔다. 하지만 제갈량이 나타난 이후부터, 특히 홀로 형주에 남게 된 이후부터 관우는 점점 모든 것에서 소외되기 시작했다. 결국, 군사와 관련된 모든 중대사에서 항상 가장 나중에 통보를 받는 입장이 되었으니 관우 성격상 그냥 참고 넘어가지 못하고 매번 꼬투리를 잡아 유치하게 억지를 부려왔다. 지난번엔 마초와의 대결을 청했고, 이번에는 황충과 같은 대우받기를 거부한 것이다. 결국에 이 모든 행동의 이유는 단 한 가지였다. 관우는 권력의 중심에서 멀어진 자신의 존재감을 확실하게 증명해 보이고 싶었던 것이다.

◈ 심리학으로 들여다보기

사람을 무시하는 가장 좋은 방법은 그 사람의 존재 자체를 무시하는 것이다. 그럴수록 무시당하는 사람은 더욱더 자신의 존재감을 증명해 보이려 한다. 오기일 수도 있지만 자아나 자존감이 무너진 상태에서는 무엇도 해나갈 수 없기에 악전고투하며 자기 존재의 의미를 되찾고자 한다.

8부

관우, 위세를 중화에 떨치다

자신만만함은 실력에서 나온다.
자긍심은 자신을 움직이게 하는 동력이다. 자신을 믿는 사람과
자기 능력을 의심하는 사람은 출발점에서부터 차이가 난다.
부족한 실력에도 자신감을 가지면 박차고 튀어 나갈 에너지가 생성된다.
어차피 전장에 나가야할 사람은 자신이다.

깨진 유리창은
서둘러 고쳐야 한다

관우는 비시의 말에 감복했다. 처음으로 누군가의 말에 진심으로 수긍했던 적은 이번이 처음이다. 비시는 안도의 가슴을 쓸어내렸다. 오만하기로 유명한 관우가 이렇게 쉽게 자신의 말에 수긍 줄은 생각지도 못했다. 비시는 곧바로 교지를 꺼낸 뒤 관우에게 병력을 이끌고 번성을 공격하라고 명령했다. 관우가 웃으며 말했다.

"진작부터 그럴 생각이었소. 다만 주공의 명령 없이 경거망동할 수 없어 그동안 참고 있었소."

전투는 용맹한 기질을 가진 장군, 특히 철저하게 수비만 맡은 장군에겐 가뭄의 단비 같은 기회나 마찬가지다. 역시나 관우도 흡족해하며 흔쾌히 명을 받아들였다.

관우는 곧장 부사인傅士仁과 미방에게 선봉을 맡겼다. 이들에게 선발대로 군대를 이끌고 형주 성 밖에 주둔하도록 명령했다. 그리고 다음 날 대군을 이끌고 함께 진격하기로 했다.

그날 밤 관우는 연회를 열어 비시에게 후한 대접을 했다. 이경二更(밤 9시~11시)까지 술을 마시고 있는데 갑자기 밖에서 소란스러운 소리가 들려왔다. 성 밖 부대에서 불길이 치솟고 있다는 소식을 들은 관우는 급히 갑옷을 걸치고 말에 올라 상황 파악에 나섰다. 알고 보니 부사인과 미방이 부대 안에서 취할 때까지 술을 마시다 실수로 초를 떨어뜨려 막사에 불을 냈는데, 병영 전체로 퍼진 불길 때문에 화포가 폭발했던 것이다. 그 바람에 병사들이 불에 타 죽는 등 온 부대가 아비규환이 되었다. 거세진 불길은 부대 안의 군기와 식량을 모조리 태워버렸다. 관우는 급히 병력을 모아 화재 진압에 나섰으며 사경四更(새벽 1시~3시)이 되어서야 겨우 모든 불이 꺼졌다.

관우는 부사인과 미방 두 사람을 막사 안으로 불러 문책을 했다. 화가 머리끝까지 난 관우는 이들을 호되게 꾸짖었다.

"내가 너희를 선봉에 세울 만큼 믿었느니라. 그런데 아직 출병도 하기 전에 그 많은 무기와 식량이 잿더미가 되고, 부대의 수많은 병사가 불에 타 죽었느니라. 너희의 죄는 절대 용서받을 수 없다. 이런 너희를 내가 무엇에 쓰겠느냐!"

관우는 그 즉시 도부수를 불러 두 사람을 모두 군법에 따라 참수하라고 소리쳤다. 그러자 비시가 다급히 관우를 말리며 말했다.

"아직 출사도 하지 않은 상태에서 대장의 목을 베어버리시면 군의 사기에 영향을 끼칠 수 있으니 부디 화를 참으십시오. 이들의 죄를 묻는 것은 잠시 미뤄두십시오."

관우는 본디 상대의 체면을 봐주는 그런 인물이 아니었다. 특히 분노가 극에 치달은 상태에서는 누구의 말도 듣지 않았다. 하지만 이번에 비시의 충고는 관우를 진심으로 수긍하게 만들었다. 관우는 비시의 말대로 두 사람의 죄를 잠시 사면해 주는 대신 각각 곤장 40대의 형벌을 내린 뒤 선봉의 자격과 인수를 모두 박탈했다. 그리고 미방을 강릉江陵, 부사인을 공안公安 수비에 배치했다.

아직 화가 완전히 풀리지 않은 관우는 이 둘에게 엄히 경고했다.

"비 사마司馬(군사와 운수에 관한 일을 맡아 보던 관명)만 아니었어도 진작에 네놈들의 목을 베어버렸을 것이다. 오늘 네놈들의 목숨만은 살려두지만, 만약 또 다시 이 같은 일을 벌인다면 전장에서 승리하고 돌아오는 그 날 두 가지 죄를 함께 물을 것이니라!"

부사인과 미방 두 사람은 고개를 떨군 채 조용히 물러났다.

관우는 요화에게 선봉을 맡기고 관평을 부장군으로 삼았다. 그리고 자신은 중군의 통솔을 맡고 마량과 이적을 참모로 삼은 뒤 함께 출병했다.

이번 '화재사건'으로 비시 앞에서 관우의 체면이 말이 아니게 되었다. 사고는 부사인과 미방이 냈지만 결국 책임은 관우에게 있기 때문이다.

관우가 홀로 형주를 독차지한 지도 거의 10년의 세월이 흘렀다. 그 10년 동안 관우는 '형주의 왕'이나 다름없었다. 때문에 그의 군대관리 원칙과 방식이 곧 전체 부대의 전투력 수준을 좌우했다. 상식이 있는 사람이라면 다 알 것이다. 선봉을 맡은 장군이라면 출병하기 전에 빈틈없이 전투준비를 한 다음 극도의 긴장감 속에 임전 태세를 갖추는 것이 정상이다. 하지만 부사인과 미방이 출정을 앞둔 상태에서 한가롭게 술을 마셨다는 것은 관우가 지휘하는 부대의 나태해진 군기가 이미 위험한 수준까지 이르렀음을 의미했다.

지난 10년 동안 바람 잘 일이 없던 형주가 이제야 겨우 안정을 찾았다. 사실 이 안정적인 상태는 관우가 지휘하는 부대의 전투력 때문이 아니라, 관우 개인의 명성이 가지고 있는 위력 때문에 유지되어 왔던 것이다. 하지만 태평한 세월을 보내면서 병사들은 점점 안일해지고 나태해져 갔다. 만약 관우가 항상 긴장감 속에 엄격하게 군대를 관리해 왔다면 상황은 좀 더 나았을 수도 있다. 그런데 불행히도 관우가 전장에서는 더없이 유능한 장수였지만 관리자로선 아주 형편없었다. 게다가 늘 자기 우월감에 빠져 살다 보니 보이는 것 이외에 세부적인 것에는 관심을 두지 않았다. 그 결과 군대의 기강이 흐트러지고 질서가 와해되면서 오늘의 이 사태를 초래하게 된 것이다.

미국 스탠퍼드대학의 심리학자 필립 짐바르도Philip Zimbardo는 1969년에 다음과 같은 실험을 했다. 그는 디자인이 완전히 같은 자동차 두 대를 준비한 다음 그중 한 대는 중산계급 층이 사는 팔로알토카운티에, 나머지 한 대는 상대적으로 지저분한 브롱크스카운티 길거리에 세워두었다. 브롱크스카운티 길거리에 세워둔 차량은 차 번호판을 떼어낸 뒤 차 지붕까지 열어두었다. 그 결과 하루 만에 차를 도둑맞았다. 반면 팔로알토카운티에 세워둔 차량은 일주일이 지나도록 아무도 손대지 않았다. 이후 짐바르도가 쇠망치로 차량 유리창을 부숴 큰 구멍을 내놓자 단 몇 시간 만에 누군가가 차를 훔쳐갔다.

이 실험을 바탕으로 정치학자 윌슨Wilson과 범죄학자 캘링Kaelyn은

'깨진 유리창 이론'을 제시했다. 어떤 사람이 건물 창문 유리창을 부숴 놓았는데 만약 그 창문을 제때 수리하지 않으면 이를 본 사람들은 창문 유리가 더 깨져도 상관없다는 생각을 무의식적으로 하게 된다. 또한 시간이 지날수록 이 깨진 창문은 사람에게 무질서한 의식을 심어주게 된다. 이런 생각이 아무렇지 않게 받아들여질 때 범죄행위가 자생하고 만연해진다.

군대 관리 역시 마찬가지다. 아주 사소한 방임, 소홀함이라도 제때 통제하고 처벌하지 않으면 점점 제멋대로 행동하는 일들이 잦아지게 되고 결국엔 수습할 수 없는 지경까지 이르게 된다. 그때가 돼서 다시 엄격하게 관리한다 해도 이미 부대 내 깊숙이 박혀있는 폐단의 뿌리를 뽑기엔 이미 너무 늦은 결심일 뿐이다.

사실 관우에게도 이 같은 교훈을 배울 기회가 얼마든지 있었다. 조조가 항상 싸움에서 승리한 이유가 무엇이라 생각하는가? 그의 승리 뒤에는 언제나 엄격한 군대 관리가 존재해 왔다. 조조의 승리는 본인의 위세와 권력이 아닌 엄격한 규율과 제도를 통해 언제나 철저히 군대를 관리해 왔기에 가능했던 일이다. 관우는 오랜 시간 조조 진영에 머물러 있었음에도 정작 조조의 이런 능력을 눈여겨보지 않았다. 그 때문에 미래 닥칠 자신의 실패를 막지 못했다.

관우 역시 생생하게 기억하고 있을 것이다. 그가 허도를 떠나 다섯 관문을 뚫고 지나올 때 각 관문을 지키던 수장들 모두 약속이라도 한 듯 조조의 명령이 있기 전까진 그에게 계속 통행증을 요구했다. 이들 모두 출신이 제각각이었다. 어떤 이는 황실에서 파견한 태수였고 어떤 이는 황건적 출신의 항복한 장수였다. 출신 성분에서 극명한 차이가 존재했지만 일단 조조 휘하에 있는 이상 그게 누가 되었든 반드시 군법을 엄격히 준수해야만 했다. 그중에서도 하후돈의 태도는 아주 눈여겨볼 만하다. 하후돈은 사자들이 조조의 명을 전해와도 조조가 명령을 내리기 전에 관우가 관문의 수장들을 죽인 사실을 알고 있는지에 대해 한결같이 물었다. 그리고 조조가 그 사실을 모르고 있는 이상 절대 관우를 놔주지 않았다. 이렇게 상급자의 명령을 절대적으로 이행하는 행동은 모두 조조의 엄격한 군대 관리가 만들어낸 결과다.

조조는 군대 관리뿐 아니라 자기 관리에도 엄격했다. 건안 3년, 조조는 장수張繡를 토벌하기 위해 출정에 나섰다. 때마침 그때가 보리 수확 철이라 조조는 부하들에게 명을 내렸다.

"이 몸이 천자의 명을 받들어 출병하는 것은 모두 백성을 위한 것이다. 허나 부득이하게 보리 수확 철에 거병하게 되었으니, 직책을 막론하고 보리밭을 짓밟는 자는 군법에 따라 참수로 다스릴 것이다."

모든 병사는 한 치의 실수 없이 조조의 명을 성실히 따랐다. 병사들은 보리밭을 지나갈 때마다 말에서 내려 걸어갔다. 행여 보리가 상할까 봐 손으로 보리를 제치며 행군했다. 그런데 공교롭게도 보리밭에서 놀던 비둘기가 조조의 말 앞으로 날아가자, 조조가 타고 있던 말이 보리밭 안으로 뛰어 들어가 밭을 망쳐놓았다. 조조는 그 즉시 말에서 내린 뒤 부대 내 군법 관리를 담당하는 주부主簿를 불러 자신에게 형벌을 집행하라고 명령했다.

주부는 조조가 그냥 시늉만 내는 것으로 생각했다. 군대 출정을 앞두고 총사령관이 스스로 자기 목을 참수한다는 게 말이 되는 일인가? 게다가 조조가 보리밭을 의도적으로 밟은 것도 아니고 말이 갑자기 놀라서 벌어진 일이니 참수는 가당치도 않은 처분이었다. 하지만 조조는 뜻을 굽히지 않았다.

"이 몸이 방금 정한 법이 아닌가? 그런데 자신조차 지키지 못할 법을 누가 따르겠는가?"

조조는 보검을 꺼내 자결할 준비를 했다. 그러자 부하들이 달려와 그의 행동을 만류했다. 자신을 참수하지 않으면 군법의 기강이 무너지고, 그렇다고 자신의 목을 베면 군대를 이끌 수장이 없어지니 이보다 더 어려운 결정이 어디 있겠는가?

하지만 결정적인 순간에 '다독多讀'이 아주 중요한 역할을 발휘했다. 곽가는 조조를 납득시킬 만한 이유를 하나 생각해냈다.

"《춘추》의 대의에서는 '법은 고귀한 자에게는 해당하지 않는다'라고 말했습니다. 주공께선 지금 전군을 통솔하는 지휘자이십니다. 그러니 군령을 어겼다 하더라도 스스로 목숨을 끊으실 순 없습니다."

조조는 이때를 놓치지 않고 말했다.

"《춘추》에서 이같이 말하니 참수 결정만큼은 거두겠네. 허나 반드시 그에 합당한 중벌을 받을 것이네."

말이 끝나자마자 조조는 다시 칼을 들어 자신의 머리카락을 한 줌 잘라냈다. 그리고 병사들에게 이를 보여주며 외쳤다.

"이 머리카락으로 내 목을 대신할 것이다. 누구든 군령이 엄격하다는 것을 명심하도록 해라!"

자리에 있던 군사들은 하나같이 등골이 오싹해졌다. 그날 이후 감히 군령을 어기는 자는 단 한 사람도 없었다. 조조가 자신의 목을 베는 대신 머리카락을 자르는 행동에 대해 대부분 상황을 모면하려는 얄팍한 술수라 생각할 것이다. 하지만 실은 전혀 그렇지 않다. 현대인들은 머리카락 한 줌 잘라내는 것으로 죽음을 대신 한다는 게 가당키나 하냐고 생각하겠지만, 고대인들에게 머리카락은 매우 중요한 의미가 있는 존재였다. '자신의 몸은 부모에게서 받은 것이니 함부로 훼손해서는 안 된다'라는 말이 있다. 그 당시에는 머리카락과 수염을 마음대로 자를 수 없어 계속 기른 채로 유지했다. 따라서 조조가 스스로 머리카락을 자른 행동은 그 자체만으로 이미 엄격한 형벌을 받는 것과 마찬가지였다.

조조는 제도를 만든 후에도 그것을 엄격히 시행하는 것은 물론 자신 또한 예외로 두지 않았다. 그 때문에 엄격한 군기를 가진 강한 군대를 양성해 낼 수 있었다. 다시 말해 조조군의 전투력이 그냥 얻어진 게 아니라는 것이다. 조조가 적벽전에서 참패한 후에도 빠르게 재기할 수 있었던 가장 큰 이유 역시 평소 그의 엄격한 관리 덕분이었다. 반면에 유비는 육손陸遜의 화공 전략으로 이릉彝陵전투에서 대패한 후부터 촉의 국력이 급격히 쇠약해지기 시작했다. 더 이상 예전의 전성기 시절로 회복하지 못했다.

안타깝게도 관우는 조조의 이런 탁월한 군대 관리능력을 배우지 못했다. 평소 관우의 방만한 관리가 나태한 군기로 이어졌다. 그 결과 선봉을 책임졌던 부사인과 미방이 출정 전에 어처구니없는 사태를 만들어낸 것이다. 이 사건은 관우가 이끄는 부대의 사기에도 큰 영향을 미쳤다. 또한, 관우가 그 두 사람에게 내린 처분은 관우와 이들의 관계를 파국으로 몰아넣은 화근이 되었다.

관우가 군대를 이끌고 출정한 뒤 형주 수비에는 큰 구멍이 생겼다.

하지만 강제로 이 짐을 누군가에게 맡기려 해도 맡길 사람이 없었다. 이는 제갈량의 중대과실이라고 말할 수밖에 없다. 번성공격을 제안한 게 제갈량의 생각이었다. 그런데 제갈량은 형주에 얼마만큼의 병력이 남아있어야 하는지 잘 알고 있었다. 게다가 제갈량은 조조와 손권이 결탁하려는 사실을 알고 있으면서도 형주에 지원 병력을 보내지 않았다. 그 이유는 관우가 충분히 막아낼 수 있다고 생각했기 때문이다.

제갈량은 사람이 없어서 안 보낸 것이 아니다. 당시 촉은 동천과 서천을 평정한 상태였다. 안정적인 통치를 위해 무장이 부족해선 안 되지만 대신 문관을 더 많이 기용해도 큰 문제가 되질 않았다. 제갈량의 수하에 장비, 조운, 황충, 마초, 위연 등 맹장들이 있었으므로 한두 명 정도는 얼마든지 형주 수비에 배치할 수 있었다. 그럼에도 불구하고 제갈량은 관우 혼자 양쪽의 적과 싸우도록 내버려 두었다. 결국, 촉은 그에 대한 참혹한 대가를 치른다.

◈ 심리학으로 들여다보기

자신에게 엄격해야 상대방에게 엄격해질 수 있다. 자신에게 어떤 방식으로든 기준이 있다면 먼저 자기에게 적용해 보자. 그 기준점에서 자신에게 관대해지지 말고 타인에게 관대해져야 한다. 유대감을 형성하고 신뢰를 구축할 좋은 방법이다.

겁이 많으면
큰일을 망친다

대군을 이끌고 출병에 나선 관우는 하루는 이상한 꿈을 꿨다. 꿈속에서 소처럼 큰 검은 돼지가 막사 안으로 뛰어 들어와 자신을 덮친 뒤 발을 세게 물어뜯었다. 화가 나서 급히 몸을 일으켜 칼을 뽑아 돼지를 베어버리니, 그 소리가 마치 직물을 찢는 소리 같았다. 꿈에서 깨고 보니 왼쪽 발에 희미한 통증이 느껴졌다. 놀란 마음이 진정되지 않자 관우는 관평을 불러 꿈 이야기를 들려주었다.

"불길한 느낌이 드는구나. 나도 이제 늙었나 보다. 더 이상 전쟁터에서 사람을 죽일 수 없을 것 같구나."

프로이드Freud는 《꿈의 해석》의 저자이다. 사람들은 해몽에 대해 이야기하면 조건반사적으로 그를 떠올린다. 프로이드는 꿈속의 상징물을 강렬하고 무의식적으로 억눌린 소망이 하나의 부호로 표현된 것으로 보고, 이를 사람의 기질과 연계시켜 분석했다. 하지만 이 역시 하나의 해석일 뿐 실제로 문화마다 다른 방식으로 꿈을 해석한다.

그럼 관평은 관우의 꿈을 어떻게 해몽했을까? 관평이 말했다.

"아버님, 걱정하지 마십시오. 돼지는 용의 상을 가지고 있습니다. 그런 용이 발을 물었다는 것은 높이 날아오른다는 의미이니 이는 필시 길몽일 것입니다."

관평의 이런 해석은 인류만이 가지고 있는 '선택적 지각'이다. 이 세상은 하나의 객관적인 실체다. 하지만 사람들의 머릿속에 이 객관적인 실체에 대한 인식은 단 한 번도 객관적이었던 적이 없다. 사람들은 자신이 아주 객관적으로 이 세상을 보고 있다고 생각하지만, 사실은 머릿속 생각이 어떤 특정 대상에 편향되려는 선택적 투사일 뿐이다. 따라서 동일한 사물에 대해서도 사람들은 그 해석을 자신의 기대하는 그 방향에 끼워 맞추려는 경향을 갖는다.

1951년 미국 다트머스대학과 프린스턴대학의 미식축구팀이 프린스턴대학의 팔머 체육경기장에서 경기를 치렀다. 경기 과정은 매우 치열했다. 경기가 시작하자마자 프린스턴대학의 한 스타 선수가 코뼈 골절로 퇴장했고, 잠시 후 다트머스대학의 한 선수 역시 다리골절로 퇴장했다. 최후의 승자는 프린스턴대학이었지만 경기 중 양측 모두 같은 횟수의 경고카드와 퇴장카드를 받았다. 경기가 끝난 뒤 양 팀 모두 노발대발하며 상대편을 거세게 비난했다. 그리고 끊임없이 상대편을 비난하는 입장을 발표했다. 이 사건이 언론에 보도되며 경기장에서 대체 무슨 일이 있었었는지 그리고 책임 소지가 누구에게 있는지에 관한 대논쟁이 벌어졌다.

이 사건에 관심을 가진 앨버트 하스토프Albert Hastorf와 하들리 캔트릴Hadley Cantril은 1954년 한 가지 실험을 했다. 그들은 163명의 다트머스대학 학생과 161명의 프린스턴대학 학생에게 '관련 기사를 봤을 때 어느 팀이 먼저 시비를 일으킨 것 같나요'라고 질문했다.

예상외로 두 대학 학생의 반응은 극명하게 엇갈렸다. 다트머스대학 학생의 53%는 양 팀 모두에게 잘못이 있다고 답했고, 나머지 36%의 학생들만이 다트머스대학 팀이 먼저 시비를 일으킨 것 같다고 답했다. 하지만 프린스턴대학 학생은 86%의 학생들이 다트머스대학 팀이 먼저 시비를 일으켰다고 대답했으며, 나머지 11%의 학생만이 양 팀 모두 잘못이 있다고 답했다.

동일한 객관적인 사건을 두고 왜 이렇게 보는 시각이 극명하게 차이가 나는지에 대해 좀 더 알아보기 위해, 하스토프와 캔트릴은 또 다시 두 대학의 학생을 두 그룹으로 나눈 다음 이들에게 당시 경기 영상을 보여주었다. 그다음 이들에게 같은 평가 시스템을 적용하여 그들이 생각한 반칙행위를 기록하도록 했다.

실험 결과, 뚜렷한 선택적 인지 편차가 나타났다. 다트머스대학 학생은 두 팀의 반칙행위 회수가 거의 같다고 대답한 반면, 프린스턴대학 학생들은 다트머스대학 팀의 반칙행위 횟수가 프린스턴대학 팀보다 두 배 이상 더 많다고 대답했다. 양측 학생들의 인지 편차가 이처럼 커지자 하스토프와 캔트릴은 프린스턴대학에서 보내온 경기녹화 영상의 복사본을 다트머스대학 학생들에게 단체로 보여주었다. 뜻밖에도 이전에 경기 동영상을 봤던 한 다트머스대학 학생이 이 영상에선 다트머스대학 팀의 반칙행위를 발견하지 못했다며 의혹을 제기했다.

심지어 전화로 프린스턴대학에서 제공한 경기 영상 원본을 요구하기도 했다.

하스토프와 캔트릴 두 사람이 내린 결론은 다음과 같다. 이 시합이 마치 여러 장소에서 치러진 다른 경기처럼 보이듯, 사람들은 같은 사건을 보고도 서로 다른 생각을 가진다. 사실 이런 식의 결론은 부정확할 뿐 아니라 오해의 소지가 존재한다. 미식축구 게임이든 대통령 후보든 혹은 이런저런 잡설이든 보는 사람에 따라 각 사건을 받아들이는 입장이 매번 다르기 때문이다.

꿈에 대한 해석도 마찬가지다. 사람마다 자신에게 이득이 되는 입장이 있다. 관평의 입장과 관우의 입장은 일치하는 부분이 상당히 많았다. 그는 관우가 신체 건강하여 더욱 승승장구하기를 바랐을 것이다. 그래야 자신도 함께 그 영광을 누릴 수 있기 때문이다. 따라서 무의식적으로 관우의 악몽을 길몽이라고 해석한 것이다.

부자 사이가 워낙 각별하다 보니 관우 역시 관평의 해몽이 자신을 의식한 해석이란 것을 알고 있었다. 하지만 문득문득 불안한 생각이 들자 관우는 부하들을 불러 자신의 꿈에 대해 논의했다.

이들 중 어떤 이는 관평의 해몽처럼 길몽이라고 말하고 어떤 이는 불길한 징조라고 말했다. 이들의 해석에는 각자의 입장이 여실히 나타나 있었다. 그 꿈이 불길한 징조라고 말한 이들은 자신의 해몽이 객관적이라고 생각했다. 하지만 그래 봤자 편향성이 아주 강한 낙관적인 해몽보다 약간 더 객관적인 해몽일 뿐이다. 어쩌면 관우와 관계가 소원하거나 또는 관우의 장래가 그다지 자신들의 이익에 도움이 될 것 같지 않다고 생각했기 때문에 그런 해몽이 나온 것일 수도 있다.

논의가 한창 열을 띠고 있을 무렵 유비의 사자가 도착했다. 사자는 관우를 전장군前將軍 가절월假節鉞로 임명하며, 형양 9군에 관한 모든 전권을 맡긴다는 교지를 전달했다. 관우가 명을 받들자 그를 따르는 모든 부하가 일제히 이구동성으로 관평의 해몽을 극찬했다. 용의 상을 가진 돼지가 발목을 문 꿈이 정말로 길운의 징조였던 것이다.

인간은 선택적으로 정보를 해석하고 받아들인다. 사실 그 꿈은 관우의 직감대로 그가 앞으로 겪을 인생 최대의 고비와 시련의 징조였다. 직감은 매우 신비한 감각으로 사람의 의지로 만들어지는 것이 아니다. 역시나 관우의 불길한 직감은 적중했다. 하지만 이제껏 자신이 가장 잘났다는 신념으로 살아온 관우는 연로해진 자신의 모습과 이미 기울어진 운세 등 자신의 현실을 쉽게 받아들일 수 없었다. 게다가 자신의 신분이 격상되자 직감으로 느낀 공포와 두려움은 어느새 잊혀 버렸다. 자연스럽게 '길몽 징조론'에 수긍하게 되었다. 하지만 꼭 관우만 그런 것은 아니다. 사람들 누구나 눈앞에 닥친 위기 상황에도 낙관적인 기대에 편중되곤 한다.

그 옛날 동탁도 용 한 마리가 자신을 휘감는 꿈을 꾸었다. 얼마 후 왕윤王允이 사람을 보내왔는데, 단상이 이미 다 지어졌으니 길일을 골라 의식을 거행하기만 하면 된다고 전했다. 동탁은 간밤의 꿈이 자신이 곧 황제에게 선위를 받는 것을 예지한 길몽이라 생각했다. 동탁은 아흔이 넘은 노모에게 하직 인사를 하며 꿈 이야기를 했다. 그러자 노모는 최근 며칠 살이 떨리고 마음이 불안한 게 아무래도 불길한 징조 같다고 말했다. 하지만 오히려 동탁은 호탕하게 웃으며 말했다.

"어머니께서 곧 국모가 되실 예지몽이 아니겠습니까?"

그는 초선貂蟬에게도 말했다.

"내 곧 황제가 되면 너를 귀비로 삼을 것이다."

하지만 이 모든 것이 왕윤의 연환계일 줄 누가 알았겠는가? 동탁은 죽기 직전의 상황에서도 자신의 위험을 전혀 감지하지 못한 채 자아도취에 빠져 있었던 것이다.

관우가 출정하기 전 유비가 급히 사자를 보낸 이유는 자신이 관우에게 소홀했다는 생각이 들었기 때문이다. 연달아 두 번이나 엇나가는 관우의 모습을 보자, 유비는 그동안 자신이 아우에게 너무 박하게 대우했단 생각이 들었다. 하지만 관우가 멀리 형주에 있다 보니 그에게 먼저 군국대사를 논의한다는 건 현실적으로 불가능한 일이었다. 그래서 직위와 권력으로라도 그의 서운함을 달래주고자 했다.

이번에 유비의 보상은 아주 특별했다. 가절월假節鉞이라는 이 세 글자가 바로 그 증거다. '절節'은 황제의 신분을 나타낸다. 절을 지닌 신하는 곧 황제를 대변하기 때문에 최고의 권력을 행사할 수 있었다. '월鉞'은 형벌도구로 아랫사람의 생사여탈권을 대변했다. 마지막으로 '가假'는 잠시 권한을 위임한다는 의미를 갖고 있었다. 다시 말해 '가절월'이란 신하가 가질 수 있는 최고의 권력으로 형주 내에서는 관우가 유비와 완전히 동등한 권력을 가지게 되었음을 뜻했다. 유비로부터 권력을 위임받은 관우는 그야말로 명실상부한 '형주왕'이 된 것이다.

'그럼 관우가 이전에는 형양 9군에 대한 전권이 없었던 것이냐'라고 되묻는 이들도 있을 것이다. 하지만 그때는 제갈량이 관우에게 '임무'를 맡긴 것이고, 지금은 유비가 공식적으로 권력을 위임하는 것이니 그 의미는 하늘과 땅 차이이다. 이전에는 비시가 전령을 가져오기 전까진 관우 마음대로 군대를 움직일 수 없었다. 하지만 이제는 관우 스스로 의사결정을 내릴 수 있는 권력을 갖게 된 것이다.

게다가 더 중요한 것은 관우가 가절월이 된 이후 정당한 생사여탈권을 갖게 된 점이다. 이전에 제갈량이 관우와 위연을 죽이려 했을 때 유비가 이를 만류했다. 이 권력이 오직 유비에게만 있었기 때문에 가능한 일이었다. 그러나 이번에는 그 권력을 관우도 손에 쥔 것이다.

부사인과 미방은 관우가 가절월이 되었다는 소식을 듣고 불안감이 극도로 치달았다. 지금 두 사람은 관우의 밑에서 명을 따르고 있었지만, 실상 이들은 유비의 수하였다. 근본적으로 관우에겐 자신들을 죽이고 살릴 권리가 없었다. 관우가 그들을 옥에 가둘 순 있어도 최후의 처분은 결국 유비의 말에 따라야 했다.

그런데 가절월이 되었으니 관우는 이제 유비의 지시 없이도 아무 때나 마음대로 사람을 죽일 수 있게 되었다. 관우가 출정하기 전 남긴 무서운 경고는 부사인과 미방에게 악몽과 같은 저주가 되었다.

이 세상에 권력과 부귀영화를 마다할 사람이 어디 있겠는가? 하지만 사람들의 눈에는 늘 좋은 것만 보일 뿐이다. 때론 권력과 부귀영화가 자신을 다치게 할 수도 있다는 것은 왜 모를까?

◈ 심리학으로 들여다보기

현실이든 꿈이든 모든 판단과 해석은 자신의 입장을 대변한다. 누군가에게 조언을 구하거나 도움말을 건넬 때도 마찬가지다. 조언과 도움말, 또는 해석, 문제 해결 방식은 굉장히 주관적으로 된다. 이를 객관적 정보로 무조건 받아들여서는 안 된다.

태도의 반전이 감동을 부른다

관우는 대군을 이끌고 양양襄陽으로 진격했다. 양양성에 있던 조인은 이 소식을 듣고 매우 놀랐다. 그는 관우의 명성을 익히 잘 알고 있었기에 성을 굳게 지키며 출격하지 않았다. 부하들은 강력하게 맞서는 것만이 관우를 대적할 수 있는 길이라 주장했다. 하지만 관우가 이끌고 온 군대의 거침없는 공격에 조인의 군대는 맥없이 무너져 버렸다. 결국 조인은 양양성을 버리고 번성으로 도망쳤다.

초전 승리와 함께 양양을 얻은 관우는 기분이 우쭐해졌다. 지난 10년간 형주를 지키느라 전장에 나가 싸울 기회가 없었는데, 이렇게 출전하자마자 조인 수하의 맹장인 하후존夏候存을 단칼에 베어 버렸으니 왕년의 명성이 되살아나는 것 같았다.

관우를 수행하던 사마왕보司馬王甫는 관우의 기분을 살핀 뒤 훈훈한 분위기 속에서 자신의 생각을 말했다. 하지만 이미 위신과 명망이 절정에 오른 노장군의 귀에 아랫사람의 간언이 들릴 리 없었다. 왕보가 말했다.

"장군께서 출정하시자마자 양양을 손에 얻게 되어 참으로 기쁘게 생각합니다. 허나 오나라의 여몽이 노숙의 뒤를 이어 도독都督이 된 뒤 줄곧 육구에 병력을 주둔하며 호시탐탐 형주를 노리고 있습니다. 만약 그자들이 우리 군이 번성으로 출병한 틈을 타 형주를 공격해온다면 어찌하시겠습니까?"

왕보의 간언에는 고자세의 상사에게 대처하는 해법이 담겨 있다. 왕보는 가장 먼저 윗사람의 기분이 좋을 때를 살폈다. 기분이 좋을 때는 윗사람의 포용도가 높아지기 때문에 설령 말실수를 하더라도 별일 없이 넘어갈 수 있다. 대화의 첫 시작은 윗사람의 공적을 추켜세우며 적당히 바람을 넣는 것이다. 이때 자신의 칭찬이 상대방을 비꼬는 것처럼 들리지 않도록 말하는 것이 중요하다. 그런 다음 진짜 자신의 생각을 꺼내면 된다. 하지만 그렇다고 곧바로 자기 생각을 말하는 것이 아니라 먼저 객관적인 상황을 설명한 뒤 상사가 어느 정도 상황을 이해하고 판단이 섰을 때 자신의 의견을 말해야 한다.

관우는 긴 수염을 매만지며 고개를 끄덕였다.

"나에게도 다 생각이 있소. 그럼 이렇게 하시오. 이 일은 내 그대에게 맡기겠소. 자네는 강 상 하류를 따라 20리 혹은 30리마다 높은 언덕을 찾아 그곳에 봉화대를 설치하고, 각 봉화대 마다 병사를 50명씩 배치하시오. 그런 다음 오나라 병사들이 강을 건너 형주를 습격하면 밤에는 불을 밝히고 낮에는 연기를 피워 신호를 보내시오. 급보를 전달받으면 이 몸이 직접 출격하여 오나라의 소인배 무리를 격파할 것이오."

왕보는 속으로 '지금 이곳과도 거리가 상당히 먼데 언제 장군이 도착할 줄 알고 기다린단 말인가! 제때 당도한다는 것은 불가능한 일이야'라고 생각했다. 하지만 그렇다고 직접적으로 반박할 수도 없는 노릇이었다. 왕보는 할 수 없이 에둘러 설득했다.

"현재 미방과 부사인 두 장군이 강릉과 공안 두 곳을 지키고 있으나 아무래도 믿음이 가질 않아 우려스럽습니다. 그러니 형주에 한 사람을 더 보내 그에게 총독 임무를 맡기십시오."

왕보의 말뜻은 적합한 사람 한 명을 추천하여 그 사람에게 중책을 맡기자는 의미였다. 일반적인 흐름이라면 이 시점에서 관우가 어떤 사람이 적합할지 물어볼 테고, 그럼 왕보는 자연스럽게 자신이 미리 생각해둔 자를 추천할 생각이었다. 하지만 예상과 다르게 관우의 대답은 그의 논리에서 완전히 벗어났다.

"이미 반준潘濬에게 총독 임무를 맡겼는데 무슨 걱정을 하시오?"

왕보가 우려했던 것이 바로 그것이다. 왕보는 지휘능력이 부족한 반준에게 총독의 임무를 맡기면 형주가 위험해진다고 생각했다. 그래서 어쩔 수 없이 단도직입적으로 말을 꺼냈다.

"반군 그자는 질투심과 욕심이 많은 자이기 때문에 물질적인 유혹을 쉽게 물리치지 못할 것입니다. 군전도독軍前都督이자 양료관糧料官(군량과 보급품을 관리)인 조루趙累에게 이 일을 맡기시면 분명 실수 없이 잘해낼 것입니다."

마지막 이 말은 하지 말았어야 했다. 관우처럼 자신이 남보다 잘났다고 생각하는 상사가 이런 말을 들으면 '네가 감히 나 대신 인사를 결정해? 감히 내가 이미 결정한 인사에 지적을 해'라고 생각한다. 역시나 관우가 굳은 표정으로 말했다.

"반군 그자가 어떤 인물인지는 나도 잘 알고 있소. 그러니 그에게 중책을 맡긴 것이 아니겠소? 이미 결정한 일을 구태여 번복할 필요가 있겠소? 자네가 말한 조루 역시 괜찮은 인물이라고 생각하지만, 그자가 지금 맡고 있는 양료 관리 역시 중요한 일이오. 더 이상 다른 말 말고 자네는 봉화대 짓는 것에만 신경 써 주시오."

왕보는 더 이상 어찌할 도리가 없어 자리에서 물러났다.

사실 반군과 조루 모두 오나라가 침공했을 때 총독 역할을 감당하지 못할 가능성이 높았다. 그 이유는 바로 두 사람 모두 단독으로 적의 공격을 진압할 능력이 전혀 없기 때문이다.

한편, 조인은 번성으로 퇴각한 뒤에도 관우에게 또 공격을 당하자 사람을 보내 급히 이 상황을 조조에게 알렸다. 조조는 우금에게 지원 병력을 이끌고 출격할 것을 명령했다.

우금은 관우를 상대해야 한다는 생각에 망설여졌지만 차마 명을 어길 수 없어 말을 꺼냈다.

"소인 청이 하나 있습니다. 장수 한 명을 선봉으로 삼아 함께 데려가겠습니다."

우금은 맹장 한 명을 더 데려간다면 그래도 마음이 조금은 든든할 것 같았다. 그 말을 들은 조조는 우금의 말에도 일리가 있다고 판단하여 수하의 장군들에게 물었다.

"누가 선봉을 맡겠느냐?"

"소인이 맡겠습니다. 반드시 관우를 생포해 오겠습니다."

그자는 바로 방덕龐德이었다. 용맹하기로 유명한 방덕은 원래 마초의 부하였는데 조조가 한중을 점령한 이후 투항했다. 조조는 흡족해하며 우금과 방덕에게 각각 정남장군征南將軍과 정서도선봉征西都先鋒이라는 작위를 내린 뒤 출정명령을 내렸다.

관우를 떠올리자 조조의 마음속에는 애증의 감정이 교차했다. 관우의 위력을 누구보다 잘 알고 있던 조조는 우금 역시 관우의 상대가 되지 않을까 우려했다. 조조는 그 자리에서 우금에게 7개 정예부대를 통솔할 권한도 함께 주었다. 그때 7군의 대장인 동형董衡이 우금을 만나러 왔다가 방덕이 선봉을 맡았다는 소리에 아연실색하며 말했다.

"장군께선 이 싸움의 승리와 실패 중 어느 것을 바라십니까?"

우금은 그의 질문이 이해되지 않았다.

'이 세상에 실패하러 싸움에 나가는 장군도 있단 말이오? 그야 당연히 승리를 위해 싸워야 하지 않겠소?'

동형이 말했다.

"그렇다면 절대 방덕이 선봉을 맡아선 안 됩니다. 방덕은 원래 마초 수하의 장군이었으나 어쩔 수 없이 위왕魏王에게 투항한 자입니다. 게다가 그의 옛 주인 마초는 지금 유비 밑에서 오호장군을 맡고 있고, 방덕의 친형 방유龐柔도 서천에서 벼슬을 하고 있습니다. 이런 상황에서 방덕에게 선봉에 맡기면 오히려 역으로 당할 수도 있습니다."

우금은 그 말을 듣고 한밤중임에도 조조를 찾아가 전후 사정을 설명했다. 조조 역시 우금의 말에 크게 놀라며 즉시 방덕을 불러 선봉 지위를 박탈해 버렸다. 방덕이 놀라며 말했다.

"소인, 전하께 충성을 다하기 위해 관우를 잡기 전엔 절대 돌아오지 않을 것입니다. 그런데 선봉의 자리를 거두시려는 까닭이 무엇입니까?"

"그대가 내 사람이 된 지도 벌써 수년이나 지났소. 자네의 성심에 대해선 한 치의 의심도 품고 있지 않소. 그런데 자네의 옛 주인 마초와 형 방유가 모두 유비를 보좌하고 있다는 소식을 들었소. 하여 그대를 의심하는 것은 아니나 모두들 하나같이 반대를 하니 그대에게 선봉을 맡길 수 없게 되었소."

그 말을 들은 방덕은 투구를 벗어 던지고 머리를 계속 바닥에 찧었다. 방덕은 얼굴이 피범벅이 된 채 눈물로 호소했다.

"소인 한중에 투항한 이후 전하의 하해와 같은 은혜를 잊어본 적이 없거늘 어찌 소인을 의심하십니까? 지난날 형님, 형수님과 고향에서 함께 살던 시절이 있었습니다. 허나 어질지 못한 형수님을 제 손으로 죽인 이후 형님과도 철전지원수가 되었습니다. 그런데 형제의 정이 남아있을 리가 있겠습니까? 또한, 옛 주인 마초는 용맹하긴 하나 무모하고 덕이 없기 때문에 전하께 투항한 것입니다. 소인 목숨을 걸고 전하께 충성을 맹세할 것입니다. 부디 살펴주십시오."

조조는 직접 방덕을 일으켜 세우며 달랬다.

"짐은 항상 그대의 충성심을 잘 알고 있었소. 방금 한 말들은 저들이 더 이상 다른 말을 하지 못하게 막으려고 한 말이니 걱정하지 마시게. 짐 역시 그대를 절대 버리지 않을 것이오."

조조는 의심도 많았지만 대범한 인물이기도 했다. 방덕과 같이 충성의 대상이 바뀐 자에게 중임을 맡기기란 쉽지 않은 일이다. 하지만 누구보다 사람에 대한 통찰력을 가지고 있던 조조는 방덕의 충심을 알아

보았기에 위로의 말 한마디로 그의 충심을 더욱 자극했다.

방덕의 충심을 의심한 책임은 다른 부하에게 떠넘기고 자신은 모양새 좋게 위로하는 이런 방식이 조금은 치사하고 교활해 보일 수 있다. 하지만 이 역시 굉장히 훌륭한 격장법이다.

격장법에는 두 가지 종류가 있다. 하나는 능력을 이용한 격장법이고, 다른 하나는 태도를 이용한 격장법이다.

능력을 이용한 격장법은 고의적으로 아랫사람의 능력을 무시하여 그의 의지를 자극하는 것이다. 이 방법은 어느 정도 효과는 있으나 매번 아랫사람의 자존심을 상하게 만들므로 자칫 반발로 이어질 수 있다. 제갈량이 자주 쓰는 격장법이다. 제갈량은 이 방법으로 장비와 황충 등이 큰 공을 세우도록 만들었지만, 한편으로는 이 방법 때문에 관우와의 관계가 악화되었다. 반대로 태도를 이용한 격장법은 절대 아랫사람의 능력을 무시하지 않는다. 대신 고의적으로 그 사람의 열정과 충성심 등을 의심한 뒤 다시 신뢰하는 과정을 반복하여, 아랫사람이 수단과 방법을 가리지 않고(심지어 방덕이 출정하기 전 관을 짜둔 것과 같은 극단적인 방법도 있다) 자신의 충성심과 열성을 드러내게 만드는 것이다. 이 방법은 '제삼자의 칭찬 효과'를 가장 잘 응용한 예다. 아랫사람은 가장 절망적인 순간에 윗사람의 격려를 받게 되면, 강력한 '이목의 집중효과' 상태가 되어 잠재능력을 여지없이 발휘하게 된다.

능력을 의심받으면 의욕까지 꺾일 수 있지만, 태도를 의심받으면 오히려 능력이 향상될 수 있다. 따라서 가장 효과적이고 현명한 격장법은 바로 두 번째 방법이다. 물론 조조가 처음부터 '의심하는 척' 가장하여 방덕을 자극한 것은 아니었다. 이미 앞서 우금의 말을 듣고 조조 역시 정말로 방덕을 의심했지만, 이후 임기응변으로 방덕의 마음을 보듬어 주었다. 물론 그의 위로는 진심이었다.

하지만 두 번째 격장법을 쓰고 싶다면 반드시 알아 두어야 할 것이 있다. 반드시 진짜인 것처럼 가장해야 효과를 얻을 수 있다. 아랫사람의 태도를 의심할 때 그 행동이 진짜처럼 보이지 않으면 제대로 된 효과를 얻을 수 없다. 하지만 운 좋게 조조는 정말로 의심하고도 기대 이상의 효과를 얻었다.

조조에게 깊은 감동을 받은 방덕은 집으로 돌아가자마자 사람을 시켜 관을 준비했다. 그런 뒤 평소 절친했던 벗들을 불러 모아 안채에 관을 갖다 놓고 그 앞에서 맹세했다.

"나는 위왕께 받은 깊은 은혜에 보답하기 위해 죽을 각오로 싸울 것이오. 이번에 번성을 가면 관우와 결전을 벌일 것이오. 절대 이 관이 헛되이 돌아오는 일은 없을 것이오!"

자리에 있던 사람들이 모두 눈물을 흘리며 그를 배웅했다. 방덕이 공개적으로 밝힌 이 맹세는 두 번 다시 돌아오지 못하는 길을 떠나는 사람처럼 비장하게 느껴졌다.

방덕의 소식을 들은 조조는 그의 충심에 진심으로 감복했다.

◈ 심리학으로 들여다보기

의심 후 포용이야말로 최고 경지의 격장법이다. 그런 의심이 있는데도 자신을 옹호해 주는 인상을 받기 때문이다. 일관되게 격려하고 인정하는 모습도 좋지만 반전을 기하는 방법은 감동까지 동반할 수 있어 그 효과가 더 크게 나타난다.

자기 안의 두려움부터 이겨야 영웅이 된다

충만한 자극을 받은 방덕은 끓어오르는 혈기 하나로 기세등등하게 관우에게 도전장을 던졌다. 방덕이 관까지 들고 나와 불손한 말을 지껄이며 승부를 겨루려 하자, 관우는 잔뜩 화난 목소리로 소리쳤다.

"천하의 영웅들도 내 이름을 들으면 두려움에 떨며 도망가는데, 어떤 시건방진 놈이 감히 나를 모욕한단 말이냐!"

관우는 관평에게 계속 번성을 공격하라 명령하고 자신은 군사들을 이끌고 직접 방덕을 상대하러 나갈 준비를 했다.

'범 무서운 줄 모르고 날뛰는 하루 강아지에게 본때를 보여주리라!'

관평은 부친이 60의 나이에도 이렇게 혈기왕성할 줄 몰랐다. 그는 황급히 말리며 말했다.

"아버님께선 천하를 30년간 누비며 강호에 이름을 떨친 영웅이십니다. 그런 분께서 어찌 일개 장수의 도발에 상대하시려 합니까? 이는 태산과 같이 무거운 존재가 하찮은 돌멩이 따위와 우열을 가리겠다는 것과 다르지 않습니다. 제가 아버님 대신 출정하여 싸우겠습니다."

관우는 관평의 말에 동의했지만 여전히 분노가 풀리지 않았다.

"내 평생 전장에서 병사들을 앞에 세워 놓고 뒤에서 몸을 사린 적이 없느니라. 대체 어떤 놈이길래 겁도 없이 나를 모욕한단 말이냐!"

관평은 계속해서 관우를 달래며 설득했다.

"사마귀가 제아무리 화가 났다 한들 수레바퀴를 막을 순 없습니다. 또한, 참새 한 마리를 잡겠다고 수후주隨侯珠(진귀한 보물)를 탄환으로 쓰는 것도 말이 되지 않습니다. 파리 한 마리 잡겠다고 고귀한 힘을 낭비하지 마십시오. 방덕과 같은 쥐새끼 무리에 불과한 자를 아버님 같은 분께서 직접 상대할 필요가 있겠습니까?"

관평이야말로 제대로 키워볼 인재가 아닐까 싶다. 관평은 지난 세월 관우를 따르면서 군대를 이끄는 지략이 크게 성장했다. 그런데도 관우의 고질병인 오만함만큼은 조금도 물들지 않았으니 흔치 않은 젊은이인 것만은 분명하다.

관우는 관평의 말에 따라 그가 먼저 대적한 뒤 자신이 그 뒤를 따르기로 결정했다. 그리고 요화에게 번성공격을 맡겼다.

방덕과 관평은 30여 합 주고받았지만 승부를 내지 못했다. 다음날 관우가 나타나자 방덕은 관우를 향해 도발했다. 방덕은 관우를 보자마자 피가 끓는 기운이 용솟음쳤다. 당장에라도 관우를 잡아 조조에게 자신의 충성심을 증명해 보이고 싶었다. 방덕이 소리쳤다.

"네놈이 관우냐! 내 위왕 전하의 명을 받아 네놈 목을 가지러 왔느니

라. 네놈의 관도 준비해 왔으니 죽음이 두렵거든 당장 말에서 내려 항복하거라!"

분노한 관우는 방덕을 향해 빠르게 말을 몰았다. 방덕과 칼을 휘두르며 100여 합을 주고받았지만 쉽사리 승부가 나질 않았다. 양측은 일단 군사를 철수시키고 휴전에 돌입했다. 관우와 방덕 두 사람은 모두 상대의 실력이 만만치 않음을 느꼈다.

다음날 다시 전투를 벌였지만 이번에도 승부가 나질 않았다. 방덕은 퇴각하는 척하며 반격하는 타도계를 시도하려 했다. 하지만 강호의 노익장이 그 정도에 속아 넘어가겠는가? 관우에게 전략을 들킨 방덕은 출정 당일 사람들 앞에서 했던 맹세를 떠올리며 마음을 다시 독하게 먹고 활시위를 당겼다. 방덕이 쏜 화살은 관우의 왼쪽 팔을 명중했다.

방덕은 말 머리를 돌려 관우의 목을 베려 했다. 하지만 그 순간 진영에서 징소리를 울리며 후퇴 신호를 보내왔다. 방덕은 감히 군령을 어길 수 없어 분통해하며 진영으로 되돌아갔다. 그 사이 관평이 급히 말을 몰고 와 관우를 구해냈다.

정말 관우의 운이 최절정에 이른 순간이었다. 그의 목숨을 구한 것은 다른 사람도 아닌 바로 조조군의 총사령관 우금이었다.

방덕은 눈앞에서 관우를 잡을 수 있는 절호의 기회를 놓쳤단 사실에 분한 마음을 삭히지 못 했다. 그는 왜 하필 가장 중요한 순간에 총사령관이 퇴각명령을 내렸는지 이해가 안 됐다. 우금이 말했다.

"위왕께서는 이전부터 관우는 지략과 용맹을 모두 갖춘 자이니 늘 경계하라고 말씀하셨소. 그대의 화살이 명중하였다곤 하나, 또 다른 속임수가 있을까 우려되어 퇴각명령을 내린 것이오."

그러자 방덕이 아쉬움을 삼키며 말했다.

"철수 명령만 아니었어도 제 손으로 관우의 숨통을 끊어놓았을 것입니다."

우금이 관우를 구해준 이유는 관우와 그 사이의 오래된 정 때문이 아니라 방덕에 대한 질투심 때문이었다. 그동안 수많은 맹장도 관우가 나타났다 하면 도망치기 바빴다. 특히 조조 수하의 장군들은 화용도에서 관우의 칼에 죽을 뻔했다가 구사일생으로 살아남았던 그 순간을 결코 잊을 수 없었다. 그런데 일개 무명 장수인 방덕이 관우를 죽여 공을 세우도록 놔둔다면 그 수많은 노장의 체면이 어떻게 되겠는가?

물론 방덕이 분에 넘치게 호언장담한 것 역시 문제였다. 출정 전부터 관우의 목을 반드시 베어 오겠다고 공개적으로 선언한 맹세는 지난 30년간 관우의 천하무적 명성에 흠집을 냈을 뿐 아니라, 조조 진영 노장들의 미묘한 심기까지 거슬리게 만들었다.

방덕은 관우에게 상처를 입힌 뒤로 승부욕이 더욱 발동했다. 하지만 관우는 계속 싸움터에 나오지 않았다. 게다가 우금은 시시때때로 조조가 지나가면서 했던 말을 마치 중요한 지시인 것처럼 말하며 방덕의 손발을 묶어둔 채 그가 공을 세우지 못하게 했다. 하지만 관우를 살려준 것은 결국 불행의 그림자를 몰고 왔다.

우금은 7군 정예부대를 번성의 북쪽 10리 쪽으로 이동시킨 뒤 산속에 주둔시켰다. 자신은 대군을 이끌며 앞장섰고 선봉인 방덕은 계곡에 주둔시켰다. 이유는 단 하나 방덕이 공을 세우는 게 싫었기 때문이다.

이런 시기심은 누구에게나 있을 수 있다. 조조가 다른 장군을 내세웠어도 방덕에 대한 시기심을 자제하기란 쉽지 않았을 것이다. 생각해

보면 어떤 이가 관우의 목을 베는 영광을 넘겨주고 싶겠는가? 자신도 해내지 못한 일을 일개 무명 장수에 불과한 방덕이 성공하도록 순순히 놔두고 싶겠는가? 물론 조조가 직접 병사를 이끌고 출전했다면 그 누구도 감히 훼방 놓지 못했을 것이다.

우금의 시기심 덕분에 관우는 시간을 벌었다. 화살에 맞은 상처도 거의 아물어가고 있었다. 관우는 수십 명의 기병을 거느리고 높은 언덕에 올라가 지형을 살폈다. 번성을 살펴보니 깃발이 어수선하게 꽂혀 있고 병사들은 허둥지둥 몰려다니고 있었다. 또 북성 10리 밖을 살펴보니 산 계곡 쪽에 조조군이 주둔해 있었다. 관우는 양강襄江과 백하白河의 물살이 세차게 흐르는 것을 보며 회심의 미소를 지었다. 머릿속에 좋은 방도가 떠올랐던 것이다.

역시나 경험은 가장 훌륭한 선생님이다. 성공하는 사람들은 늘 경험에서 배움을 얻는다. 지난날 제갈량이 신야를 불태웠을 때 당시 관우는 백하를 막는 임무를 맡았었다. 당시 물의 수위가 차오를 때까지 기다렸다가 한꺼번에 둑을 터뜨려 조조군을 모두 익사시켰었다. 그 결과 유비는 최소한의 병력으로 대군을 물리친 전례 없는 승리를 거두었다. 당시 관우도 제갈량의 능력에 감탄했었다. 단지 제갈량의 오만한 태도와 근거 없는 허풍이 눈에 거슬렸던 것뿐이다.

당시 제갈량의 전략은 지금의 상황과 절묘하게 잘 들어맞았다. 관우는 그때의 전략대로 수하의 장군들에게 배와 뗏목을 준비시켰다. 관평이 이를 의아해하자 관우가 크게 웃으며 말했다.

"가을비가 며칠째 내리고 있으니 이제 양강과 백하의 물살이 거세지며 범람할 것이다. 사람을 보내 각 수구를 막아 두었으니 배를 타고

물을 방류하면 조조군은 모두 물에 빠진 생쥐 신세가 될 것이다.”

관평은 그제야 예전의 일이 떠올랐다. 그는 부친의 탁월한 전략과 응용 능력에 진심으로 감탄했다.

한편, 조조군의 첩자는 형주군이 주둔지를 높은 곳으로 옮긴 점과 수구 근처에 배를 준비해 둔 것을 이상하게 여겨 이 사실을 급히 우금에게 알렸다. 행운의 여신은 이번에도 관우의 손을 들어주었다. 수년간 전장에서 군대를 이끌어온 용병전문가 우금은 오히려 화를 내며 첩자의 보고를 완전히 묵살했다.

그날 밤 비바람이 세차게 몰아치며 강물이 무섭게 불어나기 시작하자 관우는 방류를 명령했다. 그 시간 막사 안에 있던 우금과 방덕은 말들이 미친 듯이 날뛰는 소리에 깜짝 놀라 밖으로 나오니 사방에서 물이 밀려들어 오고 있었다. 7군 정예부대는 사분오열되어 도망치기 바빴다. 셀 수 없이 많은 이들이 거센 물살에 휩쓸려갔으며 7군 대부분이 물에 빠져 익사했다.

관우의 병사들은 배를 타고 추격에 나섰다. 이미 적군 대다수가 사망하거나 다쳤으며 남은 이들은 모두 투항했다. 우금은 포기한 채 끌려갔으나 방덕은 끝까지 결사항전을 벌였다. 하지만 이미 기운 전세를 어찌 막을 수 있겠는가? 방덕 역시 생포되어 관우 앞에 끌려갔다.

대략 살펴봐도 7군의 대부분은 익사했고 남은 병사들은 만여 명이 채 되지 않았다. 군대를 이끄는 두 수장까지 잡았으니 관우는 스스로 흐뭇해하며 득의양양해졌다. 이번 전투로 관우의 개인 위상과 명망은 최고조에 이르렀고, 관우의 거만함도 함께 절정에 이르게 되었다.

관우는 장병들을 소집한 뒤 도부수에게 우금을 끌고 가 명을 기다리라고 분부했다. 줄곧 관우의 위력에 두려움을 갖고 있던 우금은 홍수에 떠내려가는 군사들을 보며 망연자실해하며 싸울 의지를 완전히 잃어버렸다. 평정심을 잃은 우금은 체면이고 뭐고 다 버린 채 관우 앞에 엎드려 목숨을 구걸했다. 관우가 냉소를 지으며 말했다.

"네놈은 내 명성에 대해 잘 알고 있었을 텐데 어찌 감히 내게 대적하려 들었느냐?"

그러자 우금이 머리를 조아리며 말했다.

"소인 어찌 감히 군후와 맞서려 했겠습니까? 상부의 명령에 어쩔 수 없이 따랐을 뿐입니다."

관우는 수염을 매만지며 큰 소리로 웃었다.

"네놈과 같은 조무래기들을 죽여 봤자 내 보검만 더럽힐 뿐이다."

관우는 우금을 죽이지 않는 대신 형주 감옥으로 압송시켰다.

이번엔 방덕을 끌고 오라고 명령했다. 성격이 직설적인 방덕은 관우가 아끼는 주창과 성격이 비슷했다. 관우는 방덕과의 몇 차례 대결을 통해 그의 용맹함을 눈여겨보았다. 수하에 사람이 부족하다는 것을 절실히 느꼈던 관우는 내심 그를 자신의 사람으로 만들고 싶었다. 하지만 방덕은 관우 앞에서 꼿꼿이 기를 세우며 무릎을 꿇지 않았다. 관우 역시 그를 책망하지 않았다.

"네놈의 형이 지금 한중에 있고, 옛 주인 마초 역시 네 형님께 충성하고 있느니라. 너를 내 수하로 받아들일 용의가 있으니 어서 항복하거라!"

관우의 거만함은 하늘을 찌르는 것도 모자라 투항을 권유하는 모습조차 기고만장하기 이를 데 없었다. 지난날 유비가 황충의 항복을 어떻게 받아냈었는지 생각해 보자. 험악하고 거칠기 이를 데 없는 장비를 항복시켰을 땐 또 어떠했는가? 이들처럼 충성심이 강한 장군들은 위세나 무력으로는 쉽게 굴복시킬 수 없다. 힘으로 억누르려 한다면 이들은 죽음을 불사하고 버틴다. 이럴 땐 기본적인 예우를 지키며 말로써 설득해야 한다. 이들에게도 자신의 행동을 정당화시킬 수 있는 이유를 만들어 주어야 진심으로 항복을 받아낼 수 있다.

하지만 관우는 이 같은 이치를 모르고 있었다. 설사 알고 있었다 하더라도 그에게서 덕망과 겸손을 갖춘 모습을 기대하기란 어려운 일이다. 애당초 방덕에게 항복을 받아내는 건 불가능한 일이었다. 게다가 방덕의 불굴의 의지엔 조조의 격장법도 큰 몫을 했다. 방덕은 이미 사람들 앞에서 공개적으로 맹세했다. 관우 목을 베어 오겠다는 맹세를 지키지 못한 이상 죽음으로써 조조의 은혜에 보답할 수밖에 없었다.

방덕은 그 자리에서 관우를 향해 욕을 퍼부었다. 관우는 화를 참지 못하고 방덕의 참수를 명령했다. 하지만 방덕의 용맹함과 충심만큼은 아깝게 여겨 그의 장례를 치러주도록 명령했다.

관우는 물살이 약해지기 전에 번성으로 진격했다. 두려움에 떨고 있던 조인이 번성을 버리고 후퇴하려 하자 책사 만총滿寵이 이를 말렸다.

"물살은 얼마 못 가 약해질 것입니다. 지금 장군께선 어떻게 해서든 이를 악물고 성을 지키셔야 합니다. 번성을 포기하면 관우에게 황하 이남 지역을 모두 빼앗길 것입니다."

조인은 생각했다. 번성 사수에 실패하여 황하 이남이 관우의 손에 들어가게 되면 이러나저러나 어차피 죽은 목숨이다. 돌아가서 죽느니 번성을 사수하다 죽는 편이 나았다. 역시나 조인은 조조가 자부심을 느낄 만한 심복 중의 심복이었다. 위기의 순간 극한 공포를 느꼈지만 끝까지 남아 필사적으로 성을 사수했다. 조조의 엄격한 관리능력에 또 한 번 감탄하지 않을 수 없는 대목이다.

물살이 사라진 이후에도 관우는 여전히 성을 둘러싼 채 공격을 가했다. 이날 관우는 세상에서 가장 자신만만한 모습으로 거세게 말을 몰아 성 앞까지 달려가 외쳤다.

"이런 쥐새끼 같은 놈들! 당장 나와 항복하지 못하겠느냐! 성문을 여는 순간부턴 단 한 놈도 살려두지 않을 것이다!"

너무 득의양양한 나머지 관우는 위험을 감지하지 못하고 성벽 앞까지 말을 몰고 갔다. 조인은 관우가 무방비 상태인 것을 확인한 뒤, 그 즉시 궁수 5백 명을 모아 무차별하게 화살을 쏘았다. 관우는 다급히 말머리를 돌려 화살을 피하려 했지만 날아오는 화살 비를 어찌 다 피할 수 있겠는가? 오른쪽 팔뚝에 화살을 맞은 관우는 그대로 말에서 굴러떨어지고 말았다.

◈ 심리학으로 들여다보기

자신만만한 순간뿐 아니라 절망적인 순간에도 평상심을 잃어선 안 된다. 평상심은 마음의 평정을 말하는데 어느 쪽으로 치우침이 없이 객관적 관점을 유지할 수 있는 비결이기도 하다. 모든 일이 순조롭다면 더할 나위 없이 좋지만 일에는 언제나 기복이 있게 마련이다. 일희일비한다면 일을 그르칠 확률이 높아진다.

고통은
견디는 게 아니라 잊는 거다

조인은 관우가 화살에 맞고 낙마하자 곧장 병사를 이끌고 성문 밖으로 나갔다. 다행히 관평이 도착하여 필사적으로 관우를 지켜냈다. 관우는 막사로 돌아온 뒤 뽑아낸 화살을 보며 조인을 향해 분노의 칼을 갈았다.

조인이 쏜 것은 치명적인 독화살이었다. 이전에 주유가 남군을 공격했을 당시 왼쪽 옆구리에 맞았던 독화살과 같았다. 독화살에 맞으면 곧바로 치료를 받더라도 일반 상처처럼 회복이 빠르지 않았고 특히 움직이는 것은 금물이었다. 그렇지 않으면 화살 맞은 상처가 도져 목숨을 잃을 수도 있었다. 당시 주유는 화살을 맞고 치료한 후 제갈량 때문에 분통이 터져 화를 참지 못했고, 결국 지난 상처가 도져서 세상을 떠났다. 어찌 보면 주유 목숨의 절반은 조인 때문에 잃은 셈이었다.

관우 역시 똑같은 독화살을 맞았으니 어찌 걱정이 안 될 수 있겠는가? 관평은 부친이 오른팔에 생긴 검푸른 멍 때문에 청룡언월도를 들 수 없게 되자 근심이 가득해졌다. 그는 장수들을 소집하여 상의했다.

"부친께서 오른팔을 다치셨으니 전투는 불가능합니다. 차라리 잠시 형주로 철수하여 상처를 회복하는 것이 옳을 듯싶습니다."

왕보는 진작부터 형주가 비어있다는 사실이 계속 신경 쓰였기에 한 치의 망설임 없이 관평의 말에 동의했다. 두 사람은 곧장 막사 안으로 들어가 관우를 만났다. 그런데 어찌 된 일인지 아직 오른쪽 팔이 부어있는데도 관우는 전혀 통증이 없는 사람처럼 평소와 같이 이야기하고 있었다.

"무슨 일로 찾아오셨소?"

왕보가 말했다.

"군후의 오른팔 상처를 보고 나니 적군을 상대하다 흥분하시어 몸에 무리가 갈까 우려스럽습니다. 모두들 군후께서 일단 군대를 철수하고 형주로 돌아가시어 건강을 회복하신 뒤 다시 후일을 도모하길 바라고 있습니다."

그러자 관우가 크게 화를 냈다.

"번성을 손에 넣을 날이 얼마 남지 않았소. 번성을 함락시키면 곧장 허도로 진격하여 역적 조조를 죽이고 한나라 황실을 부흥시킬 수 있소. 내 평생 꿈꿔온 대업을 어찌 이 화살 하나 때문에 망칠 수 있겠소? 더 이상 같은 말은 반복하지 마시오. 그렇지 않으면 그대에게 군의 사기를 떨어뜨린 죄를 물을 것이오."

왕보는 감히 더 말을 꺼내지 못하고 조용히 물러났다. 관우가 이처럼 반응한 데는 두 가지 이유가 있다. 하나는 관우가 천성적으로 체격이 건장한 데다 피부가 거칠고 두꺼워 일반인들보다 통증 감각을 견디는 능력이 훨씬 높았다. 따라서 화살에 맞은 상처가 제대로 아물지 않은 상황에서도 통증을 느끼지 못했다.

다른 하나는 관우가 천하에 명성을 떨치고 있었던 터라 스스로에 대한 자부심 또한 하늘을 찌를 정도였다. 특히 이번에 조조의 7군을 궤멸시킨 전략은 제갈량조차 따라오지 못할 신의 한 수였다. 여기에 늘 따르던 행운까지 더해져 완벽한 승리를 거두었으니, 어느새 그의 잠재의식 속에는 자신을 완벽한 존재로 여기고 있었다. 이쯤 되면 자신을 신격화하는 수준이라 말할 수 있다. 더 이상 일반인의 사고로 생각하지 않는 것이다. 관우는 '신'이라면 이 정도 상처쯤은 아무것도 아닐 테니 자신 또한 다르지 않다고 생각했다. 또한, 번성 함락이 머지않았으니 그 기세로 곧장 조조를 궤멸시켜 한 황실 부활의 대업을 이루는 꿈을 꾸고 있었다. 이 정도의 위대한 업적이라면 자신과 제갈량 간의 보이지 않는 힘 싸움의 결과는 보나 마나 뻔한 것이었다. 천하의 일인자가 곧 자신인데 그 누가 나와 어깨를 나란히 할 수 있겠는가?

하지만 아무리 자신을 신격화해도 육신을 가지고 있는 인간일 뿐이었다. 상처를 제대로 된 치료하지 못한 탓에 독이 점점 퍼져 이제는 오른팔을 움직일 수 없는 지경이 돼버렸다. 관평과 부하들 모두 속이 바짝바짝 타들어 갔다. 그렇다고 또다시 관우에게 직언도 할 수 없어 사방으로 명의를 찾아 나섰다.

그러던 어느 날 어떤 이가 강동에서 작은 나룻배를 타고 왔다. 기이한 차림새에 파란색 주머니를 손에 들고 있던 그는 자신을 패국沛國 초현譙縣 사람이며 이름은 화타華陀라고 했다. 그는 관장군이 독화살에 맞았다는 소문을 듣고 치료를 위해 일부러 달려왔다고 말했다. 병을 치료하는 명의마저 소식을 듣고 알아서 찾아오게 한 것이다. 좋은 명성을 갖고 있으면 정말 이런 식으로도 덕을 보는가 보다. 관평이 물었다.

"혹시 이전에 동오의 주태周泰를 치료하셨다던 그분이 맞소?"

화타가 말했다.

"그렇습니다."

주태는 이전에 손권을 보호하려다 신체 여러 곳에 중상을 입었다. 보기만 해도 곧 죽을 것만 같았는데 다행히 화타의 의술로 예전과 같이 건강을 회복하게 되었고, 그 일로 화타의 이름은 널리 알려졌다. 관평은 매우 기뻐하며 화타를 막사 안으로 안내했다.

이때 관우는 오른팔의 상처가 심해져 이미 상당한 통증을 느끼고 있었다. 하지만 부하들 앞에서 체면을 지키기 위해 아픈 내색을 할 수 없었다. 또한, 군의 사기를 떨어뜨릴까 두려워 부하들과 바둑을 두며 고통을 달래고 있었다.

관평은 화타를 데리고 막사 안으로 들어왔다. 화타는 진찰하기 위해 관우의 옷을 걷은 뒤 팔을 살폈다. 팔을 자세히 살펴본 화타가 말했다.

"독화살의 독은 오두烏頭라는 맹독입니다. 이미 뼛속까지 침투한 상태이고, 빨리 치료하지 않으면 오른팔을 영영 쓸 수 없게 될 것입니다."

그러자 관우가 물었다.

"그대가 보기에 치료 방법은 있소?"

화타가 웃으며 말했다.

"방법이야 당연히 있습니다. 허나 군후께서 겁을 내실까 그게 우려스럽습니다."

화타가 무심결에 사용한 격장법은 관우에게 자신의 담력을 시험하겠다는 말로 들렸다(능력 의심할 때 사용하는 표현방식이다). 관우가 제일 질색하는 게 다른 사람이 자신을 자극하는 것이었다. 그러면서도 정작 본인이 그 자극에 가장 잘 반응했다. 관우가 웃으며 말했다.

"죽는 것도 두렵지 않은데 이 세상에 더 두려울 게 뭐가 더 있겠소?"

화타가 말했다.

"우선 땅 위에 구덩이를 판 다음 큰 기둥을 하나 세우고, 그 기둥에 철 고리를 못으로 박아 고정할 겁니다. 그런 다음 군후의 팔을 그 고리에 끼워 넣어 줄로 단단히 묶을 것입니다. 그리고 군후의 눈과 얼굴을 가리면 제가 뾰족한 칼로 살갗을 갈라 뼈 있는 쪽까지 칼을 넣어 뼈에 묻어있는 화살 독을 긁어낼 것입니다. 그런 뒤 약을 바르고 상처를 봉합하면 끝입니다."

화타의 설명을 들은 관우는 영웅심이 발동하여 크게 웃으며 말했다.

"뭐 그리 복잡하게 할 필요가 있소. 바둑을 두고 있을 테니 이 자리에서 수술하시오."

관우는 술을 준비하라고 명령하더니 크게 술 한잔을 들이킨 뒤 마량과 다시 바둑을 두기 시작했다. 그리고 상처가 난 팔을 뻗어 화타에게 수술받을 준비를 했다. 화타는 놀라움을 금치 못했다. 그 동안 수많은 사람을 만나왔지만 이렇게 대담한 사람을 본 적이 없었다. 화타는 순간적으로 손을 대지 못하고 망설였다. 관우는 평소처럼 웃으며 아무렇지 않게 이야기를 나누었다.

화타는 더 이상 망설이지 않기로 했다. 그는 병사들에게 큰 대야를 가져오라고 분부한 뒤 흐르는 피를 받을 수 있도록 대야를 팔 아래에 놓았다. 그런 다음 날카로운 칼을 손에 쥔 채 관우에게 말했다.

"군후. 그럼 시작하겠습니다. 절대 놀라지 마십시오."

화타가 조심스러워할수록 관우는 더욱 대담해졌다. 관우가 웃으며 말했다.

"어서 시작이나 하시오. 내 어찌 평범한 이들처럼 고통을 두려워하겠소? 쓸데없는 걱정은 하지 마시오."

화타는 신중하게 팔의 살갗을 절개한 뒤 칼로 뼈 있는 쪽까지 파고 들었다. 뼈도 이미 시퍼렇게 변해있는 상태였다. 화타가 칼로 뼈 속의 독을 긁어낼 때마다 요란한 소리가 났다. 어떤 이는 차마 볼 수 없어 얼굴을 가렸고, 또 어떤 이는 귀를 막는 등 함께 자리에 있던 이들 모두 하나같이 얼굴이 새파랗게 질려 있었다. 오직 관우만이 아무 일 없는 사람처럼 태연하게 술을 마시고 음식을 먹으며 바둑을 두었다.

관우 앞에 앉아 바둑을 두던 마량은 실력이 뛰어나 평소 기막힌 수로 관우를 놀라게 할 때가 많았다. 그런데 눈앞에서 일어나고 있는 광경에 정신집중이 되질 않아 계속 실수를 연발했다. 마량과의 바둑에서 승리를 거둔 관우는 한바탕 통쾌하게 웃었다.

화타가 칼로 독을 긁는 동안 바닥에 놓여있던 대야 안에는 어느새 핏물로 가득 차 있었다. 얼마 지나지 않아 독을 모두 긁어낸 화타는 여러 차례 약을 바르고 실로 상처 부위를 꿰맸다. 치료가 끝나고 관우가 팔을 뻗어 움직여보니 평소처럼 자유롭게 움직이는 데 전혀 무리가 없었다. 관우는 화타를 진정한 '신의 의원'이라고 부르며 크게 감탄했다.

팔의 상태를 살펴보던 화타 역시 감탄을 숨기지 못했다.

“지금껏 제 의원 생활 중에 군후와 같은 분은 뵌 적이 없습니다. 군후께서는 정말로 천신天神이십니다!”

화타의 감탄은 화타 본인뿐 아니라 주변의 모든 사람의 생각을 대변하는 말이었다. 이 일로 관우는 신적인 존재로 더욱 각인되어졌다.

그런데 칼로 뼈의 독을 긁어내는 이런 고통스러운 외과수술을 관우는 어떻게 평소처럼 담소를 나누며 버틸 수 있었을까?

케네스 크레이그Kenneth Craig와 케네스 푸킨Kenneth Pukin은 1978년 다음과 같은 실험을 했다. 이들은 실험에 참가한 피실험자의 왼쪽 팔에 전기충격을 가했다. 처음 실험을 시작할 때 전기충격의 강도는 아주 약한 상태로 느낌이 전혀 없는 수준이었고, 점점 갈수록 충격의 강도를 세게 올렸다. 단계별로 전기충격을 시행한 뒤 피실험자들은 자신이 느꼈던 불편함의 정도를 0~100으로 점수를 매겼다. 그리고 이들이 전기충격의 강도를 100으로 평가했을 때 곧바로 실험을 중단했다.

이 연구는 총 두 가지 실험 조건에서 진행했다. 첫 번째 조건은 ‘다른 사람에게 인내심을 보여주는 상황’이고, 두 번째 조건은 ‘그냥 고통을 참는 상황’이다.

첫 번째 조건에서 각 피실험자의 파트너는 피실험자를 가장한 연구원의 동료들이었다. 진짜 피실험자가 항상 먼저 실험에 참가했고, 그 다음에 가짜 피실험자가 실험에 참가했다. 그 결과 가짜 피실험자의 통증 평가점수는 매번 진짜 피실험자보다 25%가 낮았다. 두 번째 조건에서 가짜 피실험자는 옆에서 실험을 관찰하기만 했다.

실험 결과는 이랬다. 피실험자와 인내심이 강한 가짜 피실험자를 한

쌍으로 묶었을 때, 진짜 피실험자의 경우 통증 평가점수가 낮았을 뿐 아니라 정말로 약한 통증을 느꼈다. 또한, 전기충격의 강도가 올라간 상황에서도 두 번째 조건보다 첫 번째 조건에서 심장박동률과 앞쪽 팔의 피부 전압이 훨씬 더 낮게 나타났다. 이 두 가지 수치는 실제로 인체가 느끼는 진짜 통증을 측정하는데 사용되는 수치였다. 결론적으로 사람들은 고통에 대한 내성이 강한 사람과 자신을 비교할 때, 정상적인 상황일 때보다 훨씬 더 약한 통증을 느낀다는 것이다.

관우는 스스로 신이라 생각하며 일반인들과 자신을 차별화했다. 따라서 아프다고 말하는 정도의 고통은 자신에게 아무것도 아니라 생각했다. 그런 잠재의식 덕분에 관우는 일반인들보다 고통을 참아내는 능력이 훨씬 더 강해졌다. 또한, 체면을 중요하게 생각하는 관우에게 화타의 진심 어린 걱정은 오히려 신선한 자극이 되었다. 화타가 겁을 주면 줄수록 관우는 자존심을 지키기 위해 사람들 앞에서 더욱 아무렇지 않은 표정을 지었다. 화타가 사전에 치료과정을 그 정도로 심각하게 설명하지 않았다면 관우도 원래 하려던 치료방식을 따랐을지 모른다. 또한, 치료받으면서 술을 마시며 바둑도 두고, 평소보다 훨씬 더 바둑 실력을 발휘한 것도 주의를 분산시키는 데 도움이 되었다. 이런 상황들을 종합해 보면, 마취도 안 한 상태에서 외과 수술을 받은 관우가 아무 고통이나 두려움도 느끼지 못했다는 것이 전혀 불가능한 이야기만은 아니다. 하지만 아무리 그렇다 해도 이 정도 고통을 아무나 견딜 수 있는 게 아니므로 화타 역시 놀라움을 감출 수 없었다.

관우는 치료가 끝난 뒤 연회를 열어 화타에게 후한 대접을 했다. 화타는 관우에게 주의를 당부했다.

"군후께선 귀하신 분이니 몸을 소중하게 다루십시오. 백 일간은 절대 극도로 흥분하시면 안 됩니다. 그럼 자연스럽게 원래 상태로 회복하실 수 있습니다."

하지만 그 누가 상상이나 했을까? 관우에게 남은 시간이 고작 백 일도 채 남지 않았다는 사실을….

관우는 화타에게 황금 백 냥을 주며 감사의 뜻을 전했다. 그러자 화타가 말했다.

"저는 군후의 의로움을 존경하기 때문에 일부러 찾아온 것입니다. 그런데 어찌 보답을 바라겠습니까?"

화타는 한사코 사양하며 받지 않았다. 그리고 상처에 바를 약 한 첩을 남겨두고 떠났다. 관우를 비롯한 모든 이들이 화타의 이런 깊은 뜻에 감명을 받았다.

◈ 심리학으로 들여다보기

감각은 언제나 상대적이다. 감각을 강요할 수도 없고 강제할 수도 없다. 다만, 감각에는 보편성이 있어서 누구와도 교류할 수 있는 지점이기도 하다. 그러기에 같은 문제를 완벽하게 다른 지점에서 보고 느끼는 사람은 없다. 오히려 같은 감각의 형성으로 동질감을 느끼며 감각을 공유할 때 새로운 감각이 깨어난다.

9부

관우, 맥성에서 최후를 맞다

아름다운 죽음을 희망하지 않는 사람은 없다.
그러나 죽음만큼은 자유 의지로 선택할 수 없다.
관우 또한 마찬가지였다. 시대의 맹장으로 이름을 떨친 그가 죽음에
초연했지만 명예로운 죽음을 완성할 수는 없었다.
안타깝지만 의지 하나만은 마지막까지 꿋꿋했던 관우를 들여다 보자.

호랑이가
송아지를 앞장 세우다

우금을 포로로 잡고 방덕을 죽인 뒤 관우의 위세는 온 천하를 뒤덮었다.

허도에서 이 소식을 들은 조조는 얼굴이 하얗게 질렸다. 이제 번성을 사수하는 건 불가능하다고 생각했다. 만약 관우가 그 기세로 허도까지 진격해 오면 포로가 될 수도 있겠다는 생각에 두려움을 느꼈다. 하지만 전략의 귀재 조조가 그 정도에 소심해질 자는 아니었다. 그렇다면 조조는 왜 관우를 두려워한 것일까?

당시 관우는 어떤 의미에선 이미 신화 속의 인물 같은 존재였다. 사람은 이런 권위에 대한 미신에 민감해지면 모든 기회와 의욕을 상실하게 된다. 하지만 조조를 두렵게 하는 것은 또 있었다. 바로 관우 뒤에 존재하는 제갈량이었다.

조조의 예상은 대략 이러했다. 관우의 기세가 이토록 하늘을 찌르는 상황에서 만약 제갈량이 관우를 선봉으로 세워 직접 대군을 이끌고 출격한다면, 여기에 손권과 유비가 손까지 잡게 된다면 자신은 정말로 죽은 목숨이나 다름없었다. 제갈량의 능력과 더불어 오호장군의 위력은 이미 한중漢中전투에서 충분히 겪었기에 잘 알았다.

제갈량의 '융중대隆中對'는 일찍이 천하에 모르는 이가 없을 정도로 유명했다.

"천하에 변화가 있을 때 장군에게 명하여 형주의 병사를 이끌고 완宛, 락洛을 치게 하시고, 장군께서 직접 익주益州의 무리를 몰아내고 진천秦川을 차지하시면 백성들이 어찌 장군을 반기지 않겠습니까? 이렇게만 된다면 대업은 물론 한 황실의 부흥까지 이룰 수 있을 것입니다."

조조는 제갈량의 이 말을 좌우명처럼 생각하며 단 한시도 잊지 않았다. 지금이 제갈량이 말한 '천하가 변화하고 있을 때'이니, 이 절호의 기회를 절대 놓치지 않을 거라고 생각했다. 그러니 조조의 근심은 이루 말할 수 없이 커져만 갔다.

순간 '천도를 하면 지금의 이 위기도 넘기고 한 황제를 계속 손에 쥐고 있을 수 있지 않을까'라는 생각이 들었다.

조조는 당장 문무백관을 불러들여 이 일을 상의했다. 이미 마음속에 어떤 편향된 생각이 있었음에도 굳이 문무백관까지 불러 상의하려 한 이유는 자신의 이 중대한 결심에 더 많은 동의를 얻어 의사결정에 대한 심리적 압박감을 줄이기 위해서였다.

하지만 조조의 이 같은 결정은 이제껏 그의 눈에 단 한 번도 들지 않았던 어떤 이에게 기회를 만들어 주었다. 그자는 다름 아닌 사마의司馬

懿였다. 사마의는 이제껏 조조 밑에서 제대로 기량을 발휘하지 못해 의기소침하게 지내왔다. 그랬던 그가 기회를 포착한 것이다. 사마의는 재빨리 일어나서 격양되다 못 해 떨리는 목소리로 힘 있게 외쳤다.

"절대 불가하옵니다!"

그 누구도 감히 조조 앞에서 이렇게 결사적으로 반대하는 목소리를 내본 적이 없었다. 만약 그랬다면 어찌 조조의 눈 밖에 나지 않고 버틸 수 있었겠는가? 하지만 사마의는 더 높이 오르고 싶은 욕구가 강한 인물이었다. 그는 남들과 같은 방법으로는 영원히 두각을 드러낼 기회가 오지 않으리라 생각했다. 사마의는 단도직입적으로 말했다.

"현재 유비와 손권의 사이는 겉으로만 좋아 보일 뿐 실제론 그렇지 않습니다. 손부인이 오나라로 돌아간 뒤 돌아오지 않는 것도 그러하고, 손권의 아들이 관우의 여식에게 청혼했다가 거절당한 일들이 모두 그 증거입니다. 관우가 득의양양해지는 것을 손권이 절대 반길 리 없습니다. 전하께서 다시 한번 언변에 능한 자를 오나라로 보내시어 강남 일대를 가지고 손권과 거래하십시오. 오나라가 비밀리에 거병하여 관우의 뒤를 쳐주기만 한다면 얼마든지 관우의 공격을 막아낼 수 있습니다. 구태여 많은 자원을 낭비하고 사람들을 동요시켜가면서 천도하실 필요가 전혀 없습니다."

아무리 강한 사람도 약해지는 순간이 있다. 조조는 언제나 주관이 강했기에 평소라면 자기 생각에 겁도 없이 대놓고 반박하는 사마의를 그 자리에서 죽였을지 모른다. 하지만 지금 사마의의 말은 오히려 조조의 정곡을 제대로 찔렀다. 그럼 조조가 정말 천도를 원했을까? 아니다. 그것은 단지 조조의 고육지책일 뿐이었다. 따라서 사마의에게 반박당하긴 했어도 그의 말은 또 다른 가능성을 제시해 주었다.

조조도 손권이 뒤로는 다른 꿍꿍이를 가지고 있다는 것을 잘 알았다. 관우가 기고만장해지는 것을 손권이 절대 달가워할 리 없었다. 지난번 만충을 사자로 보냈을 때 아무런 소득이 없었던 것처럼, 실질적인 거래를 하지 않는 이상 손권은 절대로 자신과 손을 잡고 유비를 치려 하지 않을 것이다. 손권이 유비의 세력이 커지는 것을 원치 않는다는 점을 잘 이용하여 자신과 힘을 합치게 만든다면, 그다음 일은 순리대로 해결될 것이다. 또한 손권과 자신이 손을 잡기만 하면 제갈량의 '천하 지각 변동론'도 힘을 잃게 될 것이다.

제갈량이 대군을 이끌고 출격한 틈을 타 오나라가 배신한다면 유비는 앞뒤로 적의 공격을 받게 될 테고, 그럼 유비는 또다시 기반을 잃게 된다. 하지만 신중한 성격의 제갈량이 절대 경거망동할 리 없다. 그렇다면, 현재 관우가 아무리 기세등등하더라도 결국엔 고립무원의 상태에서 홀로 고군분투하는 형국이 될 것이다. 그렇게만 된다면 허도의 안전을 걱정할 필요도 천도를 고민할 필요도 없질 않은가? 모든 것은 손권에게 달려있다. 손권이 유비와 손을 잡으면 조조가 망할 것이고, 손권이 조조와 손을 잡으면 관우가 죽게 될 것이다.

이해득실 저울질을 끝낸 조조는 손권이 자신과 손을 잡을 가능성이 높다고 생각했다. 그는 사마의의 의견을 받아들여 오나라 손권에게 사자를 보냈다. 또한, 서황에게 군대를 내주며 번성의 조인을 지원하도록 명령했다. 제갈량 일생의 최대 강적 사마의가 드디어 모습을 드러냈다.

조조가 보낸 사자의 말은 역시나 손권의 마음을 움직였다. 손권은 문무백관을 불러 이 일에 대해 상의했다. 장소가 앞장서서 말했다.

"현재 관우의 기세가 이 중화 전체를 뒤덮고 있습니다. 듣자니 조조가 천도까지 생각하고 있다고 합니다. 그만큼 번성이 위급하니 지원병을 요청하러 온 것입니다. 그런데 사태가 수습되면 말을 바꿀까 우려됩니다."

장소가 오나라에서 두 번째로 높은 위치의 권신이긴 했지만 전략적 통찰력은 형편없는 사람 중 한 명이었다. 그의 말에는 항상 중요한 것이 빠져있었다. 그럼에도 손권은 한결같이 그의 말을 신뢰해왔다. 만약 손권이 장소의 말대로 계속 조조와 거리를 두며 피하기만 한다면, 결국엔 관우가 허도를 칠 수 있도록 도와주는 꼴이 되었을 것이다.

하지만 관우의 운명을 흔든 자가 있으니 바로 여몽이다. 그는 손권의 명을 받고 그동안 성 밖을 지키고 있었다. 그런데 결정적인 이 순간에 배를 타고 돌아와 손권에게 알현을 청했다.

여몽이 급작스럽게 손권을 만나러 온 이유는 관우가 형주에서 멀리 떨어져 있는 지금이야말로 형주를 빼어올 절호의 기회라 생각했기 때문이다. 지난날 노숙 밑에 있을 때 형주를 되찾기 위해 얼마나 애를 먹었었던가? 여몽은 노숙의 뒤를 이어 도독이 된 지금도 머릿속은 온통 형주 생각뿐이었다. 그런 그가 당연히 이런 기회를 놓칠 리 없었다.

손권은 여몽의 말을 들은 뒤 그 자리에서 동의했다.

"지금 당장 그대의 계획대로 진행하게."

여몽은 명을 받들어 곧장 육구로 돌아와 형주 공격을 준비했다.

조조와 손권이 각각 '관우와 형주'라는 목적을 가지고 암암리에 결탁하고 있는 상황에서, 정작 긴장의 날을 세워야 하는 유비는 아무런 대책도 세우지 않았으니 그저 탄식만 흘러나올 뿐이다.

드디어 천하에 지각변동이 일어나기 시작했다. 제갈량이 그렇게 기다리던 '천하의 변화'가 시작되었는데, 정작 그는 움직임이 없었다. 만약 거리가 멀리 떨어져 있었다는 이유로 관우와 형주의 상황을 전혀 파악하지 못했다고 말한다면, 이는 명백한 제갈량의 직무유기다.

조조가 천도를 생각하고 있는 것을 장소도 아는 데 제갈량이 이를 몰랐다는 것은 말이 안 된다. 또한, 이러한 정황을 알고 있는 상태에서 이것을 전략적 기회로 생각지 못했다면, 혹은 절호의 기회라는 것을 알면서도 행동으로 옮기지 않았다면 그것이야말로 제갈량의 진짜 실책이다.

지금 상황은 진정 하늘이 제갈량에 내려준 절호의 기회였다. 적벽대전의 참패에도 꺾이지 않은 조조가 천도를 생각했다는 것은 그만큼 관우의 위세가 두려움에 떨게 할 만큼 대단했다는 의미다. 그런 관우와 막강한 전투력을 갖춘 맹장들이 그의 곁에 있으니 이제는 관중과 악의를 뛰어넘을 대업을 도모하기만 하면 되었다. 그런데 제갈량은 왜 아무것도 하지 않는 것일까? 한 번 놓친 기회는 다시 돌아오지 않는다. 물론 제갈량 평생 두 번 다시 이런 기회는 오지 않았다.

육구로 돌아온 여몽은 형주 공격 준비를 서둘렀다. 때마침 정찰 기병이 돌아와 관우가 이삼십 리 간격으로 봉화대를 설치했다는 소식을 보고했다. 이는 형주에 일이 생기면 곧장 달려와 모조리 다 죽이겠다는 의미였다. 여몽은 자신도 모르게 등골이 싸늘해졌다.

사람의 명성이라는 것이 이토록 대단한 것이었던가? 관우의 명성과 위엄이 최절정에 이르는 순간이다. 난세의 영웅호걸인 조조가 그의 위세에 겁을 먹고 천도를 고민하고, 자신만만하게 손권 앞에서 형주를 찾아오겠다고 호언장담하던 여몽도 관우가 봉화대를 설치했다는 말에 간이 콩알만 해졌다. 사실 봉화대가 제구실을 한다 해도 형주에 도착하기까지는 시일이 걸린다. 그 때문에 관우는 여몽이 형주를 공격하는 것을 절대로 막을 수 없었다. 그럼에도 여몽은 관우가 도착하면 형주를 되찾아 오지 못할까 봐 두려웠다.

형주를 되찾지 못하면 가장 먼저 그 책임을 져야 한다. 설사 형주를 얻었다 다시 잃어도 그 죄는 결국 자신의 몫이 될 것이다. 그렇게 생각하니 더는 형주로 쳐들어가겠다는 말이 입에서 떨어지지 않았다. 하지만 이미 손권 앞에서 호언장담까지 해버렸으니 여몽은 손권이 자신을 다그칠까 두려워 아프다는 핑계로 바깥출입을 하지 않았다.

권위에 대한 미신에 민감해지게 되면 모든 기회와 의욕을 상실하게 된다. 하지만 다행히도 이 세상에는 기꺼이 권위에 도전하려는 이도 존재한다. 이런 사람은 두 부류로 나뉜다. 그중 한 부류는 남들 앞에서 두각을 드러내고 싶은 욕망이 강하나 그동안 기회가 없었던 사람이고, 또 다른 부류는 아예 두려움 자체를 모르는 사람이다.

손권과 조조에게도 각각 이 같은 부류가 있었다. 조조 수하의 사마의가 바로 첫 번째 부류에 속했고 손권 수하의 육손이 두 번째 부류에 속했다. 여몽이 아프다는 소식을 들은 손권은 형주를 되찾는 일도 다시 물 건너갔다는 사실에 마음이 뒤숭숭해졌다.

육손은 드디어 자신에게도 기회가 왔음을 직감했다. 육손은 손권을 찾아가 있는 그대로 폭로했다.

"여몽은 지금 아픈 척을 하고 있는 것입니다!"

손권은 육손의 말에도 일리가 있다고 생각했다.

"그럼 자네가 나 대신 상황을 면밀히 살펴봐 주게. 그다음은 내가 알아서 처리하겠네."

육구에 도착한 육손은 여몽을 만나러 갔다. 여몽은 계속 아픈 척을 하며 말했다.

"몸이 불편하여 차마 마중을 나가지 못했소. 부디 너그럽게 이해해 주시오."

그러자 육손이 웃으며 말했다.

"주공께서 제게 장군의 병환을 살피고 오라 하셨습니다. 장군께 중임을 맡겼는데 이렇게 몸져누워만 계시니, 주공께선 이대로 기회를 놓쳐 버릴까 봐 걱정이 이만저만이 아닙니다."

육손의 말은 여몽에게 상당한 압박감을 주었다. 하지만 그가 대체 무슨 이유로 자신을 찾아왔는지 알 수 없어 한참을 쳐다보기만 할 뿐 아무 말도 꺼내지 못했다.

육손이 자신의 자리를 노리고 있을 것이라곤 꿈에도 상상하지 못했다. 육손이 웃으며 말했다.

"제게 장군의 병을 낫게 할 방법이 하나 있습니다."

여몽이 속으로 생각했다.

'무슨 궤변을 늘어놓으려 하는가. 난 아픈 게 아니라 어쩔 수 없이 아픈 척을 하는 것일세. 그런데 무슨 방도로 내 꾀병을 고치겠다는 말인가?'

여몽은 일부러 친근한 말투로 말했다.

"그럼 그대의 고견을 들려주시오."

"장군께선 처음부터 병에 걸리지 않으셨습니다. 형주 근처에 봉화대가 설치되어 있다는 소식을 듣고 자신이 없어진 게 아닙니까?"

여몽은 육손의 말에 순간 심장이 뜨끔했다. 만약 육손이 손권에게 자신이 몸을 사리느라 꾀병을 부리고 있다는 사실을 고하기라도 한다면, 그날로 죽은 목숨이나 다름없었다. 육손이 계속해서 하던 말을 이어갔다.

"제게 방도가 하나 있습니다. 강 근처의 봉화대에 불을 피우지 못하게 만들면 됩니다. 그럼 형주를 지키는 군사들을 옴짝달싹 못 하게 만들 수 있습니다."

여몽은 화들짝 놀랐으면서도 그에게 고마워하며 말했다.

"좀 더 자세히 듣고 싶소!"

"별것 아닙니다. 장군의 도독 지위를 제게 넘겨주시면 됩니다."

여몽은 너무 놀라 아무 말도 나오질 않았다. 여몽의 놀란 모습을 보며 한참을 웃던 육손은 더 이상 여몽에게 돌려 말하지 않았다.

"지금 관우는 거만해질 대로 거만해져 스스로 천하무적이라 자부하고 있습니다. 장군께선 이것을 기회로 삼아 도독의 지위를 제게 넘겨주십시오. 관우는 분명 무명병사 출신인 소인을 거들떠보지도 않을 것입니다. 또한 소인이 편지로 그의 교만함을 부추이면, 관우는 분명히 소인을 더욱 하찮게 여겨 형주를 지키는 병사들을 철수시키고 번성 쪽에 병력을 늘릴 것입니다. 그렇게만 되면 형주가 텅 비게 될 것이니 이때 병사들을 이끌고 강을 건너가 습격하면 형주를 손에 넣을 수 있습니다."

육손의 말을 들은 여몽은 한참 동안 큰 소리로 웃었다. 여몽은 속으로 생각했다.

'이런 애송이를 보았나? 네놈은 내가 형주를 손에 넣지 못할까 봐 걱정하는 줄 아느냐? 강을 건너 잠입하는 일이라면 네놈의 도움 따윈 필요 없다. 이 몸은 형주를 얻은 뒤 관우에게 다시 형주를 뺏길 것을 우려하는 것이니라. 네놈은 이 자리가 탐나고 이 몸은 이 자리가 곤욕스러우니 그것 참 잘 됐구나. 정 원한다면 어디 고생 좀 해 보거라. 네놈의 소원대로 해 주마.'

육손과 여몽, 가지려는 자와 버리려는 자 간의 거래는 이로써 성사되었다. 하지만 여몽이 모르는 것이 하나 있었다. 이 세상의 많은 것들이 무지로부터 만들어졌다면, 이 세상의 수많은 권위는 두려움을 모르는 자에게 무너진다는 사실을!

◈ 심리학으로 들여다보기

두각을 드러내고 싶은 마음이 절실하다면, 현재의 권위를 무너뜨리는 것만이 유일한 지름길이다. 자신을 내려놓고 모두에게 다가가야 한다. 지지를 받지 못하는 사람은 리더가 될 수 없으며 위엄을 앞세우는 사람은 존경을 받을 수 없다. 친근함을 무기 삼아라.

아첨하는 자는
일단 수상한 사람이다

여몽이 건업建業으로 돌아와 손권을 알현했다. 손권은 속으로 '육손을 시켜 저놈의 의중을 떠보려 했거늘, 대체 무슨 일로 날 찾아온 것일까'라고 생각하며 말했다.

"몸은 좀 어떠시오?"

여몽은 언제 그랬냐는 듯 기세등등한 목소리로 사실을 털어놓았다.

"주공, 소인 사실은 병을 앓지 않았습니다. 허나 소인이 병든 척을 한 것은 모두 오만한 관우의 마음을 흩뜨리기 위한 전략이었습니다. 관우가 우려하는 것은 바로 소인 여몽입니다. 소인 도독의 자리에서 물러나고자 하오니, 주공께선 다른 이에게 육구 수비를 맡겨주십시오. 분명 관우가 경계태세를 늦출 것입니다. 그렇게만 되면 형주를 손에 넣는 것은 시간문제입니다."

여몽의 말에는 무한한 자신감이 넘쳐흘렀다. 허나 관우의 눈에 강동 사람은 모두 하찮은 소인배 무리일 뿐이었다. 여기엔 손권도 예외가 아니었다. 주유, 노숙도 무시당했는데 여몽이라고 다를 리 있겠는가?

여몽의 말을 듣고 난 뒤 손권은 '자리에서 물러나겠다는 자가 아무 기별도 없이 돌아온 게 다 이 때문이었군'이라고 생각했다. 손권이 물었다.

"그럼 미리 생각해둔 이라도 있는가? 육구를 지키는 임무는 지난날 공근公瑾(주유의 자)이 자경을 천거하고 또 자경이 그대를 천거하여 맡긴 것이네. 그러니 자네도 덕과 재능을 겸비한 훌륭한 인재를 한 명 추천해 주게."

"육손에게 맡기십시오. 그자는 주공을 잘 보좌할 만한 인재이오니 분명 잘해 낼 것입니다."

"하지만 육손은 일개 무명출신의 선비가 아닌가? 그런 그에게 어찌 이런 중책을 맡긴단 말인가?"

이 말은 '네놈이 지금 나를 놀리는 것이냐'라는 의미였다. 여몽이 느긋한 말투로 말했다.

"만일 명망이 높은 사람에게 맡기신다면 분명 관우가 불안감을 느끼고 경계를 강화할 것입니다. 관우의 경계심을 자극하면 형주를 되찾기 어렵습니다. 육손은 생각이 깊고 지략이 뛰어난 자이나 아직 그를 아는 이는 많지 않습니다. 따라서 육손만큼 이 일의 적임자는 없다고 생각합니다."

여몽의 말을 듣고 난 손권은 무척 흡족해하며 그 즉시 육손을 편장군偏將軍 우도독右都督에 임명하여 여몽을 대신해 육구 수비를 맡게 했다.

육손은 그렇게 힘들이지 않고 승급에 성공했다. 그가 도독의 위치에 오른 뒤 가장 첫 번째로 한 일은 '겁 많고 무능한 척하기'였다.

육손은 서신 한 통을 쓴 뒤 사람을 시켜 명마 한 필과 진귀한 비단 두 필 등의 선물을 가지고 관우를 찾아가도록 했다. 일행들이 떠나기 전 육손은 사자를 불러 관우 앞에서 반드시 두려움에 떨며 어쩔 줄 모르는 표정을 지으라고 당부했다.

드디어 사자가 관우를 만나러 왔다. 당시 관우는 화살에 맞은 상처를 치료하며 휴식 중이었다. 사자는 여몽의 병환이 위중하여 손권이 육손을 장군으로 임명했고, 지금 육손이 여몽의 일을 대신한다는 사실을 고했다. 이와 더불어 새로 부임한 육손이 관우에게 예를 갖추기 위해 특별히 자신을 보냈음을 알렸다. 관우는 심드렁한 말투로 말했다.

"육손이 대체 누구더냐? 처음 들어보는 이름이구나."

그러자 사자가 매우 조심스럽게 대답했다.

"워낙 이전에 알려진 바가 없으신 분이라 소인 역시 아는 바가 없습니다."

관우는 사자를 가리키며 큰 소리로 웃었다.

"손권의 식견이 이 정도밖에 안 될 줄은 몰랐구나. 어찌 그런 애송이를 장군으로 삼는단 말인가? 형주는 철옹성이나 다름없으니 이 몸은 두려울 것이 없느니라. 하하하."

사자는 바닥에 납작 엎드린 뒤 부들부들 떨리는 목소리로 말했다.

"육장군께서 오랫동안 군후의 명성을 흠모하시어 특별히 선물을 보내셨습니다. 부디 오와 촉의 우호를 위해서 변변치 않더라도 받아주십시오."

관우는 육손이 보낸 서신을 뜯어 읽기 시작했다. 서신에 쓰여 있는 글귀에는 온갖 감언이설로 가득 차 있었다. 갑자기 어깨가 으쓱해지며 기분이 좋아진 관우는 고개가 뒤로 젖혀질 정도로 한참을 더 웃었다. 그는 가져온 선물들을 거둬들인 뒤 사자에게 연회를 베풀어 주었다.

관우는 이 웃음소리와 함께 형주의 절반을 잃게 될 거라고 어찌 알았겠는가! 오만한 사람은 언제나 오만함이 절정에 이를 때 실패를 겪는다. 그것이 바로 세상의 이치이자 만고불변의 진리다. 관우는 그 즉시 형주 병력 대부분을 철수시키고 그들을 번성 쪽 병력으로 충원했다. 이 소식을 들은 손권은 여몽을 불렀다.

"자네 말대로 관우가 우리의 계략에 넘어왔네. 자네가 내 아우 손교孫皎와 각각 좌우 도독을 맡아 대군을 이끌고 형주를 공격해 주게."

손교는 손권의 숙부 손정孫靜의 아들로 정호장군征虜將軍을 맡고 있었다. 여몽은 손권의 명령이 탐탁지 않았다. 군대 통솔을 맡길 때 반드시 피해야 하는 게 두 명의 수장에게 한 군대의 지휘를 맡기는 것이다. 왜냐하면 서로 공적을 두고 다투거나 의사 결정을 할 때 충돌을 빚을 수 있기 때문이다. 이전에 주유와 정보程普가 각각 좌우 도독을 맡았을 때도 이와 비슷한 불화를 겪은 적이 있었기에 여몽으로선 그들의 전철을 밟고 싶지 않았다. 여몽이 말했다.

"주공께서 생각하시기에 소신이 능히 이 일을 감당할 수 있다고 판단되시면 소신을 형주로 보내시고, 만약 정로장군이 적임자라 생각되시거든 정로장군을 형주로 보내십시오. 지난날 주유와 정보의 불화를 잊으신 건 아니시겠지요?"

여몽은 조직 내 시기심을 누구보다 잘 알고 있었기에 그가 든 예는 상당히 설득력이 있었다. 또한, 꼭 그렇게 해야만 했다. 그렇지 않고선 공을 세우는 것은 둘째 치고 아무 일 없이 지나가는 것만 해도 다행으로 여겨야 한다. 손권은 여몽의 말뜻을 깨닫고 그를 대도독大都督으로 임명한 뒤 강동 모든 병력의 총지휘권을 맡겼다. 그리고 손교에게는 후방에서 식량 보급 임무를 맡겼다.

여몽은 기쁨을 감추지 못하며 속으로 생각했다.

'육손 네 이놈, 잘 보았느냐? 연륜의 힘이란 게 바로 이런 것이니라. 네놈에게 도독의 지위를 내주고도 오늘 이렇게 더 높은 지위를 얻어 대도독이 되었느니라. 이제 강동의 모든 병력이 내 명령에 따라 움직일 것이다. 이제 네놈도 고분고분하게 내 말에 따라야 할 것이다.'

여몽은 즉시 병력 3만 명을 선별한 뒤 쾌속선 80여 척을 준비했다. 그는 물에 익숙한 병사들을 골라 평민 옷을 입혀 상인으로 변장시켰다. 그리고 나머지 정예병들은 배 안에서 잠복하도록 명령했다. 먼저 쾌속선 10척이 선발로 양강陽江을 건넜고, 이런 식으로 밤낮없이 신속하게 움직여 모든 배가 북쪽 강둑에 도착했다. 이것이 바로 그 유명한 '백의도강白衣渡江(흰옷을 입고 강을 건넌다는 뜻)'이다.

여기서 '백의白衣'는 옷 색깔을 의미하는 게 아니라 옷에 아무런 도안이 없다는 의미로 평민들이 입는 옷을 뜻했다. 당시 관리와 병사들의 옷에는 계급에 따라 각기 다른 도안이 그려져 있었으므로 그 옷을 입은 채로는 강을 건널 수 없었던 것이다.

오나라 병사들이 강변에 도착하자 봉화대를 수비하는 군사가 이들을 심문했다. 그들은 자신들을 객상客商으로 소개했고, 강을 건너던 중 풍랑을 만나 잠시 이곳에 정박하려 한다고 설명했다. 봉화대 수비병들은 아무 의심 없이 이들을 통과시켰다. 그리고 약 이경二更(밤 9시~11시)쯤 되었을 때 쾌속선에서 정예병들이 일제히 튀어나와 수비병들을 모조리 결박했다. 이렇게 첫 번째 봉화대 수비가 무너지자 나머지 봉화대도 모두 제 기능을 상실한 채 무용지물이 돼 버렸다.

여몽은 봉화대 수비병에게 후한 대접을 해 주며 그들에게 형주에 잠입할 방도를 물었다. 여몽의 성의에 고마움을 느낀 수비병들은 기꺼이 그를 돕겠다고 나섰다. 이들이 성문 아래에서 거짓 정보를 흘리자 성문이 열렸고, 그 틈을 타 오나라 군사들이 일제히 함성을 지르며 성 안으로 몰려 들어갔다. 지난 수년간 이 성의 문을 열기 위해 절치부심하며 기다려왔던 때가 드디어 온 것이다.

여몽은 잠시도 긴장의 끈을 놓지 않았다. 그는 수하 병사들이 함부로 사람을 죽이거나 성내 백성을 괴롭히는 것을 철저히 금지했다. 또한, 관리들에게도 기존 직위를 그대로 부여했고 관우의 가솔들에게는 특별히 더 신경을 썼다. 여몽이 이처럼 형주 관리들과 백성들에게 함부로 대하지 못했던 이유는 관우의 보복이 두려웠기 때문이었다. 그의 이런 신중한 태도 덕분에 여몽은 승리의 문 앞에 한 발짝 더 다가갈 수 있었다.

이날 하늘에서는 장대비가 쏟아졌다. 여몽은 말을 타고 성문 네 곳을 돌아가며 순찰하던 중 병사 한 명이 평민의 집에 들어가 삿갓을 훔친 뒤 갑옷 위에 걸치는 것을 발견했다. 여몽은 곧장 그자를 잡아들여 문초했는데 알고 보니 같은 고향 사람이었다. 여몽이 말했다.

"내가 평생 단 한 번도 동향인과 동성인을 죽인 적이 없소. 허나 이미 병사들에게 백성들을 괴롭히지 말라는 명령을 내린 이상 군법대로 그대를 참수할 수밖에 없을 것 같소."

그러자 그가 눈물을 흘리며 말했다.

"소인, 결코 고의로 백성의 재물을 빼앗은 것이 아닙니다. 그저 갑옷이 빗물에 상할까 걱정되어 가져온 것뿐입니다. 부디 넓은 아량으로 용서해 주십시오."

여몽 역시 눈물을 흘리며 말했다.

"나 역시 자네가 고의로 군법을 어겼다고 생각지 않소. 하지만 어쨌든 민간의 재물을 훔친 것은 사실이니 참수를 피할 순 없소."

여몽은 사람들이 보는 앞에서 그 병사를 참수했다. 여몽이 이를 가슴 아파하며 장례를 성대하게 치러주자 형주 백성들은 그의 인품에 진심으로 감동했다. 그렇게 여몽은 고향인 한 사람의 목숨을 베어 형주 전체 백성들의 마음을 얻게 되었다.

이것이 여몽이 형주를 정복할 수 있었던 진짜 이유다. 그의 기묘한 전략 때문도 아니고 이렇게 형주의 민심을 움직였기 때문이다.

봉화대 수비병들이 경계심을 소홀히 했던 점도 어느 정도 용서받을 여지가 있는 부분이다. 이들은 포로가 된 후 곧바로 관우를 배신하고 자신들의 손으로 성문을 열어주었다. 그 이유가 무엇일까?

여몽은 병사들이 성내 백성들을 괴롭히거나 이들의 재물을 훔치는 것을 금지했고, 꼭 사형으로 다스리지 않아도 될 고향 사람을 본보기로 참수했다. 그런데 그 일로 형주의 민심을 얻었다. 그 이유는 또 무엇일까?

게다가 여몽은 형주 관리들이 기존 직책을 유지할 수 있도록 해 주었다. 대체 왜 이들은 관우와의 옛정을 깡그리 잊어버린 채 자발적으로 '적'에게 충성을 맹세했던 것일까?

이런 질문들은 결국 하나의 질문으로 귀결된다. 관우는 지난 수년간 형주를 다스렸음에도 어찌 여몽의 단 하룻밤 관리만도 못 한 것일까? 그 이유가 무엇일까?

앞서 말했듯이 관우는 조조와 함께 있는 동안 조조의 엄격한 군대 관리능력을 배우지 못했다. 마찬가지로 유비와 그토록 오랜 시간 함께 했음에도 유비의 진정한 덕치德治 능력을 배우지 못했다.

유비가 형주를 다스렸어도 이 같은 상황이 발생했을까? 병사들이 포로로 잡힌 뒤 적의 선심에 넘어가 그에게 등을 돌렸을까? 백성들이 적군에게 점령당한 뒤 상대편의 거짓 눈물과 거짓 연극에 그렇게 쉽게 속아 넘어갔을까?

지난날 유비가 신야와 번성에서 조조에게 패했을 때를 생각해 보라. 두 성의 수십만 백성들은 유비를 따라가면 조조군의 말발굽에 짓밟혀 죽을 걸 알면서도 끝까지 그와 함께 도망쳤다. 그 이유가 무엇이라 생각하는가?

유비의 '인의'가 어떤 측면에선 가식이 섞여 있는 것처럼 보일 수 있다. 하지만 백성들은 바보가 아니다. 그들도 거짓으로 인자함과 의로움을 포장한 망나니에게 자신과 가족의 목숨을 걸 정도로 멍청하진 않다. 이 말인즉 유비는 정말로 인과 덕으로 백성의 민심을 얻었다는 뜻이다. 반면 관우는 지난 수년간 형주를 다스리면서 백성들에게 은혜와 덕을 베푼 적이 거의 없었다.

호혜성 원리를 기억하는가? 백성들에게 은혜를 베풀면 그에 대한 보답은 반드시 돌아오게 되어 있다. 형주 백성들이 관우를 위해 필사적으로 침입자들에게 대항하지 않은 것만 봐도, 관우가 그들에게 어떤 존재였는지 알 수 있다. 또한, 여몽이 아주 소박한 '인정'으로 형주 백성들의 마음을 사로잡았다는 것은 그동안 관우가 민심 관리에 얼마나 소홀했는지를 방증한다.

'권위'는 관우가 유일하게 가지고 있는 해결책이었다. 관우 오직 '권위'라는 쇠망치로만 모든 문제를 '못'을 뽑듯이 해결해 왔다. '권위'는 마치 불과 같아 오랫동안 유지하기 힘들다. 반면에 '덕'은 물처럼 소리 없이 만물을 적신다. 덕이 없는 권위의 최후는 자멸뿐이다.

사실 여몽 역시 형주의 관리와 백성들을 이렇게 쉽게 사로잡을 것이라곤 전혀 예상하지 못했다. 관우의 최대 약점을 공략한 이상 여몽은 더 이상 관우의 반격이 두렵지 않았다. 그는 형주성이 그동안 관리자의 보살핌에 굶주려 있었다는 걸 깨달았다. 같은 실수만 저지르지 않는다면 절대로 관우가 이 성문을 뚫고 들어올 수 없으리라 확신했다. 여기에 '덕德'을 이용해 형주성 군대의 사기와 투지를 천천히 와해시킨다면 승리는 문제없었다.

◈ **심리학으로 들여다보기**

나약해 보이는 사람도 충분히 강해질 수 있다. 강단이나 의지는 가시적으로 보이지 않으므로 판단할 수 없다. 내면이 강해야 진짜 강한 사람이 된다. 내적 성장을 위해 노력해야 하는 이유이다. 단, 하루아침에 이루어질 수 없는 부분이므로 끊임없는 노력이 필요하다.

소심한 자가
큰일을 그르친다

여몽이 형주를 점령하자 손권은 기쁨을 감출 수 없었다. 지난 수년간 아무리 유비를 닦달하고 어르고 달래도 소용없는데 결국 무력으로 빼앗아 온 것이다. 손권은 곧장 형주로 가 현장에서 직접 승리의 쾌감을 만끽했다.

손권은 형주의 지방 관리자로 있던 반준潘濬을 다시 임명하고 우금을 풀어주어 조조에게 돌려보냈다. 그런 뒤 여몽, 육손과 함께 공안公安을 수비 중인 부사인과 남군南郡을 수비 중인 미방을 어떻게 설득시킬지 상의했다.

이때 우번虞翻이 나서 임무를 맡겨달라고 청하며, 자신이 충분히 부사인을 항복시킬 수 있다고 말했다. 우번의 목소리에는 자신감이 넘쳤다. 그와 부사인은 오래전부터 형과 아우 사이로 지내 왔기 때문에 부사인에 대해서 누구보다 잘 알고 있었다.

한편, 부사인은 형주성이 포위되었단 소식을 들은 뒤 곧장 성문을 굳게 걸어 잠그고 밖으로 나오지 않았다. 이때 우번이 공안성에 도착했다. 그런데 성문이 굳게 닫혀 있어서 말 한마디 꺼낼 수 없었다. 이래서야 어떻게 부사인을 설득한단 말인가?

일반적으로 협상의 통로가 차단될 경우 협상은 진행할 수 없다. 하지만 협상의 통로를 완벽하게 차단하기는 쉽지 않다. 따라서 성문이 닫혀 있다 해도 우번에겐 큰 문제가 되지 않았다. 우번은 그 자리에서 서신을 쓴 뒤 수하 병사를 시켜 성안으로 쏘아 보냈다. 성을 지키는 병사는 서신을 주워 곧장 부사인에게 전했다. 우번은 부사인의 소심한 성격을 잘 알고 있었기에, 심각하게 말하면 겁을 먹고 투항할 거라 확신했다.

우번의 서신에는 다음과 같이 쓰여 있었다.

> 현명한 사람은 화가 닥치기 전에 미리 대비하고, 지혜로운 사람은 미래의 우환을 미리 예측한다고 하지 않소. 이번에 형주가 함락되는 과정에서 봉화대가 제구실을 하지 못한 이유는 바로 우리 쪽에서 손을 써 두었기 때문이오. 어떻게 그게 가능했는지 그 비밀을 모르는 상태에서 무조건 성만 지키고 있는 것은 어리석은 행동일 뿐이오.
> 형주는 이미 함락되었고 이곳에서 더는 자네가 도망칠 곳은 없소. 얼마나 더 버틸 수 있을 거라 생각하오? 하루라도 빨리 투항한다면 지난날의 정을 생각하여 주공께 자네의 자리를 보

존해 달라고 청할 것이네. 이제 자네에게 칼자루를 쥐어 주었으니 부디 신중히 생각하시오.

서신의 내용을 보면 특별나 보이진 않는다. 그래도 우번에게 서신의 효과는 컸다. 바로 부사인의 공포 심리가 자극되었기 때문이다. 부사인이 정말 두려워한 것은 형주성의 함락도 홀로 공안을 사수하는 것도 아닌, 관우의 불호령이었다.

좋은 소식을 들으면 기분이 좋아지고 나쁜 소식을 들으면 기분이 나빠지게 마련이다. 부사인은 형주가 함락되었다는 소식이 관우의 귀에 들어가는 순간 그 분노가 모두 자신에게 쏟아질 것이라 생각했다. 그는 관우가 출정 전에 남겼던 말을 생생히 기억하고 있었다.

"비 사마만 아니었어도 진작에 네놈들 목을 베어버렸을 것이다. 네놈들의 죄는 전장에서 승리하고 돌아오는 그 날 다시 물을 것이다."

만약 자신이 계속 관우 휘하에 있게 된다면, 관우는 자신과 미방에게 모든 죄를 뒤집어씌울 게 분명했다. 또한, 관우가 '가절월'이 된 이상 이제는 자신을 죽인다 해도 다른 이유가 필요치 않았다.

설득에서 공포 심리를 자극하는 방식은 직접 이치를 설명하는 방식보다 더 효과가 있다. 이는 설득의 주변경로가 설득의 중심경로를 능가하는 또 다른 표현 형식이다.

뱅크시Banksy와 살로베이Salovey는 1995년에 유선 X선 검사를 받아본 적이 없는 40세부터 66세 사이의 성인 여성에게 X선 유선검사 동영상을 보여 주는 실험을 했다. 그들은 실험에 참가한 여성을 두 그룹으로 나눈 뒤, 한 그룹에는 긍정적인 정보를 전달하는 동영상을 보여주었다. 이들이 본 동영상은 X선 유선검사를 받으면 조기에 질병을 발견하여 생명을 구할 수 있다는 것을 강조하는 내용이었다. 또 다른 그룹에는 공포심을 느끼게 만드는 정보를 전달하는 동영상을 보여주었다. 이들이 본 동영상은 X선 유선검사를 받지 않을 때 이들이 감당해야 할 대가를 강조하는 내용이었다. 실험 결과, 공포 심리를 자극한 실험 조의 여성 중 3분의 2가 12개월 내에 X선 유선검사를 받은 반면, 나머지 조의 경우 절반 정도의 여성만이 검사를 받았다.

우번의 서신이 공허한 이치를 늘어놓고 있음에도 부사인의 공포 심리를 자극한 이유는 바로 '형주 함락'이라는 네 글자 때문이었다. 유비 진영에서 관우는 능력으로나 실력으로 최고의 영향력을 발휘하고 있었다. 따라서 유비 진영에 있는 이상 관우의 영향력에서 벗어난다는 것은 불가능한 일이었다. 그런데 때마침 우번이 서신을 통해 '관우 공포로부터 벗어날 수 있는 방도'를 일러 준 것이다. 그 방도는 바로 손권에게 투항하는 것이었다.

심리학 실험을 통해서도 다음과 같은 사실이 증명되었다. 사람들에게 위험의 심각성을 인식시킨 뒤 해결 방법을 제시하면, 공포 심리를 자극하는 정보는 더욱 강력한 설득력을 가지게 된다.

이와 관련하여 하워드 레벤탈Howard Leventhal은 다음과 같은 실험을 진행했다. 그와 실험 연구원은 학생들에게 파상풍의 위험성에 관한 홍보 책자를 보여주었다. 이들이 보여준 책자 중에는 파상풍에 감염되었을 때의 예시 그림이 실려 있는 것과 그림이 전혀 없는 것이 있었다. 또 일부 학생들에게는 파상풍백신을 주사하는 구체적인 방법에 대해 알려주었고, 또 다른 일부 학생들에게는 알려주지 않았다. 그 외에도 일부 학생들은 파상풍 백신을 주사하는 방법에 대해서만 들었을 뿐 파상풍에 감염되었을 때의 위해성에 대해서는 전혀 모르고 있었다. 위 실험조 학생들을 관찰한 결과, 파상풍에 감염되었을 때의 예시 그림을 본 경우 그리고 파상풍 백신을 주사하는 구체적인 방법에 대해 배운 학생들의 경우 해당 질병에 대한 공포심을 줄이기 위해 자발적으로 주사를 맞았다.

결국, 우번은 서신 한 통으로 부사인을 설득하는 데 성공했다. 부사인은 인수를 들고 나와 손권을 찾아갔다. 손권은 흡족해하며 부사인에게 다시 공안 수비를 맡겼다.

손권이 반준과 부사인 등에게 아무 의심 없이 원래 직위를 맡긴 것을 보면, 그가 얼마나 대범한 인물이었는지 알 수 있다. 이는 관우의 관리능력이 그만큼 형편없었다는 것을 의미한다.

만약 관우가 이들에게 조금이라도 은혜와 덕을 베풀었다면, 손권이 아무 의심 없이 관우의 사람들을 중용할 수 있었을까? 혹여나 이들이 자신의 뒤통수를 치진 않을까 걱정되진 않았을까?

부사인은 손권의 배려에 감동했다. 여몽은 부사인에게 미방을 설득하는 일을 맡겼다.

여기서 다시 호혜성 원리가 효과를 발휘했다. 부사인은 손권이 베푼 은혜에 보답하기 위해 이를 흔쾌히 받아들였다. 감정이란 결코 절대적이지 않다. 언제나 상대적이다. 부사인이 자발적으로 성을 바쳤으니 손권이 그에게 잘해 주는 것은 당연했다. 하지만 관우와 손권 두 사람을 놓고 비교했을 때 부사인은 손권에게 더 친근감과 인자함을 느꼈다. 일이 이렇게 된 이상 차라리 미방을 설득시켜 항복하게 만드는 편이 낫다고 생각했다.

하지만 미방에게 투항을 받아내는 것은 생각처럼 만만한 일이 아니었다. 미방은 유비의 손아래 처남이었는데, 자신의 처도 내팽개치는 유비가 손아래 처남을 중요하게 생각할 리 없었다. 어쨌든 두 사람 사이에는 친인척이라는 관계가 존재했기에, 이치나 도리로 생각했을 때 절대 부사인의 항복 설득에 동의하지 않을 게 분명했다. 오히려 투항을 권유하는 부사인을 강하게 나무랄 가능성이 높았다.

부사인은 이제껏 자신과 동고동락해왔던 미방을 너무나도 잘 알고 있었다. 두 사람에게는 관우라는 똑같은 '공포의 대상'이 존재했다. 부사인은 우번이 자신을 설득했던 방법을 떠올리며 자신도 그렇게 미방을 설득하기로 했다.

부사인은 미방을 만나 거두절미하고 자신은 이미 손권에게 항복했음을 털어놓은 뒤 투항을 설득했다. 미방이 놀란 얼굴로 물었다.

"그동안 한중왕의 깊은 은혜를 입은 자가 어찌 항복이란 말을 입에 담는단 말인가? 난 차마 그렇게 할 수 없네."

미방의 말 속에는 이미 그의 속내가 훤히 드러나 있다. 미방은 차마 투항하지 못하고 있는 것일 뿐 절대 투항할 수 없다는 말이 아니었다. 역시나 두 사람의 태도에는 큰 차이가 존재한다. 솔직히 미축, 미방 형제가 유비를 따르는 동안 그와 친인척 관계라는 이유로 특별대우를 받은 적은 단 한 번도 없었다. 오히려 유비는 자신의 부인과 부인의 형제들보다 결의로 다져진 형제들에게 더 각별하게 대우했다. 미방 역시 유비의 이런 태도에 약간의 섭섭한 감정을 가지고 있었다.

부사인은 미방의 표정을 살피더니 기회가 왔음을 직감했다. 쇠뿔도

단김에 빼랬다고 그는 곧바로 결정적인 한마디를 던졌다.

"관공이 출정 전에 우리에게 했던 말을 기억하는가? 가뜩이나 우리를 못마땅하게 생각하고 있는데, 관공이 정말 승리해서 돌아온다 해도 우리를 쉽게 용서하진 않을 것일세. 또한, 만약 싸움에 패배해서 돌아온다면 분명 그 모든 불똥이 우리에게 튈 것일세."

미방은 마음이 조금 흔들렸지만 그래도 차마 유비를 배신할 용기가 나지 않았다. 이러지도 저러지도 못하며 망설이던 중 관우가 보낸 전령병이 도착했다. 군량미가 부족하니 밤새 쌀 15만 석을 번성으로 보내라는 명령이었다. 관우는 이들에게 하루가 늦어지면 곤장 40대, 이틀이 늦어지면 곤장 80대, 사흘이 늦어지면 목을 치겠다고 엄포를 놓았다.

이때 관우는 이미 육손의 계략에 완전히 넘어간 상태였다. 그의 눈엔 그저 백면서생으로 보인 육손은 경계심을 가질 가치조차 없는 존재였다. 관우가 부사인과 미방에게 수비지역에서 멀리 떨어진 곳까지 직접 군량미를 호송해 오라고 명령한 것도, 그가 번성 포위에 병력을 집중했던 것도 모두 육손을 너무 만만하게 봤기 때문이다.

반면 부사인과 미방이 일전에 저지른 실수에 대해서는 마음에 담아두고 기억하고 있었기 때문에 그토록 가혹한 명령을 내린 것이다. 하지만 관우의 가혹한 명령이 때마침 부사인에게는 절호의 기회가 되었다. 미방이 놀라며 부사인에게 말했다.

"형주가 이미 함락되었는데 군량미를 무슨 수로 운반한단 말인가?"

부사인은 아무 대답도 하지 않고 그 자리에서 바로 전령병의 목을 베어버렸다. 부사인이 이렇게까지 한 이유는 미방이 항복을 계속 망설이면 자신 역시 손권을 볼 염치가 없었기 때문이다. 결국, 부사인은 독한 마음을 먹고 미방을 벼랑 끝까지 몰아세운 것이다. 미방이 얼굴이 새하얗게 질린 채 두려움에 떨며 말했다.

"이보시게, 장군의 사자를 죽이면 우리 목숨도 끝이라는 걸 모르시오?"

그러자 부사인이 냉정한 표정으로 대답했다.

"관공이 자네와 내게 군량미를 직접 호송하라는 저의가 무엇이겠소? 우리 두 사람을 죽이려고 하는 것이오. 이렇게 꼼짝없이 앉아서 죽을 날을 기다릴 바엔 차라리 항복을 택하는 게 낫지 않겠소?"

미방에겐 더 이상 선택의 여지가 없었다. 가뜩이나 관우가 자신을 탐탁지 않게 생각하는데 부사인이 전령병까지 죽여 버렸으니, 이대로 남아 있어 봤자 죽음뿐이란 생각이 들었다. 미방은 긴 한숨을 내쉬며 부사인의 말대로 투항을 받아들였다.

이 소식을 들은 손권은 또 한 번 쾌재를 외치며 그 둘에게 포상을 내렸다. 여기에 민심까지 다독이니 남군의 백성들도 형주의 백성과 마찬가지로 진심으로 손권을 환영했다.

민심의 흐름을 보면 관리자의 관리 상태를 알 수 있다. 관우에게 형주를 맡겨둔 지난 10여 년 동안 제갈량은 겉으로 보이는 것만 봤을 뿐 단 한 번도 그 속을 자세히 들여다본 적이 없었다. 제갈량의 이런 관리 소홀에 대한 책임은 어떤 이유로도 면제받을 수 없다.

손권은 조조에게 사자를 보내 형주를 함락시켰다는 소식을 전달하며 관우를 포위시키기 위해 협공을 요청했다. 이와 더불어 관우가 미리 대비하는 것을 막기 위해 형주가 함락되었다는 소식을 비밀에 부쳐

달라고 부탁했다. 손권의 사심이 아주 잘 드러나는 대목이다. 손권은 자신이 형주를 손에 넣었다는 소식으로 조조를 자극하여 협공을 유도했다(이전에 조조는 관우의 위력에 두려움을 느껴 천도를 고민했다). 또 한편으로는 관우가 번성 공격을 포기하고 형주를 되찾으러 돌아올까 봐 조조에게 형주가 함락되었다는 소식을 비밀에 부쳐달라고 했던 것이다.

하지만 손권의 이런 얄팍한 속셈이 계략의 천재 조조에게 통했을 리 없었다. 조조는 곧장 서황에게 지원병을 이끌고 번성으로 갈 것을 명령했다. 조인에게는 오나라가 형주를 탈환했다는 소식을 알려 끝까지 번성을 사수하도록 했다. 그리고 이 소식을 관우가 이끄는 부대에 퍼뜨려 군심軍心을 동요시키라고 지시했다.

'군심을 동요'시키라는 전략은 굉장히 치명적인 전략이었다. 형주가 함락되었다는 소식에 관우의 군사들이 동요하면 어쩔 수 없이 관우는 후퇴해야 할 것이고, 그 틈을 타 서황이 공격하면 번성 포위는 저절로 풀리게 될 거라 판단했다. 결국, 이 싸움의 패배자는 관우였다.

◈ 심리학으로 들여다보기

공포심을 느낀다고 꼭 도피하는 것은 아니다. 때론 공포심이 새로운 힘을 만들어내기도 한다. 그러므로 불안과 두려움에서 도망치지 말자. 피할 방법을 먼저 찾을 게 아니라 대응할 방법을 고민해야 한다. 도망치면 쫓기게 되지만 용기로 맞선다면 방패를 이용해 물리치게 된다.

어리석은 판단이
실패를 유인한다

형주가 함락되었다는 사실이 퍼지자 군심은 급격히 동요했다. 관우의 군대는 서황의 공격에 맥없이 패배했다. 결국, 번성의 포위망이 뚫리고 말았다.

관평은 곧바로 형주 함락 소식을 관우에게 알렸다. 하지만 관우는 그 말을 쉽게 믿지 않았다.

"이는 우리를 혼란에 빠뜨리려는 속임수일 뿐이오. 자네들은 정말 이런 유언비어를 믿는 것이오? 육손이라는 그 애송이가 무엇을 할 수 있겠소? 대꾸할 가치도 없소!"

오만한 사람은 때때로 현실이 아닌 자신이 만든 아름다운 환상 속에 산다. 하지만 그 아름다운 환상이 현실이라는 벽에 부딪혀 깨지게 될 경우 관우와 같이 강인한 사람도 무너지게 만든다.

그때 정찰병이 돌아와 관우에게 상황을 보고했다. 역시나 형주가 함락되었다는 소식이었다. 관우는 가솔들도 여몽에게 붙잡혀 있다는 이야기까지 듣게 되자, 그가 받은 충격은 이루 말할 수 없었다. 그동안 산전수전 다 겪었던 것을 생각하며 어떻게든 버텨내기 위해 안간힘을 썼다. 그런데 부사인과 미방까지 손권에게 투항했다는 소식을 접하자 순간 화가 치솟으면서 지난날 주유처럼 화살에 맞은 상처가 터져 혼절하고 말았다.

모두 정신을 잃고 쓰러진 관우를 흔들어 깨웠다. 가까스로 정신이 돌아온 관우는 긴 한 숨을 내쉬며 사마왕보에게 말했다.

"그때 그대의 말을 들었어야 했구나. 애초에 반준에게 형주를 맡기지 않았다면 이런 일이 생기지 않았을 텐데."

사실 관우의 말은 반은 맞고 반은 틀렸다. 이전에 왕보가 관우에게 충고했던 것처럼 반준이 '질투심과 욕심이 많은 것'과 지금 형주를 빼앗긴 것은 사실 큰 관계가 없다. 당시 상황에서 반준이 아닌 다른 이에게 맡겼어도 형주를 빼앗기긴 마찬가지였을 것이다. 하지만 오나라가 형주를 점령한 뒤 정말로 반준은 개인의 이익을 쫓아 손권의 회유를 받아들였고, 그 덕에 계속해서 형주 수비를 맡게 되었다. 그의 이런 변심은 형주의 군사와 백성들의 심리 변화에도 상당한 영향을 미쳤다. 만약 반준이 필사적으로 저항했다면 손권의 심리전술도 결코 그 정도로 쉽게 통하지 않았을 것이다. 이 문제에서만큼은 사람을 잘못 본 관우의 책임이 가장 크다. 왕보가 추천한 조루도 이후의 활약상을 보면 반준보다 더 나은 게 없었다. 하지만 적어도 태도에서 만큼은(유비와 관우에 대한 충성도) 의심할 여지가 없었다.

관우는 자신이 왕보를 시켜 설치한 봉화대가 왜 제구실을 못했는지 의문이 생겼다. 그러자 정찰병이 답했다.

"여몽이 병사들에게 백의를 입힌 뒤 객상으로 변장시켜 강을 건넜습니다. 이때 배 안에 매복해 있던 정예병들이 첫 번째 봉화대의 수비병들을 모두 제압하는 바람에 봉화를 올리지 못했습니다."

관우는 자신이 여몽의 계략에 속아 넘어갔다는 사실에 가슴을 치며 탄식했다. 관우의 이런 행동은 평소에는 거의 볼 수 없는 모습이었다. 이렇게 공개적으로 자신의 잘못을 인정했다는 것은 그만큼 형주의 함락이 관우에게는 치명적인 타격이었음을 알 수 있다. 게다가 유비가 형주 수비라는 중책을 자신에게 맡긴 뒤 최근에는 가절월이라는 작위까지 내렸는데, 정작 자신은 사명을 다 하지 못했으니 유비를 볼 면목이 없어 더욱 괴로웠던 것이다.

하지만 군대를 이끄는 지휘자라면 궁지에 몰린 상황에서도 군의 사기를 북돋아 위기를 타개해 나가야 한다. 적벽대전에서 패배한 뒤 쫓겨 다니던 조조의 모습을 기억하는가? 당시 조조는 군의 사기를 북돋기 위해 일부러 큰 소리로 웃으며 적을 비웃었다. 반면 이 순간 관우는 탄식만 하고 있다. 두 사람 모두 영웅이지만 절망적인 상황을 대처하는 마음 자세에서 조조는 '절대 쓰러지지 않는 영웅'이지만 관우는 '힘없이 쓰러져가는 영웅'이었다.

관우가 방황하며 혼란스러워하자 조루가 나서서 말했다.

"군후, 지금은 상황이 위급하오니 성도로 사람을 보내어 지원병을 요청하십시오. 곧장 육로를 따라 형주를 되찾으러 가셔야 합니다."

자존심이 강하고 오만한 이는 막다른 길에 몰려 최악의 상황까지 가서야 다른 사람에게 손을 내민다. 관우의 성격상 누구에게 손을 내밀려 하겠는가? 설사 그게 자신의 형제인 유비라 할지라도 그랬다. 하지만 선택의 여지가 없는 상황인지라 관우 역시 현실을 받아들이고 자존심을 꺾을 수밖에 없었다. 관우는 즉시 마량과 이적을 성도로 보내 지원 병력을 요청했다.

이대로 속수무책으로 당하고만은 있을 순 없었다. 따라서 조루가 제시한 두 번째 제안 역시 흔쾌히 받아들였다. 그는 군대를 정비하여 형주를 되찾으러 갈 준비를 했다. 하지만 여몽이 이미 자신의 약점을 꿰뚫고 있다는 사실을 알 리 없었다. 관우의 군대에 또 다시 비극의 그림자가 드리우기 시작했다.

관우가 자신의 의견대로 일을 처리하자 자신감이 차오른 조루는 또 다른 생각을 떠올렸다. 조루가 제시한 의견은 여몽에겐 절묘한 기회가 되었지만, 관우는 그 말 때문에 최악의 궁지에 몰리게 되었다. 조루가 말했다.

"군후, 지난날 여몽이 도독의 위치에 있었을 때 시시때때로 군후께 서신을 보내어 오와 촉이 힘을 합쳐 조조를 물리칠 것을 청했습니다. 그런데 지금 그들의 이런 처사는 맹약을 저버린 것이나 다름없습니다. 그러니 군후께선 여몽에게 서신을 보내어 그들이 어떻게 응수하는지 살펴보셔야 합니다."

사실 안 봐도 결과가 너무 뻔한 말이었다. 하지만 관우는 스스럼없이 그의 의견을 받아들이고 즉시 여몽에게 사자를 보냈다. 편향적인 생각에 빠진 사람은 현 상황의 전체적인 흐름을 제대로 보지 못한다. 조루의 생각은 지극히 일방적인 환상일 뿐이다. 관우의 입장에선 여몽이 형주를 빼앗았으니 맹약을 저버렸다 생각할 수 있지만, 오나라의 입장에선 유비가 형주를 빌려 간 뒤 이를 돌려주지 않았으니 엄연히 약속을 저버린 행동이었다. 결국, 양쪽 모두 피차일반이니 이치나 도리로 상대방을 설득하는 것은 불가능한 일이었다. 결국 힘의 대결로 형주의 운명을 판가름 짓게 되었다.

사자가 여몽을 만나 관우의 서신을 전했다. 여몽은 서신을 다 읽은 뒤 담담한 표정으로 말을 꺼냈다.

"지난날 관공과 우호를 맺은 것은 사실이오. 허나 이 일은 개인의 일이 아닌 나랏일이니, 나 역시 그저 명을 따르는 것뿐이오. 부디 돌아가서 관장군께 내 뜻을 잘 전해 주시오. 나는 결코 배신하지도 의리를 저버리지도 않았소."

여몽의 이 말은 다른 누구도 아닌 바로 관우가 했던 말이다. 일전에 노숙이 관우를 임강정에 초대했을 때, 노숙이 형주를 돌려달라고 재촉하자 당시 관우가 이렇게 말했다.

"이 일은 내 형님께서 결정하실 문제이지, 이 몸이 간섭할 수 있는 일이 아니오. 오늘은 연회에 초청받아 온 것이니 나랏일은 나중에 이야기하세."

노숙은 평생 형주 일 때문에 속을 끓이며 지냈다. 그리고 죽기 직전 도독의 지위를 여몽에게 넘겨주면서 자신이 풀지 못한 한까지 떠넘겼다. 여몽은 노숙이 남긴 부탁을 생생하게 기억하고 있다가, 관우가 말했던 방식 그대로 고스란히 관우에게 갚아준 것이다.

이번 실패는 당연한 결과였다. 하지만 관우가 보낸 사자는 그동안 호시탐탐 기회만 엿보고 있던 여몽에게 또 한 번의 기회를 만들어 주었다. 여몽은 연회를 베풀어 사자를 후하게 대접했다. 관우의 사자가 형주에 와 있다는 소식이 파다하게 퍼지자, 관우를 따라 원정을 나간 장수들의 가솔들이 사자를 찾아와 그들의 안부를 물었다. 또한, 사자에게 자신들 모두 부족함 없이 평안하게 잘 지내고 있으니 대신 소식을 전해달라고 부탁했다. 여몽은 더 많은 이들이 사자에게 소식을 전하게 만들기 위해, 사자가 이틀을 더 머무르다 갈 수 있도록 부족함 없이 후하게 대접했다.

형주에서 돌아온 사자는 싱글벙글한 표정으로 모든 가솔들이 무사하다는 소식을 전했다. 사자는 자신이 아주 중요한 희소식을 가져왔다고 생각했다. 희소식을 전달하는 사람은 단지 소식을 전달한 것뿐인데도 그 이유만으로 사람들에게 환영을 받았다.

하지만 사자의 생각과는 달리 그의 말을 들은 관우는 노발대발하며 화를 냈다.

"이건 여몽의 간계이니라! 내 반드시 여몽 이 자를 죽여 오늘의 한을 풀고 말 것이다!"

관우는 그 자리에서 사자를 꾸짖어 내쫓았다. 그런데 이 순간 관우는 또 다시 중요한 실수를 범하고 말았다. 이것이 여몽이 군심을 흩뜨리려는 간계라는 것을 알면서도 사자에게 그 소식을 함구하라는 명령을 내리지 않은 것이다.

관우 수하의 장수들은 사자가 돌아왔다는 소식을 듣고 가족의 소식을 물었다. 관우가 왜 화를 냈는지 이해가 되지 않았던 사자는 그가 그저 습관적으로 노기가 치밀어 화를 냈다고 생각했다. 정녕 그것이 여몽이 노린 심리전술일 것이라곤 꿈에도 몰랐던 사자는 여몽의 전략을 아주 성실하게 이행했다. 가족들이 편안하게 잘 지내고 있다는 소식이 전 부대에 퍼지자 장수들은 안도의 마음이 들면서, 한편으로는 전투 의지를 상실하게 되었다.

관우는 군사를 이끌고 형주로 향했다. 하지만 그 과정에서 병사들이 하나둘씩 이탈하더니 자진해서 형주에 투항하는 이들까지 생겨났다. 관우는 여몽에 대한 증오심은 더욱 깊어졌다. 그런데 병사들의 이탈을 막을 방법 또한 없으니 그저 행군만 다그칠 뿐이었다.

이때 장흠蔣欽, 주태周泰, 한당韓當, 정봉丁奉, 서성徐盛 등 오나라 장수들이 길을 막아섰다. 이들은 '형주인은 투항해라'라고 쓰여 있는 백기를 휘둘렀다. 그러자 관우를 따르던 병사들이 대거 도망쳐 이들에게 투항했다. 오나라 장수들은 관우 주위를 겹겹이 에워쌌다.

해가 저물어 가자 오나라 장수들은 원래 형주의 수비병이었던 자들을 풀어 주어 그들의 형제, 아비, 아들을 찾게 하니 가족을 향한 애타는 함성은 끊이질 않았다. 그 광경은 지난날 항우項羽가 해하垓下에서 포위당했을 때의 모습을 방불케 했다. 군심은 완전히 와해돼버렸고 대부분의 병사는 함성소리를 따라 달아났다. 관우에겐 이미 기울어 버린 전세를 막을 힘이 없었다.

이 순간 관우는 자신이 군대와 백성을 다스리는 데 실패했던 지난 시간을 되돌아보며 후회하고 있었을까? 군심과 민심은 하루아침에 얻어지지 않는다. 마찬가지로 하루 이틀의 과오로 이런 비극이 만들어지진 않는다. 얼마 전까지만 해도 용맹무쌍하게 조조의 7군을 수몰시켜 그 위세를 중화에 떨쳤던 군대다. 그런데 어쩌다 이렇게 순식간에 사분오열되어 힘없이 무너지는 지경까지 오게 된 것일까?

이 모든 상황을 수습하기엔 이미 너무 늦어버렸다. 이후 유비는 관우의 복수를 위해 군대를 일으켰다 실패하여 백제성白帝城으로 도망쳤다. 그리고 그곳에서 지난 과오에 대한 경계를 당부하는 말을 남겼다. 평범한 것 같지만 많은 의미를 담고 있는 유비의 유언은 그가 생전에 남긴 세 번째 명언으로 후대 사람들의 본보기가 되고 있다. 우리 모두 마음속에 깊이 새겨둘 필요가 있다.

그날 밤 삼경三更(밤 11시~새벽1시)이 되도록 관우, 관평, 요화는 대책 마련을 위한 논의를 했다. 관평은 우선 맥성麥城에 병사를 주둔시킨 뒤, 사람을 보내 근처 상용上庸에서 주둔 중인 유봉과 맹달에게 지원병을 요청하자고 말했다. 관우는 관평의 말대로 군사들을 이끌고 맥성으로 도망쳤다. 그 뒤를 바짝 쫓던 오나라 군사들은 맥성 주위를 완전히 포위했다.

요화는 관우의 명을 받아 두터운 포위망을 뚫고 유봉에게 지원병을 요청하러 갔다. 관우는 유봉과 맹달의 지원병만 도착하면 성도의 지원병이 올 때까진 이곳에서 어떻게든 버틸 수 있을 것으로 생각했다. 허나 급하면 지푸라기라도 잡는다고 이 역시 너무 성급한 판단이었다.

첫째, 당시 유봉과 맹달 자체도 병력이 얼마 없었기에 경솔하게 군대를 움직일 수 없는 상황이었다. 설사 지원병을 보낸다 하더라도 이미 사기가 하늘을 찌르는 오나라 군대를 막아낼 수 있을지 역시 장담할 수 없는 일이었다.

둘째, 과연 유봉과 맹달이 정말 지원병을 보낼까? 호혜성 원리는 때와 장소에 상관없이 존재할 뿐 아니라 그 반대로도 사용할 수 있다는 것을 기억해야 한다. 상대방에게 잘해 주면 그에 대한 보답을 받고 상대방을 섭섭하게 하면 그만큼 되돌려 받는 게 세상의 이치다.

지난날 관우는 유봉에게 어떻게 대했었는가?

◈ **심리학으로 들여다보기**

실패는 오만함을 치료할 유일한 처방책이다. 또한, 실패 과정이 처참할수록 오만함의 치료 효과는 더욱 향상된다. 모든 경험은 인생에서 약효를 발휘한다. 쓴 약이 몸에 좋다는 말처럼 계획하지 않은 실패의 경험은 겸손과 겸허를 가르쳐 준다. 자신을 돌아볼 기회이다.

인심이 흩어진 군대는 오합지졸이다

유비는 동천을 점령한 뒤 유봉과 맹달에게 상용 공격을 맡겼었다. 당시 태수 신탐申耽을 비롯한 무리가 투항했고, 유봉은 그 공으로 부장군에 임명되어 맹달과 함께 상용성 수비를 맡게 되었다.

이날 요화는 숨도 쉬지 않고 달려 상용에 도착했다. 그는 유봉을 만나 형주가 함락되어 관우가 맥성에 고립된 사실을 알리며, 유봉과 맹달에게 속히 지원병을 보내달라고 청했다. 유봉은 일단 요화에게 휴식을 취하라고 한 뒤 맹달을 불러 이 일을 상의했다.

유봉은 관우를 생각하니 마음이 썩 내키지 않았다. 관우가 자신에게 갖고 있던 편견이 내내 그의 마음을 불편하게 만들었기 때문이다. 애초 유비는 유봉의 풍채와 기품, 총명함을 보고 그를 양자로 삼으려 했다. 하지만 당시 관우가 나서서 노골적으로 반대하여 유봉에게 깊은 상처를 남겼다. 따라서 '인정'만 두고 생각했을 때 유봉은 관우를 돕고 싶은 마음이 전혀 들지 않았다. 하지만 유비와 도원결의를 맺은 관우가 항렬 상으로는 자신의 숙부이고, 그동안 유비가 자신을 베풀어준 마음을 생각하면 돕지 않는 것은 '이치'와 '법도'에 어긋나는 행동이나 다름없었다.

'인정, 이치, 법도'를 따지며 생각하다 보니 마음이 심란해진 유봉은 쉽사리 결정을 내리지 못했다. 결국, 그는 맹달을 찾아가 이 일을 상의했다. 만약 유봉이 맹달이 아닌 다른 사람을 찾아가 논의했다면, 유봉의 운명과 관우의 운명에 새로운 전환점이 찾아왔을지도 모른다. 하지만 얄궂게도 유봉은 맹달을 찾아갔다.

유비가 순조롭게 서천을 정복할 수 있었던 데는 세 사람의 공을 빼놓을 수 없다. 바로 장송張松, 법정法正, 맹달孟達이다. 이 세 사람은 모두 유장의 사람으로 이들의 조력이 없었다면 서천 정복은 불가능했을 것이다. 장송은 유비와 내통했다는 사실이 유장에게 발각되어 참수되었고 법정과 맹달 두 사람만 남았다. 유비가 서천을 정복한 뒤 법정은 유비에게 중용되어 승승장구했다. 반면 맹달은 어느 순간 유비의 관심에서 멀어져 결국엔 유봉 밑에서 상용을 지키는 신세가 되었다.

맹달이 느꼈을 심리적 박탈감은 가히 짐작할 만하다. 그는 자신과 같이 지략과 능력이 출중한 인재는 마땅히 그에 걸맞은 중요한 직책을 맡게 될 것으로 생각했다. 하지만 기대했던 관직에 오르지 못하자 억울한 마음이 들기 시작했다. 맹달은 그동안 유비를 위해 많은 것을 희생했다고 생각해왔다. 자신과 장송, 법정이 아니었다면 지금의 유비가 누리고 있는 것들이 가당키나 했던 일인가? 호혜성 원리로 따졌을 때 유비는 반드시 맹달을 중신으로 떠받들고 그를 요직에 중용했어야 이치에 맞다. 하지만 맹달에 대한 유비의 보상은 터무니없이 작았기에, 결국 맹달이 느낀 심리적 박탈감은 유비에 대한 증오심으로 바뀌게 되었다.

유장도 배신한 맹달이 유비를 배신하지 못할 이유가 없었다. 그런데 배신을 꼭 드러나는 방식으로만 하라는 법은 없다. 보이지 않게도 얼마든지 배신할 수 있다.

맹달은 이제껏 유비에게 복수할 기회만 엿보고 있었는데, 그동안 기회가 좀처럼 나타나질 않았다. 그런데 마침 관우가 지금 곤경에 빠졌단 소식을 듣게 된 것이다. 관우와 유비는 매한가지이니 관우에게 복수하는 것은 곧 유비에게 복수하는 것과 같았다. 따라서 맹달은 관우에게 지원병을 내주지 않는 쪽으로 완전히 마음을 굳힌 뒤 유봉을 설득하여 자신의 계획을 실행해 나갔다. 유봉이 말했다.

"숙부께서 지금 맥성에 포위되어 있다고 하오. 요화가 죽음을 무릅쓰고 지원병을 요청하러 이곳에 왔는데 어찌하면 좋겠소?"

맹달이 말했다.

"듣자하니 40만 가까운 오나라 정예병들이 모두 형주에 주둔해 있다고 하오. 이미 형주 9군이 모두 오나라 손에 넘어가고 이제 맥성 하나만 남았는데, 사방이 적인 상태에서 맥성을 지켜낸다는 것은 불가능하오. 게다가 조조가 직접 50만 대군을 이끌고 오고 있다 하던데, 지금 상용의 병력으로 조조와 손권의 군대에 맞서 싸우는 것이 가능하겠소? 이 상태에서 지원병을 보내는 건 그냥 죽으러 가는 것이나 다름없소."

맹달의 설득작업은 중심경로에서부터 시작되었다. 그는 적과 아군의 병력 차이를 이성적으로 따져 현실적으로 상황이 불리함을 인식시킨 뒤, 유봉 스스로 지원병 파병에 대한 생각을 접게 만들고자 했다. 하지만 '인정'은 언제나 일 순위 고려대상이다. 중심경로의 설득방법도 인정 앞에서는 소용이 없다. 유봉이 말했다.

"이치로 따지자면 자네 말이 백번 맞소. 나 역시 그렇게 생각하네. 그래도 관공이 내 숙부이신데 불구경하듯 앉아만 있을 수가 없소."

그러자 맹달이 콧방귀를 뀌며 웃었다. 그는 이번엔 주변경로를 이용해 설득했다.

"자네가 관공을 숙부로 생각하는 것처럼 관공도 자네를 조카로 생각하시오?"

맹달의 말에 유봉은 아픈 상처의 기억이 되살아났다. 유봉은 맹달의 질문에 아무 대답도 하지 못했다. 맹달이 계속해서 말했다.

"그대가 왜 성도에서 멀리 떨어진 이 시골 촌구석에 와 있다고 생각하시오?"

유봉은 여전히 아무 대답도 하지 못했다. 그러자 맹달이 말했다.

"이전에 한중왕께서 왕위에 오르셨을 때 왕태자 책봉 일로 공명을 찾으신 적이 있었소. 그때 그 여우같은 공명이 '이는 주공의 가정사이니 관공과 상의하십시오'라고 말했소. 그 뒤 한중왕의 서신을 받은 관공이 노발대발하며 '서자는 왕태자 자리에 오를 수 없다는 게 기본 이치이거늘 형님께선 어찌 이런 당연한 것을 물으신단 말입니까. 후환을 막으려면 서자인 유봉을 먼 곳으로 보내셔야 합니다'라고 말했소. 그때 관공이 했던 말을 생각해 보시오. 관공이 언제 그대를 사람 취급이나 했소?"

유봉은 한숨을 쉬며 맹달의 말을 인정했다. 유봉도 잘 알고 있었다. 자신이 아두보다 나이는 많지만, 어쨌거나 자신은 양자이기 때문에 그동안 단 한 번도 유비의 계승권을 넘본 적이 없었다. 유비가 왕위 계승자를 정하는 문제로 이 사람 저 사람에게 의견을 구했던 것은 그냥 형식에 불과했었다. 아두가 유비의 계승자라는 것은 애초 이미 정해진 일로, 모두가 다 아는 사실이었기 때문이다. 단지 관우만 유독 이 문제를 민감하게 생각했던 것뿐이다.

책을 많이 읽으면 가끔 융통성이 없어질 때가 있다. 관우는 늘《춘추》를 읽어왔기에 각 제후국 왕자들의 권좌를 둘러싼 골육상잔에 익숙해 있었다. 따라서 마음속에 왕위계승 싸움에 대한 고정관념과 두려움을 갖고 있던 관우는 유비가 아두를 얻은 뒤 또 유봉을 양자로 들인 것을 내내 우려했다. 그는 유비가 화근을 자초하고 있다고 생각하여 간언했던 것인데, 유비가 끝까지 자기 생각대로 밀고 나가는 바람에 체면이 말이 아니게 구겨지고 말았다.

하지만 관우가 미처 생각지 못한 부분이 있었다. 유봉과 아두는 절대로 평등한 경쟁 관계가 아닐 뿐더러, 유봉에겐 자신의 세력을 키워 권력 싸움을 조장할 기회가 전혀 없었다. 그런데도 이후 유비는 여전히 관우의 말에 따라 유봉을 상용이라는 시골 변두리로 보냈다.

맹달은 유봉의 복수심을 자극하는 데 성공했다. 유봉이 말했다.

"자네 말이 모두 맞소. 먼저 모질게 대한 것은 숙부이니 내가 의리를 지키지 않았다고 탓하지 못하겠지. 하지만 이곳까지 찾아온 요화에게는 어떻게 거절하면 좋겠소?"

거절할 이유를 찾는 것은 아주 간단하다. 맹달이 말했다.

"이제 막 상용에 부임하여 민심이 불안정한데, 만약 군대를 일으켜 관공을 구하러 간다면 자칫 이곳 상용까지 잃을 수 있다고 전하시오. 또한 한중왕께서 우리에게 맡기신 일은 상용을 잘 지키는 것이니 지금은 다른 것을 생각할 겨를이 없소."

유봉은 맹달의 말대로 요화를 불러 현재 지원병을 보낼 여력이 되지 않는다고 설명했다. 이에 요화가 바닥에 엎드려 울면서 애원했다. 하지만 유봉은 마음을 독하게 먹고 단호하게 거절했다.

"지원병을 보낸다 한들 계란으로 바위 치기일 뿐이오. 다른 곳에 가서 도움을 청하시오."

통곡하며 성을 나온 요화는 지원병을 구하지 못한 상태에서 맥성으로 돌아가는 것은 아무 의미가 없다고 판단했다. 그는 한중왕에게 지원병을 요청하기로 결심한 뒤 곧장 말머리를 돌려 성도로 향했다. 그의 마음속엔 이미 유봉에 대한 분노와 증오심으로 가득 차 있었다.

옛말에 콩 심은 데 콩 나고 팥 심은 데 팥 난다고 했다. 보답과 보복 모두 호혜성 원리에 따른 결과물이다. 하지만 사람들은 자신들이 당한 것을 되갚아 주기만 할 뿐, 자신이 먼저 덕을 베풀어 맺힌 갈등을 풀어내고 새로운 관계를 이어나가려는 노력은 하지 않는다. 유봉 역시 마찬가지다. 설령 이전에 관우 때문에 불이익을 당했다 하더라도 지금과 같이 긴박한 상황에서 유봉이 먼저 관우에게 도움의 손길을 내밀었다면, 어쩌면 그에 대한 관우의 생각도 달라지지 않았을까? 그럼 유비 진영에서 자신의 처지도 조금은 더 나아지지 않았을까?

역시나 답은 '그렇다'이다. 유봉은 단순히 자신이 당한 설움을 푼 것뿐인데 그의 이런 처신은 또 다른 화근을 만들어냈다. 요화가 유봉을 원망하며 떠났을 때 그것이 끝이라고 생각하면 오산이다. 시간이 흘러 기회가 생기기만 하면 요화는 반드시 유봉에게 복수를 할 것이다.

사람은 고도의 지혜를 가진 고등동물이다. 그렇기에 비록 호혜성 원리의 구속에서 벗어날 순 없지만 얼마든지 스스로 호혜성 원리의 부작용을 이겨내 악이 또 다른 악을 낳는 악순환을 끊어낼 수 있다.

그럼 유봉은 왜 맹달의 유혹에 넘어가 잘못된 판단을 하게 됐을까? 실제로 누구나 자신의 이익과 입장을 가지고 있다. 당연히 맹달과 유봉의 이익과 입장은 달랐다. 맹달이 유봉을 설득하여 관우에게 지원병을 보내지 않은 것은 겉으로 봤을 땐 유봉의 입장에서 생각하는 것 같지만 실제론 유비에 대한 자신의 복수에 이용한 것이다. 결국, 유봉과 관우 모두 맹달에겐 복수의 도구였다.

만약 당신이 유봉이라면 선택에 따라 달라질 결과에 대해서 냉정하게 고민해야 한다. 잠깐의 쾌감을 위해 감정적으로 일을 처리해선 안 된다. 단순히 개인적인 일이 아니라 국가의 운명이 걸린 중대사이기 때문이다. 사람의 본성상 공적인 명분으로 개인의 이익을 취하려는 유혹을 이겨내기란 쉽지 않다. 하지만 사적인 일로 공적인 일을 그르치는 행위는 어느 체제에서나 그 정당성을 인정받을 수 없다. 유봉이 관우를 구하지 않은 건 결국 자기 발등을 자기가 찍은 행동이나 다름없었다. 왜냐하면 유봉은 맹달처럼 아무 죄책감 없이 위나라에 항복할 수 있는 처지가 아니기 때문이다.

그래서 유봉의 잘못된 선택이 안타까울 따름이다. 사실 유봉도 관우를 사지에 몰아넣으려는 의도는 절대 아니었다. 현실적으로 그가 지원병을 보냈다 하더라도 이미 관우를 구할 수 없는 상황이었다. 그러나 구하고 못 구하고는 능력문제지만, 지원병을 보내고 안 보내고는 태도 문제다. 결국, 유봉은 자신이 한 선택에 대해 '죽음'으로 대가를 치르게 되었다.

맹달은 한때 유비를 진심으로 믿고 따랐지만, 이제 그에겐 유비에 대한 증오와 앙심만 남아있었다. 무엇이 맹달을 이렇게까지 변하게 한 것일까?

이는 유비가 제대로 보상하지 않은 것에 대한 당연한 결과다. 시간이 지날수록 도움을 준 사람은 자신이 이전에 자신이 도움을 줬던 것을 중요하게 생각한다. 하지만 도움을 받은 사람은 자신이 받았던 도움에 대한 고마움을 점점 잊어버리게 된다. 두 사람 사이의 이런 생각의 차이가 맹달의 심리에 변화를 가져왔다. 유비는 이를 제때 인지하지 못해 만회할 기회를 놓쳐버린 것이다. 결국, 맹달이라는 시한폭탄은 가장 위급한 순간에 터져버리고 말았다!

◈ 심리학으로 들여다보기

원활한 사회생활 비법의 해답은 바로 '호혜' 이 두 글자에 있다. 타인을 위한 배려와 은혜 베풂은 사람의 마음을 움직인다. 작고 사소한 부분에서도 감동을 전하며 감격을 선물할 수 있다. 당장은 베풀고 끝나는 것 같지만 위기의 순간에 은인으로 되돌아온다. 그러므로 호혜의 실천에 인색하지 말자.

편견은 자신에게 꽂히는 독화살이다

관우는 맥성을 지키며 상용에서 지원병이 오기만을 애타게 기다렸다. 하지만 시간이 지나도 감감무소식이었다. 이때 관우 수하에는 겨우 6백여 명 정도의 병력만 남아있었고 그나마도 태반이 부상자였다. 게다가 성내 식량까지 바닥이 나 심각한 고초를 겪고 있었다.

관우는 아무리 생각해도 믿어지지 않았다. 단 며칠 만에 최고의 위치에서 이렇게 허무하게 나락으로 떨어질 줄 어떻게 알았겠는가? 그는 조루와 왕보 등을 불러 대책 마련에 나섰다. 하지만 성을 지키고 있는 것 말고는 아무 방법이 없었다.

한창 근심에 빠져있던 중 병사가 달려와 성 아래 누군가가 자신을 만나길 청한다는 소식을 전해왔다. 그 사람은 다름 아닌 제갈량의 형인 제갈근이었다. 제갈근은 형주 일로 이미 여러 차례 관우와 대면한 경험이 있었다. 비록 매번 관우에게 모욕을 당했지만 근성만큼은 누구에게도 뒤지지 않았기에 조금도 위축되지 않았다.

제갈근이 이번에 온 목적은 손권의 명을 받아 관우의 항복을 받아내는 것이었다. 손권은 무슨 생각으로 관우에 투항을 권유한 것일까?

관우는 불세출의 영웅이었다. 매번 관우에게 당한 손권으로서는 이 오만한 상대를 자신 앞에 무릎을 꿇릴 수만 있다면 이보다 더 통쾌한 일은 없었다. 게다가 당시는 조조, 유비, 손권이 천하를 삼분하여 세력 다툼하고 있는 상황이었다. 손권은 자신을 천하의 일부를 차지하고 있는 거물급 인물로 구분 지으며, 모든 면에서 조조와 유비 두 사람과 비교했다. 손권은 관우가 지난날 조조에게 투항했던 것을 떠올리며, 자신 역시 관우를 항복시키는 느낌이 어떨지 느껴보고 싶었다.

제갈근이 관우에게 말했다.

"장군이 이전에 장악했던 형양 9군은 이제 오나라의 땅이 되었소. 장군에게 남은 성은 이제 이 맥성 하나뿐인데 얼마나 더 버틸 수 있겠소? 옛말에 '객관적인 형세를 정확하게 인식하는 자가 걸출한 인물'이라 했소. 장군이 오나라에 항복한다면 이전처럼 계속 형양(형주荊州와 양주襄州)을 다스리는 것은 물론, 가솔들도 지키며 예전의 영광을 계속 누리며 지낼 수 있소. 어떠하시오?"

제갈근은 자신의 말이 끝나자마자 관우가 화를 내며 호통을 칠 것이라 생각했다. 하지만 이번에는 전혀 역정 낼 기색이 보이지 않았다. 오히려 차분한 얼굴로 담담하게 말했다.

"나의 주공께선 해량解良(관우의 고향)의 일개 병사에 불과한 나를 수족처럼 대해 주셨소. 그런 이 사람이 어찌 믿음과 의리를 저버리고 적국에 투항하겠소? 성이 함락되면 죽는 일밖에 더 있겠소? 죽는 것이 뭐 그렇게 두렵겠소? 옥을 부술 순 있으나 그 깨끗함은 변하지 않소. 또한, 대나무를 태울 순 있으나 그 절개까지 훼손할 순 없소. 육신은 죽어 없어져도 이름은 남아있지 않겠소? 여러 말 말고 손권에게 가서 전하시오. 나는 이곳에서 죽을 때까지 싸울 것이오."

관우의 말은 냉정하고 단호했다. 역시 그는 영웅이었다. 비록 형주를 잃었단 소식에 마음속에선 극도의 혼란스러움과 분노, 광기가 차올랐지만 금세 마음을 다잡고 일생의 가장 위태로운 순간을 담담하게 받아들이고 있었다.

제갈근은 여전히 단념하지 못하고 계속 말을 이어나갔다. "오후吳侯(오나라의 왕 손권)께선 장군과 뜻을 함께하고 싶어 하시오. 다른 뜻은 없소. 장군이 항복만 한다면 함께 힘을 합쳐 조조를 몰아내고 한나라 황실을 바로잡고자 하시오. 그런데 어찌 이토록 고집을 꺾지 않는 것이오?"

제갈근의 말이 끝나기도 전에 관평이 화를 내며 제갈근에게 칼을 겨눴다. 그러자 관우가 조용히 이를 제지하며 말했다.

"제갈근 선생의 아우가 촉한에서 네 백부를 모시고 있느니라. 지금 선생을 죽이는 것은 의리를 저버리는 것과 마찬가지다."

관우는 병사들에게 예를 갖춰 제갈근을 배웅하도록 명령했다.

관우와 관평 부자는 오늘 서로 정반대의 모습을 나타냈다. 평소엔 항상 관우가 역정을 내면 관평이 제갈량의 체면을 이유로 관우를 말렸다. 하지만 이번 맥성에서는 둘의 역할이 완전히 바뀌었다. 절망적인 상황에 빠진 뒤 둘 다 평소 때와는 완전히 달라진 모습이었다.

"관우는 절대 투항할 자가 아닙니다."

곽가 이렇게 말했을 땐 관우는 투항했다.

"관우가 투항할 수도 있다."

제갈근이 이렇게 생각했을 땐 관우는 결사항전의 의지를 굽히지 않았다. 관우는 왜 조조에게는 투항하고 손권에게는 투항하지 않았던 것일까?

관우는 목숨을 중요하게 생각했다. 살아남아야만 대업을 이룰 수 있다는 걸 잘 알고 있었기 때문이다. 토산에서 포위당했을 때도 '한에 투항하되 조조에게는 투항하지 않는다'라는 명목으로 목숨을 보전했다. 화용도에서 조조를 놓아주었을 때도 제갈량 앞에서 굴욕을 참고 구차하게 살아남았다. 하지만 그렇다고 관우가 목숨을 아까워하며 죽기를 두려워하는 사람이라고는 오해하지 말자.

비록 관우가 스스로 우월감을 갖고 있긴 했지만, 처음엔 이렇다 할 만한 공을 세우지 못했기에 그대로 허무하게 죽느니 어떻게든 살아남아 의미 있는 공을 세우고자 한 것이다. 하지만 이후 상황은 많이 달라졌다. 하북의 맹장 안량, 문추와 단칼 승부를 겨뤘던 일, 다섯 관문을 지나면서 조조 수하의 여섯 장군을 베었던 일, 장사를 함락시킨 일, 청룡언월도 한 자루만 들고 노숙의 위험한 초대에 참석했던 일, 7군을 수몰시킨 일, 형주를 다스렸던 지난 10년 등등. 관우는 이미 충분히 많은 것을 이루었고 인생의 가장 빛나는 업적들을 남겼다. 그러니 이 순간 당장 죽는다 한들 억울할 게 없었다.

더 중요한 이유는 따로 있었다. 관우가 생각하는 조조는 비록 간사하고 교활한 인물이지만 그래도 영웅은 영웅이었다. 마찬가지로 관우는 제갈량의 허풍과 교묘한 술책을 혐오했지만, 그가 출중한 지략가인 것만은 인정했다. 조조에게 항복하고 제갈량 앞에서 굴욕을 참았던 것도 다 이런 이유에서였다. 조조와 제갈량 모두 관우가 인정할 수밖에 없는 장점을 갖고 있는 인물이었다. 반면 관우의 고정관념 속의 오나라 사람은 모두 무능한 소인배 무리였다.

관우가 호위무사로 유비를 따라 연회에 참석했을 때, 주유는 감히 그의 앞에서 아무 짓도 하지 못했다. 관우가 청룡언월도 하나만 들고 노숙과 담판을 지으러 갔을 때, 노숙 역시 감히 그의 앞에서 아무 짓도 하지 못했다. 제갈근이 수차례 형주에 담판을 지으러 갈 때마다 관우에게 온갖 모욕을 당했지만, 그때마다 오나라는 아무 대응도 하지 않았다. 매번 결말이 이렇다 보니 관우의 머릿속에 오나라 사람은 혈기도 없고 인내심도 없는 소인배 무리로 인식됐다. 소인배와 영웅은 절대 하나가 될 수 없는 무리가 아니던가?

한 사람의 우월함은 다른 사람과의 대비를 통해 더욱 도드라지는 법이다. 소인배가 없으면 영웅의 존재가 돋보일 수 없게 된다. 그동안 관우는 오나라 사람을 소인배로 여길수록 스스로 더욱 우월함을 느꼈다. 따라서 관우는 절대 오나라 손권에게 투항하지 않을 것이다. 오나라 사람에게 항복하는 것은 곧 자신의 수준을 낮춰 소인배 무리와 한패가 되는 것을 뜻했기 때문이다.

게다가 이번 오나라의 형주 점령은 정정당당한 싸움이 아닌 음모와 계략으로 탈취한 것이었다. 그래서 오나라에 대한 관우의 부정적인 인상은 더욱 강해졌다. 관우는 그들이 소인배 무리이기에 이런 식으로밖에 승리할 수 없다고 생각했다. 하지만 절대 관우만 특별히 이런 생각을 했던 것은 아니다. 만왕蠻王 맹획孟獲도 제갈량의 정복 전쟁에 맞설 때 관우와 같은 생각을 갖고 있었다. 맹획은 왜 일곱 번이나 포로로 잡혀 와서야 제갈량에게 항복했을까? 그 이유는 바로 이전 싸움에서 제갈량이 승리를 거둔 것은 모두 정면승부가 아닌 기습공격으로 얻은 결과였기 때문이다.

오나라에 대한 관우의 생각은 그다지 객관적이지 않았다. 하지만 그는 자신이 생각하고 있는 대로 행동할 수밖에 없었다. 한 영웅이 그것도 스스로 영웅이라 자처하는 인물이 비참한 최후를 맞이할지언정 소인배라 생각하는 이들에게 항복한다는 건 말이 안 됐기 때문이다.

제갈근이 돌아와 상황을 보고하자 손권은 실망감과 함께 더는 가망이 없다고 생각했다. 영웅 한 사람을 설득시키는 것이 성을 정복하는 것보다 더 힘들었다.

관우는 병력 점검에 나섰다. 하지만 성 밖 오나라 병사들의 회유로 이탈하는 병사들이 계속 늘어나면서 병력은 점점 더 줄어들었다. 관우는 더는 성을 사수하는 것이 무의미하다고 판단했다. 희생을 감수해서라도 병력을 분산시켜 적군의 포위를 뚫은 뒤 성도로 도망쳐 후일을 도모하기로 결심했다.

관우는 성 위로 올라가 지형을 살핀 뒤 서북쪽의 좁은 길을 뚫고 지나가기로 결정했다. 그러자 왕보가 이를 말리며 말했다.

"좁은 길에는 반드시 매복이 있을 것입니다. 군후, 큰길로 가셔야 합니다."

당연히 왕보의 판단은 직감일 뿐 아무 근거도 없었다. 하지만 그는 또 다시 설득의 오류를 범하고 말았다. 관우는 위험한 상황일수록 상대방이 겁을 주면 줄수록 앞으로 더 돌진할 뿐 물러서려 하지 않았다. 만약 왕보가 큰길에 대군이 버티고 있어 지나갈 수 없다고 말했더라면 관우가 큰길을 택했을지도 모른다.

역시나 관우의 오기가 또 다시 발동하고 말았다.

"매복이 있어도 상관없다. 나는 두렵지 않느니라!"

관우는 여전히 자신이 이제껏 쌓아온 용맹스러운 영웅 이미지를 지키려 했다. 하지만 그 선택의 대가로 관우는 마지막으로 살 기회를 놓치게 되었다. 더 이상 관우를 설득할 수 없음을 깨달은 왕보는 통곡하며 말했다.

"군후, 꼭 살아남으십시오. 군후께서 속히 지원군을 데려오기만을 기다리고 있겠습니다!"

관우는 주체할 수 없이 뜨거운 눈물을 흘렸다. 용감하게 살아남길 바란다는 왕보의 격려를 받고 나서도 가장 먼저 드는 생각은 자신의 무능함과 무력함이었다.

관우와 왕보는 통탄의 눈물을 흘리며 작별했다. 관우는 관평과 조루 등 수하에 2백여 명을 이끌고 북문으로 돌진했다. 오나라 병사들이 이들을 발견했지만, 자신들을 집어삼킬 것만 같은 맹렬한 기세에 눌려 차마 길을 막지 못하고 사방으로 흩어졌다. 관우는 청룡언월도를 빗겨 든 채 그대로 약 30여 리를 달렸다. 그때 산속 어딘가에서 북소리와 함께 함성이 시끄럽게 울리더니 사방에서 매복 병이 뛰쳐나왔다. 역시나 오나라의 주연朱然과 반장潘璋 등이 그곳에 매복해 있었다.

관우는 맹렬히 돌진했지만 함께 따르던 사람들은 점점 줄어들어 갔다. 조루는 적진을 뚫고 지나던 중 전사했고, 남은 사람은 관우와 관평

부자 그리고 이들을 따르는 10여 명의 병사들뿐이었다.

오경五更(저녁 7시~9시 사이)이 지날 때쯤 결석決石에 이르니 주변 모두 산으로 둘러싸여 있고 산기슭엔 온통 갈대 천지였다. 마른풀과 수목이 어수선하게 얽혀있는 모습은 스산하다 못해 처량하게 느껴질 정도였다.

관우의 마음속엔 허무함과 쓸쓸한 감정이 한없이 밀려왔다. 강호를 누비고 다닌 세월만 해도 30년이었다. 그랬던 자신이 어쩌다 이 지경까지 오게 되었는지 한탄스러울 뿐이다.

하지만 현실은 그에게 지난날을 회상할 시간조차 허락지 않았다. 복병들이 풀어 놓은 올가미에 적토마가 걸려 넘어지면서 관우도 말에서 떨어지고 말았다. 관우가 몸을 일으키기도 전에 번장과 마충馬忠이 달려들어 관우를 생포했다.

관평은 부친이 끌려가자 부리나케 달려가 구하려 했지만 뒤쪽에서 주연과 번장이 덮치는 바람에 함께 생포되었다. 천하에 위세를 떨치던 관우는 결국 그가 평소에 그렇게 멸시하던 소인배들의 손에 끌려가게 되었다.

◈ 심리학으로 들여다보기

편견은 우리의 인생에서 가장 오랫동안 치유되지 않는 고질병이다. 편견에 두려움을 가져라. 누군가를 해칠 수도 있고 치유할 수 없는 치명적 상처를 남길 수도 있다. 편견은 상대에게 날리는 시선의 독화살이다. 누군가가 쏜 편견의 독화살을 자신도 맞을 수 있다는 사실을 명심하자.

죽음의 순간
무엇을 지킬 것인가

관우 부자가 생포되었다는 소식을 들은 손권은 크게 기뻐하며 장수들을 모두 막사로 불러 모았다. 관우는 포박된 채로 손권 앞에 끌려왔다. 갑옷이 풀어 헤쳐진 채로 끌려왔지만, 여전히 꼿꼿한 자세로 입가엔 희미하게 냉소가 번졌다.

포승을 풀어주는 것은 전형적인 항복의 설득과정이다. 일반적으로 조직의 가장 높은 위치에 있는 사람이 이를 결정하는데, 일종의 은혜를 베푸는 방식과도 같다.

손권은 관우를 항복시키려는 생각은 갖고 있었지만 그렇다 해서 포승을 풀어주진 않았다. 그동안 마음속에 묵혀두었던 말을 꼭 그의 면전에 대고 하고 싶었기 때문이다. 손권이 말했다.

"오랫동안 장군의 명성을 존경하여 함께 손을 잡기를 그토록 청했거늘, 어찌 매번 이 몸을 그리 실망시키셨소? 스스로 천하무적이라 자부하시던 공께서 어쩌다 이렇게 여기까지 끌려오게 되셨소? 오늘 이 손권에게 항복하실 생각은 없으시오?"

손권은 이제껏 속으로만 수백 번도 더 되뇌었던 이 말을 내뱉고 나니 그 통쾌함을 이루 말할 수 없었다. 그러자 관우가 냉소를 뱉으며 호통을 쳤다.

"이 파란 눈의 애송이 같은 놈아! 내가 네놈의 간계를 모를 것 같더냐. 죽는 한이 있더라도 네놈에게 항복할 일은 절대 없을 것이니라!"

손권은 그 말을 듣고도 화를 내지 않았다. 일종의 승리한 자의 득의양양함과 여유로움은 같은 것이었다. 손권은 좌우를 둘러본 뒤 관우에게 들으라는 듯 자신의 부하들에게 말했다.

"운장은 천하의 호걸이 아니냐? 운장을 아끼는 마음에서 내가 예를 갖춰 투항을 권하고자 하는데 공들은 어찌 생각하시는가?"

관우는 절대 손권에게 투항할 자가 아니었다. 마지막으로 '약속 이행의 원칙'이 발휘되는 순간이었다. 도원결의를 맺은 뒤 관우는 이미 그 약속을 한 번 어긴 바 있다. 하지만 마지막 순간만큼은 온 힘을 끌어모아 결국 초심으로 돌아왔다. 길고 긴 우여곡절 끝에 지난날 도원에서 맹세한 약속의 구속력은 오히려 더욱 강한 힘을 발휘했다. 지금 이 순간 관우에게 '소인배'와 '투항' 이 두 단어는 더 이상 고민할 가치도 없는 말들이었다.

이때 주부가 나서 말했다.

"주공, 불가합니다. 지난날 조조는 관우를 항복시킨 후 사흘마다 소연회를 베풀고 닷새마다 대 연회를 베풀어 주었다고 합니다. 그뿐만 아니라 하루가 멀다 하고 금과 은을 손에 쥐어 주고, 한수정후라는 봉작과 수십 명의 미녀까지 하사했다고 합니다. 허나 그렇게 많은 것을 베풀고도 조조는 결국 관우를 붙잡지 못했습니다. 게다가 관우가 관문의 장수들을 죽이고 달아났는데도 그를 살려두었습니다. 결국, 그것이 후환이 되어 7군이 수몰되고 번성이 포위당하지 않았습니까? 조조가 그 기세에 눌려 하마터면 천도까지 할 뻔했습니다. 주공께서도 조조처럼 되지 않으리란 법 있겠습니까?"

묵묵히 그 말을 듣고 있던 손권은 고개를 끄덕이며 말했다.

"자네 말이 맞네."

손권은 그 자리에서 관우 부자를 참수하라는 명령을 내렸다.

천하에 위엄을 떨치며 파란만장한 삶을 살았던 한 영웅의 인생이 이로써 마침표를 찍게 되었다. 한평생 관우의 마음을 괴롭혀 왔던 수많은 갈등과 고뇌 또한 그의 죽음과 함께 끝이 났다.

살면서 수없이 많은 성공을 할 수 있다면 최선을 다해 성공을 쟁취하길 바란다. 그런데 인생에 단 한 번의 실패만 존재한다면, 그것은 인생의 가장 빛나는 순간에 찾아올 것이다. 그 실패는 이 세상에서 가장 장렬한 실패가 될 것이다. 관우는 이 모든 것을 다 해낸 인물이다. 그러니 인생에 무슨 미련이 더 남아있겠는가?

관우가 죽은 뒤 적토마는 마충에게 하사되었다. 하지만 적토마는 며칠 동안 아무것도 먹지 않다가 결국 죽고 말았다. 관우가 죽었단 소식을 들은 뒤 왕보는 성 아래로 몸을 던졌고 주창은 칼로 자결했다. 관우가 마지막까지 사수했던 맥성은 결국 오나라의 손에 넘어갔다.

그런데 도무지 이해가 되질 않는 것이 있었다. 형주가 함락되고 관우가 죽었는데도 어떻게 촉에서는 아무 반응도 하지 않은 것일까?

관우가 죽자 모든 일은 일사천리로 끝이 났다. 하지만 그의 죽음을 처리하는 문제가 오히려 손권의 골칫덩어리가 되었다. 이때 장소가 건업으로 돌아와 손권이 관우를 죽였다는 소리를 듣고 연신 외쳤다.

"이런, 큰일 났도다!"

사람이 잘못을 저지르기는 매우 쉽다. 하지만 매번 잘못을 저지르기란 쉽지 않다. 그런데 이보다 더 쉽지 않은 것은 바로 사는 동안 잘못을 저지르고도 여전히 윗사람으로부터 신뢰를 받는 일이다. 삼국에 이 같은 사람이 단 한 사람 존재했는데, 바로 손권이 가장 아끼는 책사 장소였다. 장소가 말했다.

"주공, 관우를 죽이셨으니 분명 큰 재앙이 닥칠 것입니다. 유비, 관우, 장비는 도원결의를 맺으면서 생사를 약속한 사이입니다. 지금 서천과 동천이 유비의 손에 있고, 여기에 최고의 지략가인 제갈량과 황충, 마초, 조운 등 맹장들이 유비를 따르고 있습니다. 만약 유비가 군대를 일으켜 관우의 복수를 하겠다고 나서면 이들을 어찌 막으실 생각이십니까?"

순간 아찔해진 손권은 발을 동동 구르며 장소에게 계책을 물었다. 유비에 대한 장소의 판단은 아주 정확했다. 하지만 그가 내놓은 방도는 그야말로 아주 수준 낮은 계책이었다. 장소가 생각해낸 방법은 바로 '모든 화를 조조에게 떠넘기는 것'이었다. 관우의 목을 조조에게 보내 오나라가 형주를 점령한 것과 관우를 죽인 것 모두 조조의 뜻이었음을 천하에 공개적으로 알리려는 목적이었다. 하지만 조조와 제갈량이 어디 그것도 모를 만큼 멍청할까?

장소의 어리석은 생각은 오히려 조조에게는 좋은 이미지를 쌓을 기회를 제공했다. 조조는 즉시 사람을 시켜 단향목을 깎아 몸을 만들도록 한 뒤 이를 관우의 머리와 함께 붙여주었다. 그리고 중신에 대한 예우를 갖춰 장사를 치러주었다.

조조의 의도 또한 매우 명확했다. 그 역시 자신은 관우를 아끼고 존중해왔으며, 관우를 죽인 것은 오나라 손권의 짓이라는 것을 천하에 알리고자 했다. 그러니 복수를 하려거든 자신이 아닌 손권에게 하라는 뜻이기도 했다.

한편, 형주의 동태를 공명 역시 모르는 바 아니었다. 이전에 손권이 제안한 혼사를 관우가 거절했던 사실도 이미 소식을 들은 상태였다. 당시 제갈량은 이 말 한마디만 했다.

"형주가 위험하구나! 형주를 다른 이에게 맡겨야 한다."

제갈량의 판단은 정확했다. 하지만 그 역시 말만 그렇게 했을 뿐 아무런 조치도 취하지 않았다. 이는 제갈량의 직무유기나 다름없다. 물론 관우를 그 자리에서 물러나게 하는 일이 결코 쉬운 일은 아니었다. 하지만 최소한 관우가 경각심을 갖도록 주의를 주었어야 하며, 형주에 사람을 보내 미연의 사태에 대비했어야 했다.

관우가 죽은 뒤 유비는 온몸의 살이 떨리며 정신이 혼미해졌다. 꿈에서 관우가 나타나 한없이 통곡했다. 이 역시 일종의 직감이자 예감이었다. 유비는 제갈량을 불러 그 꿈에 대한 해몽을 부탁했다. 하지만 제갈량은 그저 어영부영 설명하며 그를 위로할 뿐이었다.

제갈량은 출궁하던 중 우연히 태부太傅 허정許靖과 마주쳤다. 허정이 말했다.

"방금 기밀이 도착했습니다. 군사께서 입궁하셨단 소식을 듣고 이렇게 달려왔습니다."

그러자 제갈량이 물었다.

"무슨 기밀이오?"

허정은 차마 입을 떼지 못하고 얼버무리며 말했다.

"소식에 따르면 오나라의 여몽이 형주를 점령했다고 합니다. 그리고 관장군과 관평도 모두 목숨을 잃었다 합니다."

제갈량은 담담한 표정으로 긴 한숨을 내쉬었다.

"밤하늘 보니 장성將星(옛날 중국에서 대장에 비유한 별) 하나가 형초荊楚에 떨어지는 것을 보았소. 나 역시 관장군의 죽음을 예상했지만, 주공이 염려되어 사실대로 말씀드리지 못했소. 어젯밤 주공의 꿈도 같은 의미였구려. 일단 안심시켜 드리긴 했으나 이 사실을 알게 된 후 크게 상심하실까 심히 우려되오."

제갈량의 이 말은 전형적인 '소 잃고 외양간 고치는 격'의 예에 속한다. 중국 속담 중 뒷북친다는 뜻의 '사후 제갈량事後諸葛亮'도 여기에서 유래되었다.

9·11테러 발생 시, 사건 당일 이른 아침부터 다시 회상해보면 사고를 예기하는 여러 이상 징후들이 또렷하게 나타나고 있다. 미국 상원의 조사 보고서에서는 이전에 사람들이 간과했던 수많은 '명확한 단서'들을 열거했다. CIA는 알 카에다의 조직 일원이 이미 미국 국내에 잠입해 있었다는 사실을 알고 있었다. 또한, 한 FBI 정보요원이 본부에 제출한 비망록에서는 다음과 같이 경고했다.

"연방조사국과 뉴욕 시 : 빈 라덴Bin Laden이 학생들을 미국으로 보내 민간 항공대학의 연합활동에 참가시킬 가능성이 있다."

하지만 FBI는 해당 경고를 무시했을 뿐 아니라, 이 내용을 비행기를 이용한 테러리스트들의 공격 가능성을 제시한 다른 보고서와도 연관 짓지 않았다.

사건이 터지고 난 뒤 되돌아보니 당시 의사결정자들이 이처럼 멍청했나 싶을 것이다. 이렇게 명백한 경고 신호가 있었음에도 주의를 기울이지 않았으니 말이다. 하지만 이 역시 일이 벌어진 뒤 큰소리치는 것과 다름없다. 사건 발생 전엔 어느 누구도 수많은 정보에 파묻혀 있는 이런 경고를 유심히 보지 않기 때문이다.

도슨Dawson은 1988년 한 실험을 통해 다음과 같은 결론을 얻었다. 내과 의사가 해부를 통해 환자의 증상과 사인을 알게 된 후 자신의 동료가 왜 이런 부정확한 진단을 내린 것인지 의문을 갖게 되었다. 그러나 이 증상만 알고 있는 다른 내과 의사들은 해당 진단이 크게 잘못되었다고 생각지 않았다.

제갈량은 왜 허정으로부터 관우가 죽었다는 소식을 들은 뒤에서야 자신이 천문을 관측했던 일을 털어놓은 것일까? 진작부터 알고 있었으면서도 왜 사전에 다른 사람에게 이를 알려 원군을 보내지 않았던 것일까?

사건이 터지고 난 뒤 돌이켜 생각해보면 전후 사정의 모든 흐름이 분명하게 파악된다. 하지만 막상 사건이 일어나고 있는 상황에서 모든 것을 정확하게 판단한다는 것은 결코 쉽지 않다.

제갈량이 이처럼 말한 데는 그동안 정확한 선견지명을 해왔던 자신의 권위적인 이미지를 보호하기 위한 것 말고도 또 다른 목적이 있었다. 그가 천문관측을 통해 관우의 죽음을 공표하게 되면 이는 곧 하늘의 뜻으로 사람의 의지와는 전혀 무관한 일이 된다. 그럼 자신 역시 그 어떤 책임도 질 필요가 없게 되는 것이다.

하지만 실제 관우의 죽음과 형주의 함락이 제갈량에게 미친 타격은 엄청나게 컸다. 그 영향은 현재뿐 아니라 이후 몇십 년이 흐른 뒤까지 천천히 모습을 드러내며, 제갈량 일생의 모든 재주와 정력이 소진되는 그 순간까지 이어졌다.

관우가 죽었다는 소식은 결국 유비에게까지 닿게 되었다. 유비는 그 소식을 듣고 그 자리에서 혼절했다. 그가 깨어난 뒤 가장 먼저 하려고 한 일은 바로 장소가 예측했던 것처럼 군대를 일으켜 관우의 복수를 하는 것이었다. 하지만 유비의 생각은 제갈량을 비롯한 문신 무장들의 반대에 부딪혔다. 사실 전략적으로 봤을 땐 제갈량의 생각이 옳았지만 인정과 이치, 신의를 생각했을 땐 유비의 말이 옳았다.

조운은 지금은 서천을 지켜야 할 때이니 경솔하게 진격해선 안 된다며 필사적으로 유비를 말렸다. 이에 유비는 또 한 번 그의 인생에 두 번째 명언을 남겼다.

"내 아우의 원수를 갚지 못한다면 만 리의 강산을 차지한들 무슨 소용이 있겠는가?"

유비의 이 한마디로 두 사람은 군신 관계에서 형제 관계로 되돌아왔다. 유비 역시 이제껏 도원결의에서 맹세한 약속을 가슴속 깊이 새기고 있었던 것이다.

유비의 일생을 살펴보면 언제나 신중함과 인내심이 우선이었다. 단 한 번도 거리낌 없이 생각나는 대로 행동한 적이 없다. 하지만 이번 결심만큼은 매우 단호했다. 설사 그로 인해 어떤 대가를 치른다 해도 상관없었다. 유비 일생의 처음이자 마지막인 이 '충동적인 결정'은 자신을 위해서가 아닌 바로 자신의 형제를 위해서 한 선택이었다.

이것이 바로 유비의 위대한 점이자, 아무것도 가진 것 없는 유비가 삼분천하三分天下의 영웅이 될 수 있었던 궁극적인 이유다.

유비는 모든 충고를 무시하고 군대를 일으켜 오나라 정벌에 나섰다. 그 후 장비는 형제의 원수를 갚는 데 급급하여 군사들을 혹독하게 다그친 탓에 결국 부하의 손에 무참히 살해당했다. 유비 역시 오나라 정벌 과정 중 육손의 화공에 속절없이 패배한 뒤 백제성에서 숨을 거두었다. 당시 유비가 아들 유선劉禪에게 남긴 유언이 그가 세 번째로 남긴 명언으로 전해진다.

"잘못된 일은 아무리 작은 것이라도 하지 말며, 옳은 일은 아무리 작은 것이라도 행하라."

유비가 마지막으로 남긴 이 말에는 관우가 왜 실패할 수밖에 없었는지를 의미심장하게 전달하고 있다. 관우는 기본 성정이 사소한 것에 구애받지 않고 언행이 매우 직설적인 인물이었다. 상대를 의식하지 않는 직언으로 유봉의 자존심에 상처를 주었는가 하면 마초와의 대결을 자청하기도 했다. 또한, 황충이 오호장군의 반열에 오른 것을 인정하지 못했던 점 등 모두 그의 성정을 대변해 주는 전형적인 사례들이다. 게다가 그의 이런 기질은 군대 관리능력에 치명적인 약점으로 작용하여, 시간이 흐르면서 엄격한 군기의 실종과 충성도 하락을 초래했다. 그 결과 부사인과 미방이 출정 전에 술에 취해 불을 지르는 사고를 일으켰고, 여몽이 심리전으로 형주의 민심을 흔들어 자신들 편으로 만드는 데 성공했다. 유비의 마지막 유언이 값지고 소중한 이유는 바로 그의 이런 예리한 통찰력이 담겨있어서가 아닐까? 위대함은 아주 평범한 것들이 쌓여 이루어지는 것이고, 실패는 아주 사소하고 작은 것들이 쌓여 초래된다. 유비는 자기 아들이 이 이치를 깨닫길 바랐으나 아두는 끝내 그의 기대를 저버리고 말았다.

유비, 관우, 장비 세 형제가 도원결의를 맺으면서 한날한시에 죽기를 소원했었다. 그리고 그들은 그 맹세를 지켰다.

유비, 관우, 장비 세 형제의 '약속의 이행'이라는 주제로 시작한 이야기가 어느새 '약속의 이행'으로 종지부를 찍게 되었다.

역사는 다른 사람이 지나온 삶을 총정리한 것이다. 역사는 이미 끝난 이야기이지만 우리의 인생은 아직도 현재 진형행이다. 우리의 삶 자체는 눈에 보이는 방향대로 살 수밖에 없지만, 생각은 물구나무선 것처럼 거꾸로도 할 수 있다. 만약 거꾸로 보는 시각으로 역사를 이해할 수 있다면, 앞으로 우리가 인생에서 겪게 될 수많은 시행착오를 비켜 갈 수 있을 것이다.

◈ 심리학으로 들여다보기

인생을 충동적으로 살아선 안 되지만, 인생을 살다 보면 누구나 한 번쯤은 충동적인 선택을 하게 되는 순간이 있다. 충동이 꼭 나쁜 것만은 아니다. 다만 준비된 상황에서 충동적 선택을 한다면 위험 요소가 그만큼 줄어든다. 다양한 정보와 지혜를 장착하자. 충동적 선택에서도 자유롭고 유익을 꾀할 수 있는 비결이다.

◆ Epilogue ◆

영웅의 심리를 알면 나아가야 할 길이 보인다

《삼국지》는 위·촉·오 삼국의 역사가 고스란히 녹아 있는 문학작품이다. 역사로서 사람들의 삶이 곳곳에 녹아 있으며, 후대 문인과 학자들의 역사관에도 큰 영향을 미쳤다.

특히 천위안이 《이탁오의 비평 삼국지李卓吾 先生 批評 三國志》를 바탕으로 저술한 '현대 심리학으로 읽는 《삼국지》 인물 열전 시리즈'는 최초로 심리학의 각도에서 역사를 재해석한 시도이다. 심리학을 활용해 《삼국지》 속 인물의 행동을 분석한 것이다. 어떤 판본의 《삼국지》를 바탕으로 했는지는 중요하지 않다. 완전판의 《삼국지》든 마오 씨 부자毛氏父子의 《삼국지》든 심리학 지식을 풀어내기 위한 재료로 이용되었기 때문이다.

천위안은 '현대 심리학으로 읽는 《삼국지》 인물 열전 시리즈'의 대상 인물로 조조, 제갈량, 관우, 유비, 손권, 사마의를 선택했다. 이들은 난세에 태어나 영웅이 된 인물들이다. 개성이 뚜렷할 뿐만 아니라 우리가 생각하는 영웅의 이미지에 부합한다. 그로 인해 우리는 책을 읽으며 자신의 모습을 찾는다. 스스로 책 속의 인물이라 상상하며 '나라면 저 상황에서 어떻게 했을까?' 라고 생각한다. 그 시대 영웅들이 실제로 어떤 인물이었는지는 그리 중요하지 않다. 역사를 좌우하는 결정에서 그들의 심리적 요인을 발견할 수 있기 때문이다.

관우가 실제로 오만하고 자기 우월감이 강한 인물이었는지는 중요한 문제가 아니란 이야기다. 우리 누구나 오만한 면이 있다. 살아가면서 그런 사람들을 만나게 된다는 것이 핵심이다. 비슷한 성격을 지닌 사람은 행동이나 심리적 패턴이 놀라울 정도로 흡사하다. 조조가 의심이 많은 것처럼 우리도 의심할 때가 많고, 주유가 질투하듯 우리도 자주 질투한다. 그래서 지략이 뛰어난 제갈량과 야심만만한 유비, 다혈질 장비와 충성스런 노숙을 보며 우리는 자신의 마음을 깊이 들여다볼 수 있다.

사람은 누구나 영웅적 기질을 지니고 있다. 남자든 여자든 누구나 영웅을 꿈꾼다. 이러한 역사적 영웅을 보면서 자기감정을 이입하고 현실의 경험에 대입한다. 사람의 심리란 참으로 미묘하다.

'현대 심리학으로 읽는 《삼국지》 인물 열전 시리즈'를 통해 우리는 심리 규칙을 들여다볼 수 있다. 여기에 나온 심리 규칙을 잘 이해한다면 사람과 사람 사이의 관계와 갈등에서 융통성과 포용력을 갖게 될 것이다. 또한, 일상의 고단함과 스트레스, 어려움을 직면하면서 겪게 될 수많은 시행착오를 비켜 지나갈 지혜를 발견할 수 있다. 이것이 이 책의 특징이다.

명나라의 대학자 이지李贽는 《분서焚书》에서 '남의 술잔을 빌어 나의 근심을 없앤다借他人酒杯 浇自己块垒'라고 했다. 우리가 책을 읽는 이유이다. 부디 이 책에서 많은 배움과 지혜를 얻기를 바란다.

편집인 리신타오李新濤